決定版 COSO
不正リスク管理ガイド

監訳：八田　進二・神林　比洋雄・橋本　尚
訳：日本内部統制研究学会・不正リスク研究会

日本公認会計士協会出版局

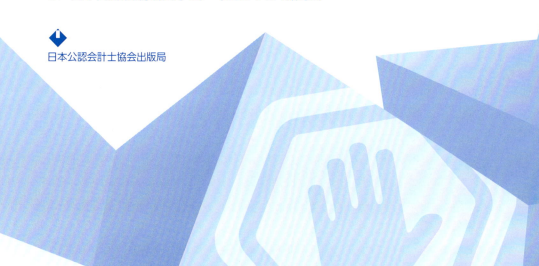

2016年9月
COSOからの委託研究

主たる執筆陣

デイビッド・L．コットン，公認会計士，公認不正検査士，公認政府財務管理士
社長，コットン社LLP（有限責任パートナーシップ）

サンドラ・ジョニガン，公認会計士／公認財務フォレンジック士，公認不正検査士
オーナー，ジョニガンPC（Professional Corporation：出資者，取締役，執行役が全員有資格者の会社）

レスリー・ギヴァーズ，公認会計士
テクニカル・エディター，公開会社会計監視委員会（退官）

謝辞

COSOとACFEは，不正リスク管理タスクフォースおよび諮問パネルの各メンバー（viiページ，邦訳ixページ参照）の時間，資源，知識面での多大な貢献に謝意を表する次第である。

特に，COSOとACFEは，不正リスク管理タスクフォースの議長であるデイビッド・L．コットン氏が本ガイドの完成に向けて発揮した，卓越したリーダーシップとご尽力に心より感謝申し上げる。

COSO理事会のメンバー

ロバート・B．ハース，Jr.
COSO会長

ミッチェル・A．ダナハー，公認管理会計士
国際財務担当経営者協会

ダグラス・F．プラット，博士，公認会計士
米国会計学会

サンドラ・リッチトマイヤー，博士，公認管理会計士，公認会計士
管理会計士協会

チャールズ・ランデス，公認会計士
米国公認会計士協会

リチャード・F．チェンバース，公認内部監査人，内部監査のリーダーシップ資格，公認公的部門監査人，内部統制評価指導士，公認リスク管理監査人
内部監査人協会

序文

本プロジェクトは，トレッドウェイ委員会支援組織委員会（COSO）から委嘱されたものである。COSOは，組織の業績や監督を改善するとともに組織における不正を減らすために立案された全社的リスクマネジメント，内部統制および不正抑止に関する包括的なフレームワークとガイダンスの開発を通じて先導的な考え方を提供することに取り組んでいる。COSOは，次の団体の協賛と資金提供によって運営されている民間部門主導の団体である。

 米国会計学会（AAA）
aaahq.org

 The Association of Accountants and Financial Professionals in Business　管理会計士協会（IMA）
imanet.org

 米国公認会計士協会（AICPA）
aicpa.org

 The Institute of Internal Auditors　内部監査人協会（IIA）
theiia.org

 国際財務担当経営者協会（FEI）
financialexecutives.org

ISBN
Print:978-1-94354-693-0
eBook:978-1-94354-694-7

Copyright © 2016,The Committee of Sponsoring Organizations of the Treadway Commission(COSO).
1234567890 PIP 19876

All Rights Reserved. No part of this publication may be reproduced, redistributed, transmitted or displayed in any form or by any means without written permission. For information regarding licensing and reprint permissions please contact the American Institute of Certified Public Accountants' licensing and permissions agent for COSO copyrighted materials.
Direct all inquiries to copyright@aicpa.org or AICPA, Attn: Manager, Rights and Permissions, 220 Leigh Farm Rd.,
Durham, NC27707. Telephone inquiries may be directed to 888-777-7077.

Copyright © 2016 by Committee of Sponsoring Organizations of the Treadway Commission, ("COSO") strictly reserved. No parts of this material may be reproduced in any form without the written permission of COSO.

Permission has been obtained from the copyright holder, Committee of Sponsoring Organizations of the Treadway Commission to publish this translation, which is the same in all material respects, as the original unless approved as changed. No parts of this document may be reproduced, stored in any retrieval system, or transmitted in any form, or by any means electronic, mechanical, photocopying, recording, or otherwise, without prior written permission of COSO.

日本語版へのメッセージ

2017年9月

拝　啓

　親愛なる八田進二先生，神林比洋雄先生，橋本　尚先生

　不正は，残念ながら，いつでもどこでも倫理観なく生じます。不正は，あらゆる国の組織が，戦略上，業務上および財務上の目的を達成しようとする際の障害となり続けています。不正防止は，全社的リスクマネジメントおよび内部統制とともに，COSOの3大使命の1つです。COSOは，「撲滅（無くすこと）」という用語ではなく，「防止（減らすこと）」という用語を使っています。その理由は，われわれは皆，不正を完全に撲滅したいと望んでいるものの，それは実用的な目的ではないということを承知しているからです。実際，事業上の取引，意思決定および報告に人間を関与させているかぎり，貪欲，不安定感，機会，正当化，そして怒りさえも原因として，不正は，ある程度までは常に生じるものです。

　COSOは，八田進二先生，神林比洋雄先生および橋本　尚先生が，不正リスク管理ガイドを邦訳されたことに謝意を表します。そのご尽力を讃えるとともに，本書の考え方に沿うことで，不正を防止，削減しようとする日本のすべての組織が，その目的を達成する際に役立つことを切望しています。こうしたことは，不正の問題に精力的に取り組むことにより実現できるものと確信しています。

敬　具

ロバート・B．ハース，Jr.
COSO会長

September 2017

Dear Professors Shinji Hatta, Hyo Kambayashi and Takashi Hashimoto,

Unfortunately, fraud knows no boundaries, time zones or ethics. It continues to be an obstacle to organizations in every country trying to meet their strategic, operational and financial objectives. One of COSO's three mission topics is fraud deterrence, along with Enterprise Risk Management and Internal Control. We chose the word "deterrence" rather than "elimination" because we know that while we'd all want to completely eliminate fraud, that is not a practical objective. In fact, as long as we have human beings involved in business transactions, decision-making and reporting, fraud will continue to some degree due to greed, insecurity, opportunity, rationalization and even anger.

COSO is pleased that Professors Shinji Hatta, Hyo Kambayashi and Takashi Hashimoto have been chosen to translate our Fraud Risk Management Guide into Japanese. This is a substantial effort, but one which we hope will benefit all Japanese organizations as they also seek to deter and reduce fraud so that their objectives may be met more of the time as they follow and adhere to the concepts herein. With diligent focus on this topic, we are confident this will occur.

Very truly yours,

Robert B. Hirth, Jr.
COSO Chair

目　次

日本語版へのメッセージ ─────────────────────── iii
まえがき ─────────────────────────────── vi
不正リスク管理タスクフォース ──────────────────── ix
不正リスク管理諮問パネル ──────────────────── ix
エグゼクティブ・サマリー：不正リスク管理 ──────────── x

序 ───────────────────────────────── 1

第1章　不正リスクのガバナンス ─────────────────── 9
第2章　不正リスク評価 ───────────────────── 21
第3章　不正統制活動 ─────────────────────── 49
第4章　不正調査および是正措置 ────────────────── 69
第5章　不正リスク管理モニタリング活動 ──────────── 83

付　録

A．　用語集 ─────────────────────────── 90
B．　不正リスク管理　役割と責任 ──────────────── 98
C．　中小規模の事業体に関する不正リスク管理の検討 ──── 104
D．　参照文献 ───────────────────────── 108
E．　データ解析と不正リスク管理 ──────────────── 115
F－1．不正統制方針のフレームワーク（見本） ─────────── 125
F－2．不正リスク管理　ハイレベル評価 ─────────────── 127
F－3．不正統制方針と責任のマトリックス（見本） ─────── 129
F－4．不正リスク管理方針（見本） ────────────────── 130
F－5．不正リスク管理　調査（見本） ──────────────── 137
G．　不正リスクにさらされやすい項目 ──────────── 141
H．　不正リスク評価　例 ──────────────────── 143
I－1．不正リスクガバナンスのスコアカード ─────────── 150
I－2．不正リスク評価　スコアカード ──────────────── 153
I－3．不正統制活動スコアカード ──────────────── 157
I－4．不正調査と是正措置　スコアカード ───────────── 162
I－5．不正リスク管理モニタリング　スコアカード ────── 166
J．　追加ツールへのハイパーリンク ──────────── 168
K．　政府組織内での不正，浪費，濫用のリスクの管理 ──── 169

COSOについて ─────────────────────── 182
ACFEについて ─────────────────────── 182

索引 ────────────────────────────── 183
監訳者あとがきと謝辞 ─────────────────── 185

まえがき

　1992年，トレッドウェイ委員会支援組織委員会（COSO）は，「内部統制－統合的フレームワーク（当初のフレームワーク）」を公表した。当初のフレームワークは，広く受け入れられており，世界中で幅広く利用されている。また，このフレームワークは，内部統制の設計，導入および運用ならびに内部統制の有効性の評価に関する先導的なフレームワークとして認識されている。

　COSOは，当初のフレームワークを2013年に改訂した（2013年版COSOフレームワーク）。2013年版COSOフレームワークは，17の原則を取り込んでいる[1]。これらの17の原則は，内部統制の5つの構成要素と関連し，利用者が内部統制システムを設計，導入する際および有効な内部統制の要件を理解する上で明確さを提供するものである。COSOは，有効な内部統制システムでは，17の原則のそれぞれが存在し，機能し，統合された形でともに運用されていることを明確にしている。

> リスク評価の構成要素に関連する原則の1つである**原則8**は，以下のように示される。
> 　組織は，内部統制の目的の達成に対するリスクの評価において，不正の可能性について検討する。

　本書「不正リスク管理ガイド」（以下「本ガイド」という。）は，2013年版COSOフレームワークを支援し，その内容と整合することを意図しており，組織がこの新しい不正リスク評価の原則に取り組む際に従うべきベストプラクティスの指針として役立つものである。

　不正リスク管理に対するより総合的な方法の確立を望む組織のために，本ガイドには，不正リスク評価の実施に必要とされる情報だけでなく，総合的な不正リスク管理プログラムを策定するための以下の内容に関するガイダンスも含まれている。

- 不正リスクのガバナンス方針の確立
- 不正リスク評価の実施
- 不正防止・発見のための統制活動の設計と展開
- 調査の実施
- 不正リスク管理プログラム全体のモニタリングと評価

---

[1] 2013年版COSOフレームワークによると，関連する原則とは，内部統制の「構成要素に関連する基本概念を示したもの」である。
[2] 2013年版COSOフレームワークによると，着眼点とは「原則の重要な特性」である。

本ガイドは，COSOフレームワークの利用者が理解しやすいように設計されており，原則と着眼点[2]を含めている。本ガイドの5つの原則は，COSOの内部統制の5つの構成要素[3]および17の原則と整合している。

本ガイドは，米国公認会計士協会（AICPA），内部監査人協会（IIA），公認不正検査士協会（ACFE）の支援により刊行された2008年版の内容を引用，改訂したものである。この先行出版物『企業不正リスク管理のための実務ガイド（Managing the Business Risk of Fraud: A Practical Guide）』[訳注1]には，総合的な不正リスク管理プログラムを確立するための同種のガイダンスが含まれており，不正リスク管理のために多くの組織に利用されてきた。COSOは，この先行出版物を製作したタスクフォースの作業に対し謝意を表する次第である。最新の本ガイドは，先行出版物をもとに，最近の動向に合わせて改訂したものであり，新しいCOSOの用語に合わせて用語を見直すとともに，データ解析をはじめとする最新技術の発達に関連する重要な情報を加えている。

本ガイドのエグゼクティブ・サマリーは，取締役会と上級経営者向けに精選された概要を提供することを意図したものであり，強力な不正対策方針と統制を確立する利点を説明するために作成されたものである。本ガイドの付録には，本ガイドのベストプラクティスを実施する際に利用者に役立つような有用なテンプレート，資料，事例およびツールが含まれている。

さらに，本ガイドには，総合的な不正リスク管理プログラムの実施と文書化をより効果的にするために利用できるいくつかの有用な自動化ツールやテンプレートへのハイパーリンク先情報が含まれている。

また，COSOは，『全社的リスクマネジメント－統合的フレームワーク（ERMフレームワーク）』も刊行した。本ガイド，2013年版COSOフレームワークおよびERMフレームワークは相互補完的なものである。内部統制フレームワーク，ERMフレームワークおよび本ガイドを組織がどのように実施するかにより，重複・相互関連する領域があるだろう。不正リスクは会計や財務管理の活動を越えた領域に影響を及ぼす可能性がある。実際，不正による負のインパクトを最小限に抑えたい組織は，社内とその業務のすべての領域において不正リスクを考慮する必要がある。

COSOの理事会は，本ガイドの執筆に当たったタスクフォースのメンバー，本ガイドの草稿を推敲し，貴重なフィードバックを提供してくれた諮問パネル，そして，本ガイドの監修に貢献したCOSO諮問委員会に謝意を表する次第である。

---

3 2013年版COSOフレームワークによると，構成要素とは，「内部統制の5つの要素の1つのことであり，内部統制の構成要素とは，統制環境，リスク評価，統制活動，情報と伝達，モニタリング活動である」。

訳注1 先行出版物については，八田進二編著『企業不正防止対策ガイド 新訂版』日本公認会計士協会出版局（2012年）を参照。

最後に，COSOの理事会は，タスクフォースの議長であるデイビッド・L.コットン (David L. Cotton) 氏が本ガイドの完成に向けて発揮した，卓越したリーダーシップとご尽力に心より感謝申し上げる。

ロバート・B.ハース, Jr.
(Robert B. Hirth, Jr.)
COSO 会長

ジェームズ・D.ラトリー
(James D. Ratley)
ACFE 会長兼最高経営責任者

不正リスク管理タスクフォース

バーバラ・アンドリュース
米国公認会計士協会

バート・エドワーズ
元国務省

ビル・レオーネ
ノートン・ローズ・フルブライト法律事務所

ジェフリー・シュタインホフ
KPMG

マイケル・バードサル
コムキャスト社

フランク・ファイスト
チャーター・コミュニケーションズ社

アンディ・マクニール
公認不正検査士協会

ウィリアム・ティテラ
元アーンスト・ヤング

トビー・ビショップ
元公認不正検査士協会、デロイト

エリック・フェルドマン
アフィリエイテッド・モニターズ社

リンダ・ミラー
米国会計検査院

マイケル・ウェルゼン
ウェルゼン社

マーゴット・セラ
監査品質センター

ダン・ジョージ
米国自動車クラブ

ケミ・オラテジュ
ジェネラル・エレクトリック

パメラ・ヴェリック
プロティビティ

デイビッド・コデル
コンピュータ利用監査技法

ジョン・D. ギル
公認不正検査士協会

クリス・ペムブローク
クロフォード＆アソシエーツ、PC

ヴィンセント・ウォールデン
アーンスト・ヤング

デイビッド・L. コットン議長
コットン社LLP

レスリー・ギヴァーズ
元米国公認会計士協会、公開会社会計監視委員会

J. マイケル・ペッパース
テキサス大学

ビル・ウォーレン
プライスウォータースクーパース

ジェームズ・ダルキン
米国会計検査院

シンディ・フック
コムキャスト社

ケリー・リッチモンド・ポープ
デュポール大学

リチャード・ウッドフォード
米国湾岸警備隊捜査局

ロン・ダーキン
ダーキン・フォレンジック社

サンドラ・K. ジョニガン
ジョニガン、PC

キャロライン・ディヴァイン・セイント
ヴァージニア大学

不正リスク管理諮問パネル

ダン・アミラム
コロンビア大学ビジネススクール

マイケル・ユストゥス
ネブラスカ大学

ツァーン・ボザニック
オハイオ州立大学

テレサ・ネリス・マトソン
州監督官ニューヨーク事務所

グレッグ・ブラッシュ
テネシー州財務監督官

ジェニファー・ペーパーマン
州監督官ニューヨーク事務所

タミア・バッキンガム
マサチューセッツ州学校建設公社

ダニエル・ロッシ
州監督官ニューヨーク事務所

アシュレー・L. カマー
ジェームス・マディソン大学

リンダ・ハーボルド・シュワルツ
アップランド・アドバイザリー有限責任会社

モリー・ドーソン
コットン社LLP

ロージー・トムフォード
地方公共団体

エリック・アインシュタイン
コットン社LLP

COSOの理事会は，不正リスク管理タスクフォースの議長であるデイビッド・L.コットン氏が本ガイドの完成に向けて発揮した，卓越したリーダーシップとご尽力に心より感謝申し上げる。

エグゼクティブ・サマリー：不正リスク管理

> **不正**とは，他人を欺くために仕組まれた作為または不作為であって，被害者への損失および／または不正実行犯たる加害者への利得をもたらす行為である[4]。

あらゆる組織が不正リスクにさらされている。すべての組織のすべての不正を撲滅することは不可能である。しかしながら，本ガイドの原則を実施することにより，不正を適時に防止・発見する可能性を最大限に高め，強力な不正抑止力を形成することができるだろう。

取締役会[5]，上級経営者，組織のあらゆる階層の構成員（すべての管理職層，スタッフおよび内部監査人を含む）が不正リスク管理の責任を負っている。特に，彼らは，自らの組織が，社会の人々やステークホルダーの厳しい目だけでなく，リスクや規制の高まりにどう対応しているのか，自らの組織ではどのような形の不正リスク管理プログラムを構築しているのか，不正リスクをどのように識別し，不正をより効果的に防止または少なくとも早期に発見するために何をしているか，そして，不正を調査し，是正措置を講じるためにどのようなプロセスを備えているのかについて理解することを期待されている。『不正リスク管理ガイド（本ガイド）』は，こうした複雑な問題への対処に役立つように作成されている。

本ガイドは，取締役会などの統治機関，上級経営者，あらゆる階層のスタッフ，内部監査人による組織内の不正の抑止法を提言する。不正抑止とは，不正を発生させる原因となる要因を除去するプロセスである。不正抑止は，組織が以下の不正リスク管理プロセスを実施する場合に達成される。

- 可視化された強力な不正ガバナンスプロセスの確立
- 透明で健全な反不正文化の醸成
- 定期的かつ徹底的な不正リスク評価の包含
- 予防的・発見的な不正統制プロセスと手続の設計，導入，維持
- しかるべき場合には，不正に関与した者に対する適切な処置を含む不正の疑いに対する迅速な行動

---

[4] 本ガイドの目的のために，執筆陣は，この実用的な定義を示した。執筆陣は，米国公認会計士協会・監査基準審議会，公開会社会計監視委員会，米国会計検査院による定義など不正の定義が他に数多くあることを認識している。

[5] 本ガイドを通じて，ボードおよび取締役会という用語は，組織の統治機関や監督機関，ガバナンスの責任を負う者を意味する。

本ガイドは，不正リスク管理の原則と着眼点[6]を定義する実施ガイダンスを提供し，さまざまな規模や形態の組織が，どうすれば独自の不正リスク管理プログラムを確立できるかを説明している。本ガイドには，プログラムの主要な構成要素の例や，組織が不正リスク管理プログラムを有効かつ効率的に開発するための出発点として参照できる情報源が含まれている。さらに，本ガイドには，特定の業界，政府，非営利組織に合わせて不正リスク管理プログラムを調整するためのその他の情報源に関する参照情報も含まれている。各組織は，規模や取り巻く環境に基づいて，不正リスク管理に置くべき力点の度合いを評価する必要がある。

また，本ガイドには，不正リスク管理プロセスを導入する利用者にとって有益な情報が含まれている。例えば，不正リスク管理の役割と責任，小規模組織が不正リスク管理について考慮すべき事項，不正リスク管理の一部として用いるデータ解析，政府環境における不正リスク管理について取り上げている。

2013年版COSOフレームワークの内部統制の5つの構成要素および17の原則と本ガイドの不正リスク管理の5つの原則との関連性

COSOは1992年版「内部統制－統合的フレームワーク」を2013年に改訂し，17の原則を取り込んだ。17の原則は，COSOが1992年に確立した5つの内部統制の構成要素と関連している。本ガイドの不正リスク管理の5つの原則は，2013年版COSOフレームワークの内部統制の17の原則[7]を全面的に支援し，それと完全に整合する同等の内容のものである。不正リスク管理の原則と2013年版COSOフレームワークの内部統制の構成要素および原則との関連性は，以下のとおりである。

6　COSO「内部統制－統合的フレームワーク（2013年5月）」（2013年版COSOフレームワーク）によると，関連する原則は，内部統制の構成要素に関連する基本概念を示したものであり，着眼点は，原則の重要な特性を示したものである。

7　2013年版COSOフレームワークの17の原則は，米国連邦政府によって，米国会計検査院長により公表されたStandards for Internal Controls in the Federal Government訳注2の中に採用された。1982年連邦管理者財務保全法は，連邦政府関係機関に会計検査院長が示した基準に従うことを求めている。さらに，米国会計検査院は，連邦政府関連機関が不正リスク管理プログラムを開発する際に利用するツールとして優れた実務に基づいて開発されたFramework for Managing Fraud Risks in Federal Programsを公表している。[gao.gov/assets/680/671664.pdf参照]。

訳注2　この米国会計検査院の報告書は以下から入手可能である。http://www.gao.gov/assets/670/665712.pdf

COSOフレームワークの構成要素と原則

統制環境

1. 組織は，誠実性と倫理観に対するコミットメントを表明する。
2. 取締役会は，経営者から独立していることを表明し，かつ，内部統制の整備および運用状況について監督を行う。
3. 経営者は，取締役会の監督の下，内部統制の目的を達成するに当たり，組織構造，報告経路および適切な権限と責任を確立する。
4. 組織は，内部統制の目的に合わせて，有能な個人を惹きつけ，育成し，かつ，維持することに対するコミットメントを表明する。
5. 組織は，内部統制の目的を達成するに当たり，内部統制に対する責任を個々人に持たせる。

リスク評価

6. 組織は，内部統制の目的に関連するリスクの識別と評価ができるように，十分な明確さを備えた内部統制の目的を明示する。
7. 組織は，自らの目的の達成に関連する事業体全体にわたるリスクを識別し，当該リスクの管理の仕方を決定するための基礎としてリスクを分析する。
8. 組織は，内部統制の目的の達成に対するリスクの評価において，不正の可能性について検討する。
9. 組織は，内部統制システムに重大な影響を及ぼし得る変化を識別し，評価する。

統制活動

10. 組織は，内部統制の目的に対するリスクを許容可能な水準まで低減するのに役立つ統制活動を選択し，整備する。
11. 組織は，内部統制の目的の達成を支援するテクノロジーに関する全般的統制活動を選択し，整備する。
12. 組織は，期待されていることを明確にした方針および方針を実行するための手続を通じて，統制活動を展開する。

情報と伝達

13. 組織は，内部統制が機能することを支援する，関連性のある質の高い情報を入手または作成して利用する。
14. 組織は，内部統制が機能することを支援するために必要な，内部統制の目的と内部統制に対する責任を含む情報を組織内部に伝達する。
15. 組織は，内部統制が機能することに影響を及ぼす事項に関して，外部の関係者との間での情報伝達を行う。

モニタリング活動

16. 組織は，内部統制の構成要素が存在し，機能していることを確かめるために，日常的評価および／または独立的評価を選択し，整備および運用する。
17. 組織は，適時に内部統制の不備を評価し，必要に応じて，それを適時に上級経営者および取締役会を含む，是正措置を講じる責任を負う者に対して伝達する。

不正リスク管理の原則

1. 組織は，取締役会および上級経営者の期待と彼らの不正リスク管理に関する高度な誠実性と倫理観に対するコミットメントを表明する不正リスク管理プログラムを確立し，伝達する。

2. 組織は，具体的な不正スキームとリスクを識別し，不正の発生可能性と影響度を測定し，既存の不正統制活動を評価し，不正の残存リスクを低減する対策を講じるために，総合的な不正リスク評価を実施する。

3. 組織は，発生する，または適時に発見されることのない不正のリスクを低減するための予防的・発見的な不正統制活動を選定，開発，実施する。

4. 組織は，潜在的な不正についての情報を入手するための情報伝達プロセスを確立し，不正に適切かつ適時に対処するために調整の図られた方法による調査および是正措置を活用する。

5. 組織は，不正リスク管理の5つの各原則が存在し，機能し，不正リスク管理プログラムの不備を，上級経営者と取締役会を含む是正措置の実施に責任を負う当事者に適時に伝達しているかを確認するための日常的な評価方法を選定，開発，実施する。

この2組の原則の最も明確な関連性は，2013年版COSOフレームワークの原則8（組織は，内部統制の目的の達成に対するリスクの評価において，不正の可能性について検討する。）と不正リスク管理の原則2（組織は，具体的な不正スキームとリスクを識別し，不正の発生可能性と影響度を測定し，既存の不正統制活動を評価し，不正の残存リスクを低減する対策を講じるために，総合的な不正リスク評価を実施する。）との間に見られる。さらに，上記の図に示されるように，2013年版COSOフレームワークと不正リスク管理の原則のすべては，相互に関連し，支援し合う関係にある。

要旨：不正リスク管理の構成要素と原則

不正リスクのガバナンス

不正リスクのガバナンスは，**コーポレートガバナンス**と内部**統制環境**の不可欠な要素である。コーポレートガバナンスは，取締役会と経営者が組織の目標を達成するために，受託責任，報告，ステークホルダーに対する法的責任などの各々の義務を遂行するやり方を定めたものである。内部統制環境は，組織の目標を達成するためのリスク評価を支援する規律を作り出す。

第**1**章（原則1の紹介） 組織は，取締役会および上級経営者の期待と彼らの不正リスク管理に関する高度な誠実性と倫理観に対するコミットメントを表明する不正リスク管理プログラムを確立し，伝達する。

不正リスク評価

不正リスク評価は，組織に特有な不正リスクを識別・評価するための動的で反復されるプロセスである。不正リスク評価は，不正な財務報告，不正な非財務報告，**資産の不正流用**および違法行為（汚職を含む）のリスクを取り扱う。組織は，この取組みを，固有の必要性，複雑性および目標に合わせて調整する。不正リスク評価は，リスク評価と内部統制に不可欠な要素であるだけでなく，特に2013年版COSOフレームワークの原則8と関連するものである。

第**2**章（原則2の紹介） 組織は，具体的な不正スキームとリスクを識別し，不正の発生可能性と影響度を測定し，既存の不正統制活動を評価し，不正の残存リスクを低減する対策を講じるために，総合的な不正リスク評価を実施する。

不正統制活動

　不正**統制**活動は，不正リスクを低減するための経営陣の指示がなされていることを確認するのに役立つ方針と手続を通して確立される活動である。不正統制活動は，不正の発生を防止または不正が行われた場合にそれを迅速に発見することを意図した具体的な手続やプロセスである。

　不正統制活動は，一般的に，予防的なもの（不正な行為または取引の発生を回避するために設計される）または発見的なもの（不正な行為または取引の発生後にそれらを発見するために設計される）のいずれかに分類される。不正の予防的・発見的な統制活動の選定，開発，実施およびモニタリングは，不正リスク管理の極めて重要な要素である。不正統制活動は，識別された不正リスク，スキーム，不正リスクを低減するために設計された不正統制活動および不正統制活動に責任を負う者の確認とともに文書化される。不正統制活動は，内部統制の日常的不正リスク評価の不可欠な要素である。

第3章（原則3の紹介）　組織は，発生する，または適時に発見されることのない不正のリスクを低減するための予防的・発見的な不正統制活動を選定，開発，実施する。

不正調査と是正措置

　統制活動は，不正対策に絶対的な保証を提供することはできない。結果として，組織の取締役会などの統治機関は，コンプライアンス違反や不正・違法行為の申立てを迅速，的確かつ秘密裏に検討し，調査し，解決できるシステムを開発し，実施しなければならない。組織は，調査と是正措置のプロセスを確立し，慎重に準備することによって，訴訟のリスクとレピュテーションの損害を最小限に抑える一方で，損失を回復する可能性を高めることができる。

第4章（原則4の紹介）　組織は，潜在的な不正についての情報を入手するための情報伝達プロセスを確立し，不正に適切かつ適時に対処するために調整の図られた方法による調査および是正措置を活用する。

不正リスク管理のモニタリング活動

　不正リスク管理の第5の原則は，不正リスク管理プロセス全体のモニタリングに関連する。組織は，不正リスク管理の5つの各原則が存在し，設計されたとおりに機能していることを確かめ，組織が適時に必要な変更を識別していることを確認するために，不正リスク管理のモニタリング活動を利用する。

組織は，日常的評価および独立的（定期的）評価または2つを組み合わせて，不正のモニタリング活動を実施する。2013年版COSOフレームワークと同様に，さまざまな階層で組織の**業務プロセス**に組み込まれた不正リスク管理プログラムの日常的評価は，適時な情報を提供する。対照的に，組織は，日常的評価の結果を含む数多くの要因に基づいて，範囲も時期も異なる独立的評価を定期的に実施する。

モニタリング活動 （原則5の紹介）

組織は，不正リスク管理の5つの各原則が存在し，機能し，不正リスク管理プログラムの不備を，上級経営者と取締役会を含む是正措置の実施に責任を負う当事者に適時に伝達しているかを確認するための日常的な評価方法を選定，開発，実施する。

有効な不正リスク管理

　2013年版COSOフレームワークは，有効な内部統制システムでは，17の原則のそれぞれが，存在し，機能し，統合された形で運用されていることを明確にしている。

> リスク評価の構成要素の原則の1つである**原則8**は，以下のように示される。
> 　組織は，内部統制の目的の達成に対するリスクの評価において，不正の可能性について検討する。

　本ガイドは，2013年版COSOフレームワークを支援し，その内容と整合することを意図しており，組織が不正リスク評価を実施する際に従うべきベストプラクティスの指針として役立つものである。

不正リスク管理ガイドの推奨される使用方法

　本ガイドは，公開企業，非公開企業，政府機関，学術団体，非営利団体などの形態，相対的な規模，産業分野にかかわらず，あらゆる組織が利用できるように作成されている。これらの不正リスク管理の原則が各実施組織に適合し得ることは明白である。特に小規模組織，取締役会などの統治機関を持たないオーナー経営の組織は，本ガイドを独自の環境に適合させるだろう。政府は，選挙で選ばれた役職者，政府の支部，上級の政治任用官など全く異なるガバナンス構造を有している。

　各章で定義された用語は，一般的なものであり，実施組織に合わせて調整可能である。例えば，上記で注記したように，本ガイドでは，全般的な経営の監督と組織のガバナンスを実行する主体に言及する場合に，特定の組織でそのような主体が何と呼ばれているかに

かかわらず,「取締役会」または「統治機関」という用語を使用している。

本ガイドの執筆陣は,2013年版COSOフレームワークを採用している組織は,本ガイドをより広範な不正リスク管理プログラムまたはプロセスの一部として,組織の不正リスクを具体的に評価するための単独で互換性のあるより総合的なプロセスとして実施するように勧告している。また,この方法には,不正リスク評価に加えて,不正リスクのガバナンス,不正統制活動,不正調査と是正措置および不正リスク管理の評価とモニタリングの整備と運用が含まれる。本ガイドが実行に移された場合には,その結果は,2013年版COSOフレームワーク全体を支援し,その内容と整合するものとなるだろう。

この強力な取組みは,以下のような継続的かつ包括的な不正リスク管理プロセスをもたらすものである。

図1　継続的かつ総合的な不正リスク管理プロセス

- 組織のガバナンスの一部としての不正リスク管理方針の確立
- 総合的な不正リスク評価の実施
- 予防的・発見的不正統制活動の選定,開発,実施
- 不正報告プロセスおよび調整の図られた方法による調査と是正措置の確立
- 不正リスク管理プロセスのモニタリング,結果の報告とプロセスの改善

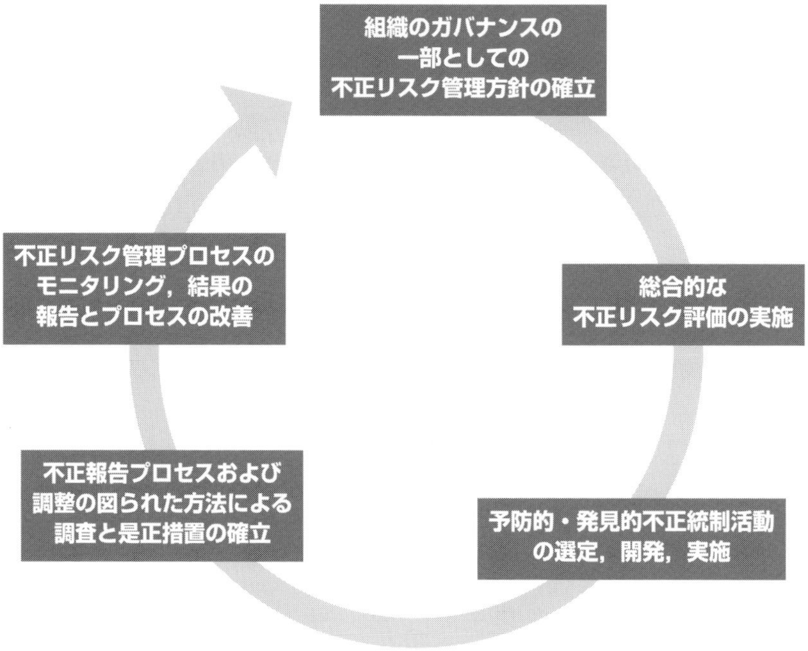

この総合的な方法は,**誤謬**につながる内部統制の脆弱性と,**不正**につながる脆弱性の根本的な相違を認識し,強調するものである。両者の根本的な相違は,**意図**の有無である。不正リスク評価を単に既存の内部統制評価に追加しただけでは,組織は,以下を目的とする意図的な行為の可能性を完全に検討し,識別したことにはならないだろう。

- 財務情報の虚偽表示
- 非財務情報の虚偽表示
- 資産の不正流用
- 違法行為または汚職

特定の，集中した不正リスク評価を，独立の不正リスク管理プロセスとして実施することは，その評価の焦点を意図的な行為に当て続けることをより強力に保証する。

また，総合的なアプローチも不正リスクのより強力で総合的な評価をもたらす。加えて，総合的な不正リスク管理に必要な付加構造も提供する。組織がより単純な方法（不正リスク評価だけを実施する）を利用する場合は，その結果を2013年版COSOフレームワークの結果と組み合わせてより強力な防止と発見の仕組みを作り出すことができる。

利害関係者による利用

取締役会および監査委員会

職務を十分かつ順調に果たしている取締役会は，事業体の不正リスク管理プログラムの状態について上級経営者と議論し，必要に応じて監督を行う。上級経営者は，組織全体の文化を醸成する「トップの気風」の設定を含む不正リスク管理プログラムの整備と運用に全般的な責任を負っている。取締役会は，不正リスク管理プログラムの実施と運用に関する誠実性と倫理観，透明性および説明責任への期待の定義を含む取締役会がどのように監督を行うかを説明する方針と手続を確立する。上級経営者は，取締役会に対して，不正または不正の疑いの発生だけでなく，不正リスク評価からの不正の残存リスクを伝達する。取締役会は，必要に応じて経営者と対峙し説明を求め，厳しい質問をする。取締役会は，内部監査人，独立監査人，外部調査人および法律顧問から情報を求め，あらゆる問題の調査のために必要に応じてこれらの情報源を利用する。

上級経営者

上級経営者は，この不正リスク管理ガイドに関連する事業体の不正リスク管理プログラムの評価を行い，組織がどのようにして不正リスク管理プログラムを支援するために5つの原則を適用するかに着目する。さらに，彼らは，2013年版COSOフレームワークの原則8に準拠して，事業体の不正リスクを評価する。

その他の管理職と社員

管理職とその他の社員は，本ガイドに照らして，いかに自らの責任を果たすかを検討し，不正リスク管理の強化のための考えについて，より上位の階層の管理職と議論する。より具体的には，既存の統制が，不正リスク管理の5つの構成要素に関連する原則および2013年版COSOフレームワークの原則8にどのように影響するかを検討する。

内部監査

内部監査人は，自らの内部監査計画とそれが本ガイドの実施と関連して事業体の不正リ

スク管理プログラムにどのように適用されるかを検討する。内部監査人は，本ガイドを検討し，監査計画，評価，事業体の不正リスク管理と内部統制システムに関するあらゆる報告に係る事業体の不正リスクプログラムの変更の可能性を考慮する。

独立監査人

多くの状況下で，独立監査人は，事業体の財務諸表監査に加えて，クライアントの財務報告に係る内部統制の有効性の監査や検討に関与している。2013年版COSOフレームワークは，「原則8：組織は，内部統制の目的の達成に対するリスクの評価において，不正の可能性について検討する。」を導入した。監査人は，事業体による本ガイドを利用したこの原則の実施を評価することができる。

その他の専門団体

業務，報告およびコンプライアンスに関連する不正リスクについてのガイダンスを提供するその他の専門団体は，本ガイドと比較しながら自らの基準やガイダンスを検討するかもしれない。概念や用語の多様性が解消されるという点で，すべての当事者が恩恵を受ける。

教育関係者

本ガイドが広範な支持を得るという前提で，その概念や用語は，大学のカリキュラムに取り入れられるだろう。

序

本ガイドの目的のために，執筆陣は，以下のように定義する。

> **不正**とは，他人を欺くために仕組まれた作為または不作為であって，被害者への損失および／または不正実行犯たる加害者への利得をもたらす行為である[8]。

あらゆる組織が不正リスクにさらされている。上級経営者および外部の者が関与した不正行為の公表により，世界の多くの組織のレピュテーション，ブランド，イメージが損なわれてきたことは明白である。大規模な不正は，組織全体の破たん，資産・投資の巨額の損失，高額の訴訟費用，主要関係者の収監，そして資本市場，政府，非営利組織に対する信頼の失墜をもたらしている。

不正リスク管理の責任は，以下の法規制によって増大してきている。

- 1977年 米国海外腐敗行為防止法
- 1982年 連邦管理者財務保全法
- 1997年 経済協力開発機構（OECD）の贈賄防止の協定
- 2002年 米国サーベインズ・オックスリー法
- 2005年 米国連邦量刑ガイドライン
- 2010年 ドッド・フランク・ウォール街改革および消費者保護法

過去数十年間の数多くの企業不祥事に対する反応として，社会の人々とステークホルダーは，組織が「不正に対するゼロ許容」の態度を取ることへの期待を抱くようになった。同様に，政府においても，年間数十億ドルに達する不正と不適切な支払いは，社会の人々の信頼に深刻な影響を与え，不正リスク管理と不適切な支払いは，管理者が真正面から向き合うべき対象となった。その結果，優れたガバナンスの原則は，公開企業，非公開企業，政府機関，学術団体，非営利団体などの形態，相対的な規模，産業分野にかかわらず，組

---

[8] 不正の定義は数多くあるが，米国公認会計士協会監査基準審議会によると，不正とは，経営者，ガバナンスの責任を負う者，従業員または第三者の中の1人または複数の個人による監査対象である財務諸表の虚偽表示につながる欺瞞を伴う意図的な行為である。AU-C sec. 240.11, 財務諸表監査における不正の検討（*Consideration of Fraud in a Financial Statement Audit*）参照。

　公開会社会計監視委員会（PCAOB）によると，不正とは，監査対象である財務諸表の重要な虚偽表示につながる意図的な行為である。AU Section 316.05.参照。

　米国会計検査院によると，
　米国連邦政府の内部統制基準は，以下の3種類の不正を識別している。

　不正な財務報告 - 財務諸表の利用者を欺くための財務諸表の意図的な虚偽表示，計上すべき金額の不計上や必要な開示を行わないことである。これには，意図的な会計記録の改ざん，取引の虚偽表示または会計原則の意図的な誤用が含まれる。

　資産の不正流用 - 事業体の資産の窃盗。これには，物品の窃盗，入金の着服，不正な支出が含まれる。

　汚職 - 贈収賄およびその他の違法行為。連邦政府の内部統制基準（*Standards for Internal Control in the Federal Government.*）参照。

織の取締役会またはそれと同等の監督機関[9]に，組織全体にわたり高度な倫理的行為の水準を確保することを今まさに求めている。プロアクティブな不正リスク管理は，今や優れたガバナンスの中に織り込まれているか，織り込まれることが期待されている。

民間部門においては，取締役会のガバナンスの役割は極めて重要である。なぜならば，上級経営者は，歴史的に他の従業員との**共謀**により，主だった破壊的な不正の大多数を実行してきたからである[10]。組織内の不正事例への油断のない対応としては，社会の人々，ステークホルダー，規制機関，そして潜在的な不正実行犯に向けて，取締役会と経営者の不正リスクに対する態度と組織の不正リスクへの許容度についての明確なメッセージを発することである。

同様に，米国連邦政府では，メディケア（高齢者向け医療保険制度），メディケイド（低所得者向け医療費補助制度）などの制度，災害援助，勤労所得控除に基づく不正なまたは疑わしい請求の金額が年間数十億ドルに達しており，税金が適切に守られているという社会の人々の信頼を回復するために不正防止，抑止，調査に対する上級経営者のコミットメントは不可欠である。不正実行犯が向かうのは金と機会がある所であり，政府にはその両方がある。

取締役会および上級経営者に加えて，組織のあらゆる階層の社員（すべての管理職層，スタッフおよび内部監査人を含む）が不正リスク管理の責任を負っている。特に，彼らは，自らの組織が，社会の人々やステークホルダーの厳しい目だけでなく，リスクや規制の高まりにどう対応しているのか，自らの組織ではどのような形の不正リスク管理プログラムを構築しているのか，不正リスクをどのように識別し，不正をより効果的に防止または少なくとも早期に発見するために何をしているか，そして，不正を調査し，**是正措置**[11]を講じるためにどのようなプロセスを備えているのかについて理解することを期待されている。今般刊行された『不正リスク管理ガイド（本ガイド）』は，こうした複雑な問題への対処に役立つように作成されている。

本ガイドは，取締役会などの統治機関，上級経営者，あらゆる階層のスタッフ，内部監査人による組織内の不正の抑止法を提言する。不正抑止とは，不正を発生させる原因となる要因を除去するプロセスである。不正抑止は，組織が以下の不正リスク管理プロセスを実施する場合に達成される。

- 可視化された強力な不正ガバナンスプロセスの確立

---

9 本ガイドを通じて，ボードおよび取締役会という用語は，組織の統治機関や監督機関，ガバナンスの責任を負う者を意味する。最高経営責任者（CEO）と最高財務責任者（CFO）という用語は，組織全体の業績と財務報告に責任を負う上級経営者を意味する。

10 米国トレッドウェイ委員会支援組織委員会が1999年に公表した米国証券取引委員会調査対象とされた不正な財務諸表の事例分析参照。

11 不正の責任に関するコメントについては以下を参照。
2007年6月の1934年証券取引所法13（a）条または15（d）条に基づく財務報告に係る内部統制に関する経営者報告書に関するSECガイダンスおよび米国公開会社会計監視委員会（PCAOB）監査基準書第5号（AS5）「財務諸表監査と統合された財務報告に係る内部統制監査」

- 透明で健全な反不正文化の醸成
- 定期的かつ徹底的な不正リスク評価の実施
- 予防的・発見的な不正統制プロセスと手続の設計，導入，維持
- しかるべき場合には，不正に関与した者に対する適切な処置を含む不正の疑いに対する迅速な行動

　本ガイドは，不正リスク管理の原則と着眼点[12]を定義する実施ガイダンスを提供し，さまざまな規模や形態の組織が，どうすれば独自の不正リスク管理プログラムを確立できるかを説明している。本ガイドには，プログラムの主要な構成要素の例や，組織が不正リスク管理プログラムを有効かつ効率的に開発するための出発点として参照できる情報源が含まれている。各組織は，規模や取り巻く環境に基づいて，不正リスク管理に置くべき力点の度合いを評価する必要がある。また，本ガイドには，特定の業界，政府，非営利組織に合わせて不正リスク管理プログラムを調整するためのその他の情報源に関する参照情報も含まれている。

不正リスク管理とCOSOの内部統制のフレームワーク

　COSOは，「内部統制−統合的フレームワーク」を2013年に改訂し，17の原則[13]を取り込んだ（2013年版COSOフレームワーク）。これらの17の原則は，COSOが1992年に確立した5つの内部統制の構成要素と関連している。原則は，利用者が内部統制システムを整備・運用する際および有効な内部統制の要件を理解する上で明確さを提供するものである。COSOは，有効な内部統制システムでは，17の原則のそれぞれが，存在し，機能し，統合された形で運用されていることを明確にしている。

> リスク評価の構成要素に関連する原則の1つである**原則8**は，以下のように示される。
> 　組織は，内部統制の目的の達成に対するリスクの評価において，不正の可能性について検討する。

　本ガイドは，2013年版COSOフレームワークを支援し，その内容と整合することを意図しており，組織が不正リスク評価を実施する際に従うべきベストプラクティスの指針として役立つものである。
　しかも，不正リスク管理に対するより総合的な方法の確立を望む組織のために，本ガイドは，不正リスク評価の実施に必要とされる情報だけでなく，総合的な不正リスク管理プログラムを策定するための以下のような他の構成要素に関するガイダンスも提供している。

---

[12] 2013年版COSOフレームワークによると，関連する原則とは，内部統制の「構成要素に関連する基本概念を示したもの」であり，着眼点とは，「原則の重要な特性を示したもの」である。

[13] 上記で注記したように，2013年版COSOフレームワークは，関連する原則を内部統制の「構成要素に関連する基本概念を示したもの」と定義している。

- 不正リスクのガバナンス方針の確立
- 不正防止・発見のための統制活動の設計と展開
- 調査の実施と是正措置の実施
- 不正リスク管理プログラム全体のモニタリングと評価

　さらに，本ガイドは，重要な用語の定義を行い（付録A参照），主要な役割と責任について説明し（付録B参照），それが小規模組織にどのように適用されるかを説明している（付録C参照）。

　その結果，2013年版COSOフレームワークを実施する組織は，この新しい不正リスク評価原則に対応する方法を以下の2つから選択することができる。

- 本ガイドの不正リスク管理の第2原則（組織は，具体的な不正スキームとリスクを識別し，不正の発生可能性と影響度を測定し，既存の不正統制活動を評価し，不正の残存リスクを低減する対策を講じるために，総合的な不正リスク評価を実施する。）を，2013年版COSOフレームワークの原則を遵守する不正リスク評価の実施のために単独で利用することができる。この方法の下では，組織は，内部統制の各構成要素を再考し，不正に対する脆弱性に対処することにより，不正リスク評価プロセスを既存の内部統制構造に重ね合わせるだろう。
- より広範な不正リスク管理プログラムまたはプロセスの一部として，組織の不正リスクを具体的に評価するための単独で互換性のあるより総合的なプロセスとして，本ガイドを実行に移すことも可能である。この方法には，不正リスク評価に加えて，不正リスクのガバナンス，不正統制活動，不正調査と是正措置および不正リスク管理の評価とモニタリングの整備と運用が含まれる。本ガイドが実行に移された場合には，その結果は，2013年版COSOフレームワーク全体を支援し，その内容と整合するものとなるだろう。

　上記の第2の方法は，図1で示される継続的かつ総合的な不正リスク管理プロセスをもたらすものである。

図１　継続的かつ総合的な不正リスク管理プロセス

［図：循環プロセス図］
- 組織のガバナンスの一部としての不正リスク管理方針の確立
- 総合的な不正リスク評価の実施
- 予防的・発見的不正統制活動の選定，開発，実施
- 不正報告プロセスおよび調整の図られた方法による調査と是正措置の確立
- 不正リスク管理プロセスのモニタリング，結果の報告とプロセスの改善

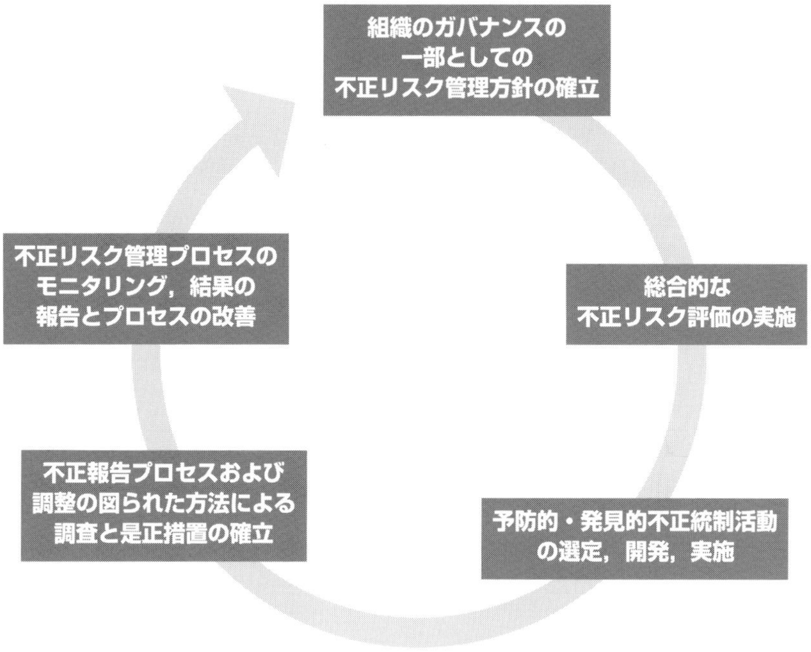

　上記の第１の方法は，このプロセスの第２の要素のみに焦点を当てたものであるが，それでもCOSOの原則８の対応を支援するものである。

　本ガイドの執筆陣は，第２の方法を推奨する。第２の方法は，誤謬につながる内部統制の脆弱性と，不正につながる脆弱性の根本的な相違を認識し，強調するものである。両者の根本的な相違は，意図の有無である。不正リスク評価を単に既存の内部統制評価に追加しただけでは，組織は，以下を目的とする意図的な行為の可能性を完全に検討し，識別したことにはならないだろう。

- 財務情報の虚偽表示
- 非財務情報の虚偽表示
- 資産の不正流用
- 違法行為または汚職

　特定の，集中した不正リスク評価を，独立の不正リスク管理プロセスとして実施することは，その評価の焦点を意図的な行為に当て続けることをより強力に保証する。

　また，第２の方法も，不正リスクのより強力で総合的な評価をもたらす。加えて，総合的な不正リスク管理に必要な付加構造も提供する。組織が第２の方法を利用する場合は，その結果を2013年版COSOフレームワークの結果と組み合わせてより強力な防止と発見の仕組みを作り出すことができる。

　本ガイドの不正リスク管理の５つの原則は，2013年版COSOフレームワークの内部統制

の17の原則[14]を全面的に支援し,それと完全に整合する同等の内容のものである。不正リスク管理の原則と2013年版COSOフレームワークの内部統制の構成要素および原則との関連性は,図2のように示される。

図2　2013年版COSOフレームワークの内部統制の5つの構成要素と17の原則と本ガイドの不正リスク管理の5つの原則との関連性

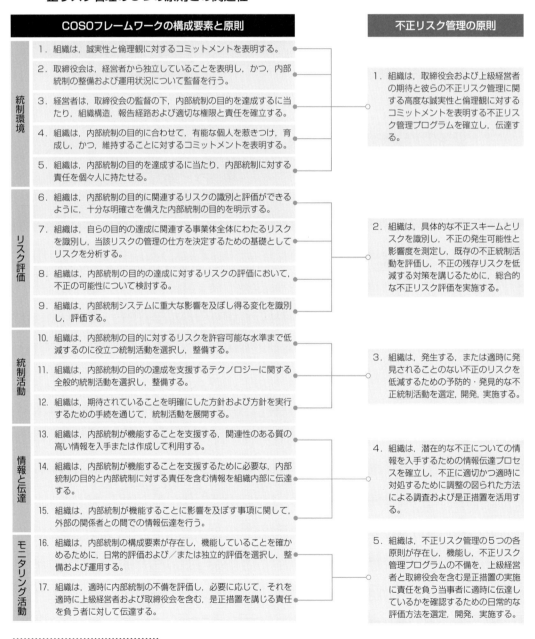

14　2013年版COSOフレームワークの17の原則は,米国連邦政府によって,米国会計検査院長により公表されたStandards for Internal Controls in the Federal Governmentの中に採用された。1982年連邦管理者財務保全法は,連邦政府関係機関に会計検査院長が示した基準に従うことを求めている。さらに,米国会計検査院は,連邦政府関連機関が不正リスク管理プログラムを開発する際に利用するツールとして優れた実務に基づいて開発された連邦プログラムにおける不正リスク管理に関するフレームワーク(Framework for Managing Fraud Risks in Federal Programs)を公表している。[gao.gov/assets/680/671664.pdf参照]。

この2組の原則の最も明白な相関関係は，2013年版COSOフレームワークの原則8（組織は，内部統制の目的の達成に対するリスクの評価において，不正の可能性について検討する。）と不正リスク管理の原則2との間に見られる。しかし，図2に示されるように，2013年版COSOフレームワークと不正リスク管理の原則のすべては，相互に関連し，支援し合う関係にある。

　本ガイドは，5つの不正リスク管理の原則に対応する5つの章で構成されている。

第1章
（原則1の紹介）

組織は，取締役会および上級経営者の期待と彼らの不正リスク管理に関する高度な誠実性と倫理観に対するコミットメントを表明する不正リスク管理プログラムを確立し，伝達する。

第2章
（原則2の紹介）

組織は，具体的な不正スキームとリスクを識別し，不正の発生可能性と影響度を測定し，既存の不正統制活動を評価し，不正の残存リスクを低減する対策を講じるために，総合的な不正リスク評価を実施する。

第3章
（原則3の紹介）

組織は，発生する，または適時に発見されることのない不正のリスクを低減するための予防的・発見的な不正統制活動を選定，開発，実施する。

第4章
（原則4の紹介）

組織は，潜在的な不正についての情報を入手するための情報伝達プロセスを確立し，不正に適切かつ適時に対処するために調整の図られた方法による調査および是正措置を活用する。

第5章
（原則5の紹介）

組織は，不正リスク管理の5つの各原則が存在し，機能し，不正リスク管理プログラムの不備を，上級経営者と取締役会を含む是正措置の実施に責任を負う当事者に適時に伝達しているかを確認するための日常的な評価方法を選定，開発，実施する。

不正リスク管理システムが有効であるためには，これらの不正リスク管理の各原則が存在し，機能し，統合された形で運用されている必要がある。

本ガイドの各章は，要旨および特定の不正リスク管理の原則が，2013年版COSOフレームワークの原則・着眼点とどのように関連しているかの説明で構成されている。2013年版COSOフレームワークの着眼点と整合しているこれらの不正リスク管理の原則の着眼点は，不正リスク管理の各原則の重要な特徴である。経営者は，これらの着眼点のいくつかが自らの組織に適合せず，関連性が乏しいと判断し，組織に特有の環境に基づいて，他の原則を識別し，考慮するかもしれない。着眼点は，不正リスク管理活動を設計し，適用し，運用する際および関連する原則が実際に存在し，機能しているかを評価する際，経営者に役立つであろう[15]。

本ガイドの付録は，総合的な不正リスク管理プログラムとそのプロセスを完全に実施するために利用の検討対象となる追加資料，プロトタイプ，分析的手続およびツールで構成されている。

本ガイドは，公開企業，非公開企業，政府機関，学術団体，非営利団体などの形態，相対的な規模，産業分野にかかわらず，あらゆる組織が利用できるように作成されている。これらの不正リスク管理の原則が各実施組織に適合し得ることは明白である。特に小規模組織，取締役会などの統治機関を持たないオーナー経営の組織は，本ガイドを独自の環境に適合させるだろう。政府は，選挙で選ばれた役職者，政府の支部，上級の政治任用官など全く異なるガバナンス構造を有している。各章で定義された用語は，一般的なものであり，実施組織に合わせて調整可能である。例えば，上記で注記したように，本ガイドでは，全般的な経営の監督と組織のガバナンスを実行する主体に言及する場合に，特定の組織でそのような主体が何と呼ばれているかにかかわらず，取締役会または統治機関という用語を使用している。

---

[15] 出典は，2013年版COSOフレームワーク24ページ（邦訳52ページ）。

第1章　不正リスクのガバナンス

◆要旨

　不正リスクのガバナンスは，コーポレートガバナンスと内部統制環境の不可欠な要素である。コーポレートガバナンスは，取締役会[16]と経営者が組織の目標を達成するために，受託責任，報告，ステークホルダーに対する法的責任などの各々の義務を遂行するやり方を定めたものである。内部統制環境は，組織の目標[17]を達成するためのリスク評価を支援する規律を作り出す。

　本章では，ガバナンスと内部統制環境を取り上げる。それは，ガバナンスと内部統制環境が，不正リスクを管理し，組織およびステークホルダーを資産の横領，不正な財務報告および汚職から守ることに影響を与えるからである。

　取締役会と上級経営者は，それぞれのガバナンスおよび監督の責任の中で，期待される倫理的行動の基準を基礎とした不正リスク管理の重要性に関するトップの気風を確立する。経営陣は，組織全体を通し，さまざまな階層において，これらの期待を強化する。組織としてのコミットメントを伝達する上での重要なステップは，1人の上級経営者を，不正リスク管理の全体的な責任者として任命することである。この経営執行者が不正リスク管理の主要目的を組織に提供するが，このことはどのような形であれ，組織内の誰もが負う不正リスク管理上の説明責任を減少させるものではない。

　取締役会とすべての階層の経営陣は，不正行為や法令違反を許容しない組織として，誠実性と倫理観を示し，理念とその運用スタイルを構築する上で模範を示し，組織を指導していくことが期待されている。このことを達成するために，彼らは，組織のさまざまな**ステークホルダー（利害関係者）**[18]の合理的期待と目標を考慮に入れる。こういった形式の統制環境を達成するには，役員会議室の中だけではなく，すべての最前線の業務プロセスに倫理というレンズを持つことが要求される。

　また，不正リスク管理は，組織による法規制の遵守においても重要な側面を持つ。米国量刑委員会（USSC）は，連邦裁判所に対し，連邦法の罪で有罪となった犯罪者に対する

---

[16] 本ガイドを通じて，ボードおよび取締役会という用語は，組織の統治機関や監督機関，ガバナンスの責任を負う者を意味する。米国会計検査院（GAO）によると，ガバナンスの責任を負う者とは，事業体の戦略的方向性と事業体の説明責任に関連する責任を監督する責任を負う者をいう（参照：Government Auditing Standards 2011 revision A1.06-07項）。

[17] COSOの『内部統制の統合的フレームワーク：フレームワークおよび付録』（2013年5月）（2013年版COSOフレームワーク）参照。

[18] 本ガイドを通じて，太字で示された用語や語句は，付録A　用語集で定義されている用語や語句である。

刑罰の形式と重さに関するガイドラインを含む判決の方針と実務慣行を策定している。企業犯罪に関しては，有効なコンプライアンスと倫理プログラムを既に確立した組織である場合，そうでない場合に比べ，軽い刑罰とすることができる[19]。

◆不正リスクのガバナンスの原則

本章では，不正リスク管理プログラムの原則1を取り上げる。原則1は，以下のように示される。

第1章
（原則1の紹介）

組織は，取締役会および上級経営者の期待と彼らの不正リスク管理に関する高度な誠実性と倫理観に対するコミットメントを表明する不正リスク管理プログラムを確立し，伝達する。

◆2013年版COSO内部統制フレームワークとの関連性

2013年版COSOフレームワークの原則8（組織は，内部統制の目的の達成に対するリスクの評価において，不正の可能性について検討する。）における不正リスク評価の要件に加え，2013年版COSOフレームワークのそれぞれの構成要素と原則は，不正リスクの考慮に関連性を有する。したがって，本章で不正リスクガバナンスに関して検討される原則は，2013年版COSOフレームワークの統制環境の原則を反映している。2013年版COSOフレームワークは，本章における不正リスクのガバナンスと併せて読むと，本章の論点について有益な内容を提供してくれる。

2013年版COSOフレームワークの統制環境の原則は，主に，組織の目標達成に対するリスクの低減に効果的な内部統制システムを支援するトップの気風に向けたコミットメントを組織が確実に行うことができるように広範に設計されている。不正リスク管理の原則1は，特に不正リスクに関連するコーポレートガバナンスの構築に焦点を当てている。COSOの統制環境の5つの各原則は，不正リスク管理の原則1と整合しており，それを支援する内容となっている。

---

19 USSC Guidelines Manual（Section 8B2-1）によると，「効果的なコンプライアンスと倫理のプログラムを持つには，組織は，犯罪的行為を防止し，発見するために相当の注意を払い，また，別の方法として，倫理的行動と法律遵守のコミットメントを推奨する組織文化を推進する。そのようなコンプライアンスおよび倫理のプログラムは，そのプログラムが全体として，犯罪的行為の防止と発見に効果的になるよう，合理的に設計，実行，強化されるものとする」。

図3 不正リスク管理の原則1と2013年版COSOフレームワークの統制環境の構成要素と原則との関連性

	COSOフレームワークの構成要素と原則	不正リスク管理の原則
統制環境	1. 組織は，誠実性と倫理観に対するコミットメントを表明する。 2. 取締役会は，経営者から独立していることを表明し，かつ，内部統制の整備および運用状況について監督を行う。 3. 経営者は，取締役会の監督の下，内部統制の目的を達成するに当たり，組織構造，報告経路および適切な権限と責任を確立する。 4. 組織は，内部統制の目的に合わせて，有能な個人を惹きつけ，育成し，かつ，維持することに対するコミットメントを表明する。 5. 組織は，内部統制の目的を達成するに当たり，内部統制に対する責任を個々人に持たせる。	1. 組織は，取締役会および上級経営者の期待と彼らの不正リスク管理に関する高度な誠実性と倫理観に対するコミットメントを表明する不正リスク管理プログラムを確立し，伝達する。

◆着眼点

以下に示す着眼点は，本原則に関する重要な特性を強調している。

- **不正リスク管理に組織的なコミットメントを行う**——取締役会と上級経営者は，不正を抑止，防止，発見するという組織的なコミットメントを確立することで不正リスク管理プロセスを開始する。
- **不正リスクのガバナンスを支援する**——取締役会と上級経営者は，コーポレートガバナンスの主要な要素として，不正リスク管理への組織としてのコミットメントを示す。
- **総合的な不正リスク管理方針を確立する**——取締役会および上級経営者は，総合的な不正リスク管理方針を構築することにより，不正リスク管理の強固な基盤を提供する。
- **組織全体における不正リスクのガバナンスの役割と責任を確立する**——取締役会と上級経営者は，不正リスクガバナンスに関わるすべての社員の役割と責任を認識する。
- **不正リスク管理プログラムを文書化する**——取締役会と上級経営者は，不正リスク管理プログラムが完全に文書化され，定期的に更新されていることを確認する。
- **不正リスク管理を組織のすべての階層に伝達する**——取締役会と上級経営者は，組織全体の，不正の抑止，防止，発見に継続して重点的に取り組む姿勢を

堅持し，それを伝達することにより，不正リスク管理プログラムの持続的な有効性を確保する。

不正リスク管理に組織的なコミットメントを行う

　不正リスク管理の統制環境は，組織文化を構成するさまざまな内的および外的要因による影響を受ける。2013年版COSOフレームワーク（第5章）によると，

　組織文化は，誠実性と倫理観，監督，説明責任および業績評価に対するコミットメントを反映した行動への期待を定めることにより統制環境を支援する。例えば，強固な文化を確立するために，倫理基準と行動基準を，いかに明確に，継続的に伝達し，実際に強化していくかを検討する。このように，文化は，組織の統制環境の一部ではあるが，同時に，方針と手続，情報の入手のしやすさ，モニタリング活動結果への対応といった内部統制の他の構成要素の一部も含んでいる。そのため，文化は，統制環境と内部統制の他の構成要素によって影響を受けるが，また逆に影響を及ぼすこともある。

倫理の効果

　有効な取締役会および組織は，倫理の問題に取り組み，事業戦略，業務，長期的な組織の生き残りに対して倫理的行動が与える影響にも対処する。取締役会および組織のこれらの目標に対するコミットメントのレベルは組織によって大きく異なり，組織の不正リスクに対する許容度に直接的な影響を与える。

　組織文化は，不正リスクの統制環境による影響を受け，不正リスクの統制環境は，組織文化の影響を受ける。成功する組織には，これら2つの要素の間に強い関連性が見られる。

　一般的に，倫理の検討は，単にコンプライアンスプログラムにとどまるものではなく，組織文化を1つの重要な要素として含む。組織が倫理的な考察を優先する場合，それらの実行による長期的な利益は，関連するコストを上回る。例えば，効果的な企業倫理プログラムは，不正行為や犯罪行為の抑止，防止，発見の基盤の役割を果たすことができる。コンプライアンスプログラムは，時に，法令違反につながり得る誤った判断を防止することだけに焦点を当てる一方，これらの倫理プログラムは正しい判断をすることが暗黙に求められる環境を作り出す。法令上の要求事項は，最小限の基準もしくは下限値であり，正しいことを行う上での上限値ではないと捉え，そして組織文化という繊維にその哲学を染み込ませることが常に最善である。

　倫理の考慮と正しく方向づけられたコンプライアンスプログラムは，効果的な不正リスク管理の重要な基礎的構成要素である。不正リスク管理を含めることがコーポレートガバナンスにとってもまた鍵となる。

トップの気風

　有効な不正リスク管理の最も重要な構成要素の1つが組織のトップの気風である。組織のリーダー層には，その組織が倫理的行動の推進を真剣に捉えており，不正の抑止，防止，発見に熱心に取り組んでいることを，すべての組織の社員とビジネスパートナーが理解していることを率先垂範して確認する責任がある。さらに，不正事案に対し，経営者がどのように対処したかは，組織の内外に力強いメッセージを送ることになり，不正行為に対する強力な抑止力となる。

　トップの気風を確立する上での最初のステップは，誠実性と倫理観に関する最高の基準に基づき事業を行うことを，組織，取締役会，役員，経営執行者および組織のすべての社員がコミットメントすることを反映した組織の事業行動規範を方針に据えることである。

　関係会社，契約業者，下請業者，納入業者およびその組織と接するその他関係者を含むビジネスパートナーに，その組織の事業行動規範を認識させることは，誠実性と倫理観に対するコミットメントを強化する。

　組織における正直さ，高い誠実性，倫理観という強い文化を表明する他の要素には，従業員にとって有益な職場環境を整備すること，適切な従業員を雇い入れ昇格させること，従業員を教育すること，従業員に組織の行動規範に対する自らの理解度を確認することを求めること，従業員の組織内のポジションにかかわりなく適切かつ一貫した形で規律に従わせることなどがある[20]。

不正リスクのガバナンスを支援する

　適切な不正リスク管理に対するトップの気風を構築するには，取締役会は，まず取締役会自体が適切に統治されていることを確かなものとしなければならない。このガバナンスには，以下に述べる独立的な精神を持った取締役会メンバーを含む取締役会の行動のすべての側面が含まれる。

- 取締役会に入る情報，議案，経営者および外部アドバイザーへのアクセスを統制できる。
- ガバナンス，報酬，監査の各委員会および他のすべての取締役会の指示を受けた委員会における責務を独立して果たすことができる。

　取締役会は，経営者が，倫理的行動を奨励し，従業員，顧客，納入業者に，不正リスク管理の基準を日々満たさなければならないことを求める権限を与えるような効果的な不正リスク管理方針を確立することを保証する責任がある。独立的で，かつ客観的

---

[20] Martin Biegelman, Joel T. Bartow, *Executive Roadmap to Fraud Prevention and Internal Control: Creating a Culture of Compliance*（John Wiley & Sons, April 2012）

であることに加え，取締役会は，以下を行う。

- 何が不正と腐敗を生むのかを深く理解する。
- 自らの独立した活動または最高経営責任者の職務記述書，人事評価，後継者計画のプロセスを通じ，適切なトップの気風を確立する。
- 不正リスク評価の監督を継続する。
- 経営者によって構築された財務報告に係る内部統制を監視することを含め，経営者の不正リスク認識を評価する。
- 経営者による統制の無効化リスクを含む経営者による不正リスクを評価し，経営者による不正を抑止，防止，発見するための統制が設計され，機能していることを確実にする。
- 承認を受けた内部監査の年次計画を支持し，内部監査部門が，特定の国や業界のデータプライバシーに関する規制を考慮しつつも，情報，データ，従業員に自由にアクセスできることを確実にする。
- 内部監査部門が取締役会あるいは取締役会委員会（通常，監査委員会）へ制約なくアクセスできることを確実にする。
- 従業員が，取締役会，監査委員会および内部監査部門にアクセスすることができることを確実にする。
- 取締役会委員会（通常，監査委員会）に不正の抑止，防止および発見を重視する権限を与える。
- 組織の中で発生する不正事案，特にシニアレベルの従業員が関与する事案あるいは重要な内部統制上の問題が発見された事案について十分な情報を得る。

また，取締役会は，これらの責任を文書化し，組織全体に適切に伝達する。また，不正リスク管理プログラムを実施し，維持するために必要なまたは必要に応じて，外部アドバイザーおよび弁護士を雇うために必要な資源を含め，十分な資源を組織が持っていることを確実にする。

総合的な不正リスク管理方針を確立する

組織の不正リスク管理方針は，個人の行動の手引となる広範な方針と原則を含む一方で，適用される可能性のあるすべての法律や方針をカタログ化することを意図していない。すべての従業員が，日々の業務の中で，不正リスク管理方針のあらゆる側面に遭遇するわけではない。しかし，重要なのは，すべての社員が方針を理解し，かつ，方針の法的な側面とその趣旨の両方に従うことである。ここで生み出すべき重要な概念は，常に正しいことを行うに当たって，形式より実質を重んじることである。

不正の抑止と防止に適切に焦点を当てている組織は，特に組織の最上層部において，倫

理観と誠実性が真剣に受け止められていることを不正リスク管理方針が強調することを確実にする。

不正リスク管理方針の根本的な信条とは，外国公務員への賄賂提供（連邦法違反）であろうが，「帳簿の改ざん」（不正な財務報告）であろうが，虚偽の旅費・経費の請求（資産の横領）であろうが，組織は（個々人の会社内の地位にかかわりなく），いかなる形式の不正行為も許容しないことを従業員が理解することにある。組織の中で，その従業員がいかに有能であろうとも，あるいは彼らの地位がいかに高いものであろうと，もし彼らが強力な倫理の羅針盤を持っていないのならば，その組織は，すでに許容できないリスクを抱えているといえる（不正リスク評価の原則に関連する議論については，第2章を参照）。

万能な不正リスク管理方針はない

不正リスク管理方針にフリーサイズというものはない。異なる組織は，異なる業務目標を持ち，異なる事業環境と条件の中で活動しており，さまざまな不正リスクの特性を抱えている。重要なのは，すべての組織が，その特定の組織に関連する不正リスクシナリオに合わせて構成した，独自の不正リスク評価というものを行うことである。

実際のまたは潜在的な方針違反への対処プロセスの識別

効果的な不正リスク管理方針は方針違反や潜在的な方針違反が表面化した際に取るべきプロセスを明確に特定する。不正リスク管理方針は，潜在的もしくは実際の不正を開示する報告の仕組みを開発，伝達することを含み，これは一般的に利害関係者への情報伝達を含む。状況によっては，法的執行機関や規制当局を含む外部関係者に対し，実際のもしくは疑いのある不正行為を通知することも必要である。

適切な階層の個人または委員会は，不正リスク管理方針の実際のもしくは潜在的な違反を一様に評価する。一旦，実際のもしくは潜在的な方針違反が開示されたら，以下の事項を含むいくつかの可能な意思決定経路がある。

- 経営者が，開示を承認し，報告された状況において，組織方針への抵触がなかったことを究明する。
- 経営者が，組織方針への抵触の可能性があるとの決定を下し，認識されたリスクを管理し，方針違反が発生するような重大な機会が残されていないことを確実にするために，関係者に特定の制約を課す。
- 経営者が，組織方針への抵触があるとの決定を下し，関係者に活動の停止あるいは組織から退職することを求める。
- 経営者は，民事上または刑事上の法的措置を開始することを決定する。

組織全体に不正リスクのガバナンスの役割と責任を確立する

　組織のすべての階層の社員は，不正の抑止，防止，発見に関する役割と責任を有している。不正リスク管理にとって，監査委員会，内部監査部門，経営者，専門家，従業員は，根本的に重要である。

　不正リスク管理プログラムの成功にとって極めて重要なのは，経営者層のエグゼクティブレベルのメンバー1名を不正リスク管理全般の責任者とし，定期的に取締役会へ報告させることである。その責任者は，不正リスク管理プログラムが真剣に受け止められ，十分に実行されていることを確認するのに十分に高い組織階層にいる必要がある。このエグゼクティブレベルの責任者は，組織の不正リスクやプロセスレベルの内部統制に精通しており，方針違反の疑惑のある案件におけるコンプライアンス，報告および調査を確実に実施するプロセスの設計と実行の責任を負う。

　少なくとも，不正リスク管理プログラムの一部として，すべての社員の役割と責任が正式な文書として記述される。

　正式な不正リスク管理プログラムとは，不正リスク管理方針が単なるコンプライアンスの文書以上の存在であり，むしろ不正に関連する事項に関しての取締役会，上級経営者，組織の全員に対する期待の道標として役立つことを保証するようなフレームワークの一部を構成するものである。

　不正リスク管理方針や関連する方針には，エグゼクティブ・コミュニケーションやトップの気風を決めるレベルの人々に期待される行動に関わる他の情報を文書化する必要性が含まれる。

　多くの組織では，内部統制監査部門あるいは同様のリスクマネジメント部門は，関連性のあるリスクの理解，プロセスフローの知識，主要なコントロールフレームワークの理解，職業的懐疑心を持つがゆえに，不正リスク評価を主導することがある。しかしながら，経営者は，不正リスク管理プログラムの実行を保証する責任を負い続けることになる。不正リスク管理で主要な役割を果たす責任があるすべての関係者間でのオープンで，中身の深い綿密な，時宜を得た情報伝達がなされることは決定的な重要性を持つ。

　付録Bは，不正リスク管理の役割と責任に関するより詳細な議論を収録している。付録Cは，小規模組織に関する不正リスク管理の考慮事項について論じている。

不正リスク管理プログラムを文書化する

　不正リスク管理方針は，不正リスク管理への総合的かつ組織的なアプローチの設計と実践を支えるものである。この方針は，文書化され，組織の現時点のリスク特性や経験に基づき更新される。

組織の事業行動規範は，倫理観を持って事業を遂行することの重要性にとって必要な背景を提供するが，効果的な不正リスク管理方針に必要なすべての範囲の事項を網羅することは期待されていない。つまり，それとは別に，不正リスク管理方針がその組織の不正リスク管理プログラムのすべての側面を文書化する。

取締役会の監督下で，不正リスク管理プログラムとして採用する文書の型や書式をどうするかはその組織の権限で決めてよい。検討すべきことは以下の事項である。

- 不正リスク管理プログラムの個別構成要素に基づく他の方針や手続を含む総合的な文書と対比して，不正統制活動のすべての詳細な側面をカバーする，単独で機能する網羅的な文書を提供すること。
- 不正統制活動の特性を強調し，具体的な方針や手続の設計は組織の中でビジネス機能に責任を負う人々に委譲するといったような簡潔な方針の概要を展開すること。
- 不正を抑止，防止，発見するために明確でプロアクティブなプロセスと統制活動を提供すること。またその統制活動を実行し，プロセスや統制が適切に実行されていることを検証する記録の保持を行う担当者を特定すること。
- 高い不正リスクを持つ分野を評価し，不正リスクの低減につながる活動や統制をモニタリングするために，データ分析[21]活動をプロアクティブに利用する戦略を提供すること。
- 部門や子会社で展開される計画のまとめを提供すること。

各組織は，その規模や複雑性を考慮しつつ正式な文書の最も相応しい様式を決定するものの，本書のすべての章の構成要素を含む正式な不正リスク管理方針を定めることがベストプラクティスである。

取締役会および上級経営者は，自らの不正リスク管理プログラムに対するコミットメントを，全従業員，納入業者，顧客，政府関係組織の場合には，公的機関，立法機関も入手可能な簡潔な文書（例えば，電子メールや手紙）に要約する。こうした要約文書は，不正リスク低減の重要性を強調し，組織の不正に対する脆弱性を認めた上で，組織内の各人が負う不正抑止，防止，発見の活動を支援する責任を確立する。この文書は，上級経営者または取締役会メンバーが同意し，あるいは自ら策定し，定期的に繰り返し発信される。組織は，すべての従業員がこの重要な情報を受け取っていることを，情報の授受と内容の理解に関する従業員の確認を追跡することにより確実なものとする。

この種のコミュニケーションは重要である一方，多くの組織は，この文書によるコミュニケーションを，より持続的な結果を生むために，全従業員を対象にする集中的な不正トレーニングコースを提供することで補強する。この種の全社対象トレーニングは，組織全

---

[21] 本ガイドの付録Eには，データ分析手法が，不正リスク管理プロセス全体をどのように支援するかについての総合的な情報が含まれている。

体に不正への自覚について一貫した基礎を提供し，その基礎は不正管理活動の根幹をなす柱となる。

不正リスク管理方針とトレーニングでは，不正財務報告，資産横領，贈収賄のリスクを含む不正が定義される。方針とトレーニングにより，潜在的な不正実行犯が識別され，今後発生する可能性がある（または実際に発生した）不正の種類ごとに組織の実態に即した例が提示され，内部者または外部者により不正が実行されるかもしれないという自覚が呼び起こされる。

すべての従業員や納入業者は，不正リスク管理プログラムに関わる個々の責任を理解することが期待される。方針やトレーニングは，該当する場合には取締役会および監査委員会規程に反映されているとおり，不正管理のガバナンス上の監督（すなわち，取締役会や監査委員会の役割と責任）を明記することから始まる。

本ガイドの付録は，不正リスクガバナンスに関する以下の資料から構成されている[22]。

- F-1　不正統制方針のフレームワーク
- F-2　不正統制方針の決定と責任のマトリックス
- F-3　企業行動規範と不正統制方針の統合
- F-4　独立した不正統制方針
- F-5　年次従業員調査

不正リスク管理を組織のすべての階層に伝達する

取締役会は，組織の不正リスク管理の目標達成を支援するため，組織が直面する不正リスクを理解し，内部統制に必要なシステムを確立する責任を，最終的に最高経営責任者（CEO）に負わせる。最高経営責任者と上級経営者は，不正リスク管理と組織の不正の防止と発見を含む内部統制の説明責任を確立するために必要な組織構成，組織権限，責任を設計し，実行し，管理し，定期的に評価する責任を負う。

さらに，取締役会は，不正リスク管理プログラムの有効性をモニタリングする責任を負う。その責任とは，組織の全社リスクを検討する場合に，取締役会の定期的な議案として取り組むべきものである（不正リスク管理プログラムに関する本ガイドの第5章の議論を参照）。

取締役会は，自らが経営者，従業員，内部および外部監査人，その他の関係者から，潜在的な不正の発生についての正確でタイムリーな情報を受けていることを確実なものとす

---

[22] *The Guide to Not-for-Profit Governance 2014* (issued by Weil, Gotshal, & Manges LLP) には，不正リスクガバナンスを含むコーポレートガバナンス強化に有益な追加情報が含まれている（weil.com/-/media/files/pdfs/2014_NFP_Guide.pdf）。そのガイドには，企業行動倫理原則，**利益相反**，当事者間取引方針，内部通報制度方針および監査委員会規程の例が含まれている。

る仕組みを構築する。関係者とのコミュニケーションにおいて，取締役会は，それら関係者が組織の行う不正管理の実践や方針が適切なものであるとどの程度信じているのかを評価する。

　不正リスク管理方針は，組織のリスク許容度に関する考察を明記し，不正の疑いのある案件が迅速に報告されるという期待値を確立する。組織は不正を働いた者に対しては誰であれ民事上または刑事上の法的措置を講じる権利を持っていることを伝達する。不正の疑いのある案件を報告する経路は明確に定義される一方で，その経路は，他の行動規範に対する違反と同一である場合もあるし，異なる場合もある。不正の疑いのある案件の適時な報告を促進するには，組織は，不正の報告者に与えられるべき保護措置（多くの場合，内部通報者保護と呼ばれる）を伝達する。不正の報告者が，報告後に，いかなる形式の報復にも直面しないようにすることが不可欠である。実際の報復または報復と受け止められることでさえ，内部通報プログラムに恐ろしい影響を与えてしまう。報復は，組織の不正リスク要求事項の重大な違反であり，相応の措置を講じなければならない[23]（内部通報プロセスのより完全な記述については，本ガイドの第3章を参照）。

　内部通報プロセス（正式な「ホットライン」制度やその他のプロセスの両方を指す）は，不正リスク管理プログラムの構成要素である。取締役会（通常，監査委員会）の視点では，どのような種別の不正が取締役会へ報告されるかは特に重要であるから，有効な不正リスク管理プログラムには，このプロセスの徹底した説明が含まれる。

　多くの組織において，不正と倫理違反の申立ては，人事部門，内部通報ホットライン，セキュリティ部門を含むさまざまな情報源からもたらされる。取締役会への詳細説明を要する事案の種類および（モニタリングの目的と傾向を認識するため）全社的に追跡し，報告すべき違反の種類を，不正リスク管理方針は明らかにする。こうした案件や違反のすべてが，必ずしも監査委員会に詳細に伝達されるわけではない。

　さまざまな統計数値を集め，監査委員会に報告するプロセスの重要性を考慮して，多くの組織は，自らの内部監査部門に情報収集プロセスと報告の完全性，正確性および計画の遂行の観点から点検するように求めてきた。

　不正の申立てがなされた場合または調査により不適切な行動や取引が発覚した場合，不正リスク管理方針は，その不正行為を防止できなかった統制の脆弱性を認識するための改善の分析を実施する必要性を織り込む。改善分析は，認識されたあらゆる統制上の欠陥を是正し，強化することにつながる。抑止力として，方針は不正活動がもたらす結果を反映する。これらの結果には，解雇または契約解除，そして司法および行政当局への報告も含まれるかもしれない。

---

[23]　Ethics & Compliance InitiativeのNational Business Ethics Surveyによると，「不正を告発した従業員の5分の1以上（21％）が，結果として報復を受けたと述べた」。

また，上級経営者は，すでに存在する不正リスクの許容度に関する方針をさらに強固なものにするため，組織内で発生したいくつかの主要な不正事案がもたらした結果を，不正実行犯にもたらされた最終的な結果（解雇や刑事訴追）を含めて，組織全体の規模で，共有化することを検討する。こうした行為は，以下のような意識を高める可能性を持つ。

- 不正が組織の中で発生する可能性があり，実際に発生すること。
- 不正は組織およびすべての従業員に悪影響があること。
- 不正は組織の中で許容されないこと。
- 誰もが不正の兆候に意識を働かせ，初めて問題を認識した時点で進んで報告を行うこと。

・・・・・・・・・・・・・・・・・・・

　組織が不正リスクガバナンスの主要な構成要素を確立し，実行したら，不正リスク管理プロセスの次の段階は，総合的な不正リスク評価の実施である。第2章では，組織が，この次の段階をどのように計画し，実行するかを説明する。

第2章　不正リスク評価

◆要旨

　第1章は，どのように組織が不正リスクのガバナンスを構築し，実行するかを取り上げた。本章では，総合的な不正リスク評価という不正リスク管理の次の重要な段階について説明する。

　すべての組織は，内部および外部を源泉とするさまざまな不正リスクと対峙している。組織は，業務，財務報告およびコンプライアンス上の目的を持っており，経営者には，組織がそれらの目的を達成する上で障害となり得る組織内外の不正リスクを認識する責任がある。

　不正リスク評価は，その組織に関連する不正リスクを認識および評価するための動的で，反復して実施するプロセスである。この評価では，不正財務報告，不正非財務報告，資産不正流用，その他の違法行為（**汚職**を含む）が取り上げられる。組織は，個別のニーズ，複雑性，および目標に合わせて，この評価を調整することができる。

　不正リスク評価は，いかに組織が不正リスクを管理するかについての基礎を形成することから始まる。不正リスク評価は続いて，事業環境，経営，そして組織上の変化が取り上げられ，不正リスク管理に磨きがかけられ，向上が図られることになる。

　規制当局，専門職業基準設定者および司法当局は，有効な不正リスク管理プログラムと統制を開発，維持する上で，不正リスク評価が果たす重要な役割を強調してきた[24]。本章では，不正リスク評価を実施するためのガイダンスを提供する。

　不正リスク管理の統制活動では，潜在的な不正スキームならびにそれぞれのスキームにおいて不正実行犯となり得る組織内外の個人の両方を考慮に入れる。もし潜在的な不正スキームが共謀によるものである場合（つまり，2名以上の人間が関与しているなら），**予防統制**を**発見統制**により補強することが重要である。なぜなら**共謀**は，組織の**職務分掌**と

---

[24] COSOのInternal Control Integrated Framework- Framework and Appendices（2013年5月刊）（2013年版COSOフレームワーク）のSEC 17 CFR 241 Commission Guidance Regarding Management's Report on Internal Control over Financial Reporting under Section 13(b) or 15(d) of the Securities and Exchange Act of 1934; PCAOB Auditing Standard 5, An Audit of Internal Control over Financial Reporting That is Integrated with an Audit of Financial Statements; IIA, "Practice Advisory 1210-A2-1: Auditor's Responsibilities Related to Fraud Risk Assessment, Prevention, and Detection"; COSO, Internal Control over Financial Reporting—Guidance for Smaller Public Companies, Principle 10–Fraud Risk; AICPA, AU-C sec. 240, Consideration of Fraud in A Financial Statement Audit
［参照：aicpa.org/Research/Standards/AuditAttest/DownloadableDocuments/AU-C-00240.pdf.］; and International Standards on Auditing (ISA) No. 240, The Auditor's Responsibility Related to Fraud in an Audit of Financial Statements［参照：ifac.org/system/files/downloads/a012-2010-iaasb-handbook-isa-240.pdf］

いう統制を無効にするからである。(第3章では,効果的な予防および発見統制を設計することについて詳説し,これらの統制活動の開発がいかにリスク評価により推進され,リスク評価につながっているかを説明する)。

不正は,発見されることを回避するように意図した故意の違反行為を伴う。だからこそ,不正リスク評価チームは,潜在的な不正実行者の行動を予期するために戦略的な推論に携わる[25]。戦略的推論には,懐疑的なものの見方が必要とされ,以下のような質問をすることを含む。

- 不正実行犯は,どのように統制システムの脆弱性を悪用するか？
- 不正実行犯は,どのように統制を無効化し,または回避するか？
- 誰が不正を実行する動機またはインセンティブを持っているか？
- 識別された不正リスクを所与とすると,どの統制が不正の防止にとって決定的に重要か？
- どの統制が不正な攻撃の対象とされるか？

加えて,組織が成長し,変化し,先端技術や経営環境が変化するにつれ,不正リスクは進化していく。それゆえ重要なことは,不正リスク評価も進化し,定期的に更新され,組織のミッションの拡大,人事異動,(外部倉庫での棚卸在庫の受領などの)プロセス変更,あるいは情報システムおよび統制のアップデートのような組織内部の変化と,新たな**サイバー・セキュリティ・リスク**などの組織経営環境における組織外部の変化の両方を反映することである。

以下の図は,本章で説明する不正リスク評価を示している。

---

[25] T. Jeffrey Wilks and M. F. Zimmerman 著「Using Game Theory and Strategic Reasoning Concepts to Prevent and Detect Fraud, Accounting Horizons, 18 3」(2004年9月刊).

図4 不正リスク評価プロセス

以下の点を考慮した不正リスク評価チームの結成
- 適切な経営管理者階層
- すべての組織の構成要素

以下の点を考慮したあらゆる不正スキームと不正リスクの識別
- 組織内部および外部の要因
- さまざまな不正のタイプ
- 経営者による統制無効化リスク

それぞれの不正スキームとリスクの発生可能性と影響度を予想する

不正のトライアングルを考慮して，関与の可能性があるすべての関係者と関係部署の識別

既存の統制の識別と，その有効性の評価

低減を図る必要のある残存リスクを評価し，対応策をたてる
- 既存の統制活動の強化
- 統制活動の追加
- データ解析の検討

リスク評価の文書化

以下の変化を考慮したリスクの定期的な再評価
- 組織外部の変化
- 業務の変化
- リーダーシップの変化

◆不正リスク評価の原則

本章では，不正リスク管理プログラムの原則2を取り上げる。原則2は，以下のように示される。

リスク評価　第2章（原則2）

組織は，具体的な不正スキームとリスクを識別し，不正の発生可能性と影響度を測定し，既存の不正統制活動を評価し，不正の残存リスクを低減する対策を講じるために，総合的な不正リスク評価を実施する。

◆2013年版COSO内部統制フレームワークとの関連性

2013年版COSOフレームワークの原則8（「組織は，内部統制の目的の達成に対するリスクの評価において，不正の可能性について検討する。」）における不正リスク評価の要件に加

え，2013年版COSOフレームワークのそれぞれの構成要素と原則は，不正リスクの考慮に関連性を有する。したがって，本章で不正リスク評価の実施に関して検討される原則は，2013年版COSOフレームワークのリスク評価の原則を反映している。2013年版COSOフレームワークは，本章における不正リスク評価の実施と併せて読むと，本章の論点について有益な内容を提供してくれる。

不正リスク管理の原則2と2013年版COSOフレームワークの構成要素および原則との関連は，以下に示すとおりである。

図5　不正リスク管理の原則2と2013年版COSOフレームワークのリスク評価[訳注3]**の構成要素と原則との関連性**

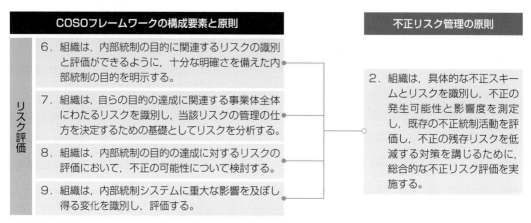

2013年版COSOフレームワークのリスク評価の原則8が，不正リスク評価の必要性を特に強調する一方，2013年版COSOフレームワークのリスク評価のすべての原則の中に含まれる着眼点は，効果的な不正リスク評価を実施する上で重要な検討事項である。本章は，不正リスクと取り組むためにリスク評価の原則の中の関連する着眼点をいかに活用するかを知る上での手がかりを提供している。

◆着眼点

以下に示す着眼点は，本原則に関する重要な特性を強調している。

- **適切な階層の経営者の関与**――不正リスク評価チームには適切なレベルの経営者を含める。
- **事業体，子会社，部門，業務単位および機能レベルを含める**――不正リスク評価チームは，不正があらゆる組織階層や部門において発生し得ることを理解する。

訳注3　原書では統制環境となっている。

- **内部要因および外部要因の分析**——不正リスク評価チームは，内部および外部要因の両方と業務目的の達成に対する影響を検討する。
- **さまざまなタイプの不正の検討**——不正リスク評価チームは，可能性のある不正スキームおよびリスクエクスポージャーを幅広く検討する。
- **経営者による統制の無効化リスクの具体的検討**——不正リスク評価チームは，上級経営者が既存の，有効であったはずの統制を無効化することにより，最悪の不正が実行されてきたことを理解し，これらの無効化リスクに焦点を当てる。
- **識別したリスクの発生可能性と影響度の見積り**——不正リスク評価チームは，個別の不正が発生する可能性とその不正が発生した場合の組織に対する潜在的影響を慎重に評価する。
- **関与する社員や部門および不正のトライアングルのすべての側面の評価**——不正リスク評価チームは，不正を働く動機とプレッシャー，機会および姿勢と正当化に焦点を当てる。
- **既存の不正統制活動を識別し，その有効性を評価する**——不正リスク評価チームは，リスク低減が必要な不正の残存リスクを確定するために，既存の統制を識別し，有効性について評価する。
- **リスクへの対処法を決定する**——不正リスク評価チームの最終目標は，すべての不正リスクに有効かつ適切な対応策を構築することである。
- **不正リスク評価と不正リスク対策にデータ解析技術を利用する**——組織は，不正リスク評価の有効性と結果の向上のため，データ解析を利用する。
- **定期的な再評価を実施し，不正リスクへの変化を評価する**——組織は，定期的にリスク評価プロセスを繰り返し，組織，不正リスクに影響を与える可能性のある変化を検討する。これには外部環境，経営，社員，指導層の変更を含む。
- **不正リスク評価を文書化する**——組織は，不正リスク評価が不正リスク管理プロセスの中心的な要素としての役割を果たすことを理解し，不正リスク評価が注意深く，完全に文書化されることを確認する。

適切な階層の経営者の関与

　不正リスク評価チームは，組織全体の不正評価を実施するため，適切なレベルの経営者および内部と外部のリソースを含む。リスク評価プロセスにはさまざまな情報源からのインプットを必要とする。

　リスク評価を実施する前に，上級経営者はリスク評価チームを特定する。このチームは，

異なる知識，技術，視点を持つ人々が組織全体から集まって構成される。加えて，リスク評価は以下のような組織内外のリソースの組合せに依存する。

- 財務報告プロセスと内部統制に詳しい会計・財務の社員
- 日常オペレーションの知識，顧客および仕入先とのやり取り，業界の問題に対する一般的な認識を活用する非財務ビジネスユニット・オペレーションに属する社員[26]
- 組織で利用されるさまざまなシステムの強みと弱みを理解している情報技術（IT）部門の社員。
- 不正リスク評価プロセスが，組織の全社的リスク管理プログラムと統合されることを確かなものとするリスク管理の社員
- 不正または不法行為が行われたときに不正リスク評価が潜在的な刑事，民事，法規制の上での責任を生じさせるリスクを特定した場合の法務およびコンプライアンスの社員
- 組織の内部統制とモニタリング機能に精通し，予防および発見統制により低減することが実質的にはできない重要なリスクへの対策を構築し，実行するうえで欠かせない内部監査の社員
- 疑念のあるあるいは申立てのあった不正の調査の経験のあるセキュリティ等の社員
- データ解析やサイバーセキュリティなどの分野の技術的専門家
- 組織内部で専門性を持つ社員がいない場合，関連する基準，主要なリスク指標，不正対策の手法，統制活動，および発見手続に専門性を持つ外部コンサルタント

上級経営者を含む経営者，ビジネスユニットのリーダー，重要な業務プロセスオーナー（例えば，会計，販売，調達，業務）は評価に参加する。なぜならば，彼らは，その組織の不正リスク管理の取組みの有効性について最終的な説明責任を持ち，組織の経営，戦略，そしてリスクについてのハイレベルな視点と理解を持っているからである。

潜在的な不正リスクにさらされる可能性のある業務活動の全体像を理解するために，不正リスク評価チームは，組織の戦略的計画，プロセスマップ，そしてコントロールマトリックスを確認する。堅実な不正リスク評価をごく最近実施し，それ以降，組織や内部または外部の経営環境に重大な変化がない場合は，前回のリスク評価を何らかの変化に応じて更新すれば十分である。

リスク評価チームは，組織の不正リスクを識別するためにブレインストーミング活動に参加する。効果的なブレインストーミングには，会議の事前準備，議題を設定し，会議をファシリテイトするリーダー，潜在的なリスクや統制についての考えに対する開かれた心

---

[26] 本ガイド全体を通して，政府に関しては，非財務ビジネスユニットとオペレーションの人員には，福利厚生プログラム，武器システム開発，政府融資，サービス提供などの，政府の組織，プログラム，活動，あるいは機能全般のプログラムマネージャーが含まれる。

を持つ姿勢が必要である[27]。

　ブレインストーミングは不正実行の動機，プレッシャー，そして機会，経営者による統制の無効化，組織に関連する不正リスクの全体像に関する議論を可能にする。規則や法令に反する違法行為，ITが不正リスクに与える影響，レピュテーションリスクなど，その他のリスクもまた不正リスク認識のプロセスにおける要検討事項である。不正リスク評価チームは，すべての関連する不正リスクを適切に評価するために，より詳細な不正のブレインストーミングを必要とする組織の領域を識別する。

　例えば，大規模な製造および配送部門を持つ組織は，製造および在庫の不正リスク評価チームを別個に招集したいと考えるかもしれない。このチームは，製造や在庫管理に従事する人々やサポート部門（会計やIT）に従事する人々から構成される。日常プロセスや統制を実行する社員は，プロセスや統制を無効化し，回避できる方法を理解している可能性が高いがゆえに，こうした専門家チームは，特定の不正スキームをよりよく識別し，それに取り組むことができる。

　不正リスク評価チームは，その組織の不正リスクの識別情報を取締役会および監査委員会と共有化し，彼らのフィードバックを求める。取締役会は，また，不正リスク方針が作り出してしまう，（不正の）動機その他のプレッシャーを含む，不正リスクを引き起こす要因という観点から，取締役会自らのプロセスから予想される影響を評価する。

事業体，子会社，部門，業務単位および機能レベルを含める

　組織は，事業体，子会社，部門，業務単位および機能レベルにおける，目標達成に関連するリスクを識別し，評価する。組織の規模や複雑性次第では，組織全体の潜在的な不正スキームあるいは不正リスクエクスポージャーを確実に検討するために，複数の不正リスク評価チームを組成する必要があるかもしれない。

　それぞれのチームは，組織の単位がどのように運営され，他の組織単位とどのように相互に関わっているかについての詳細な実務レベルでの知識と理解を持つ社員を含める。大規模または複雑な組織では，全般的なリスク評価は，不正リスク管理の専門家から構成される，よりハイレベルなチームの指針と指揮の下，多くのより小規模なリスク評価の集合体である場合がある。

---

[27] 良いブレインストーミングの実践に関する情報源としては，以下がある。Mark S. Beasley, Gregory Jenkins著「*A Primer for Brainstorming Fraud Risks, Journal of Accountancy*」（2003年12月刊），Michael J. Ramos著「*Brainstorming Prior to the Audit, in Fraud Detection in a GAAS Audit: Revised Edition, Chapter 2: Considering Fraud in a Financial Statement Audit*」（AICPA刊，2004年）；and (c) *The AGA Fraud Prevention Tool Kit*〔参照：agacgfm.org/Fraud-ToolKit/ToolKit-Home.aspx.〕。

内部要因および外部要因の分析

　リスク認識では，内部・外部の要因とそれらが目標達成に与える影響を考慮する。

　内部要因には，その組織が通常行う業務活動のタイプやそれらの業務を実行し，説明責任を負うプロセスと統制が含まれる。組織は，彼らが事業を行うすべての地域で似通った業務活動を行う場合があるが，異なる場所におけるプロセスまたは統制は大きく異なることもある。例えば，組織はある特定の地域では高品質なITインフラを持っていないかもしれないし，また別の地域では，両立しない職務間の職務分掌を適切に行うだけの社員を有していないかもしれない。また，内部要因には，株価期待に応えたり，売上や利益目標を達成したり，予算にこだわりを持つ欲求などの組織的な動機やプレッシャーといったものが含まれる。

　外部要因には，組織が操業する事業環境の他，組織がやり取りを行う顧客や仕入先などが含まれる。検討すべき外部要因の例としては，その組織が操業する異なる地域の中で認識される汚職の横行などがある。組織は，高い腐敗リスクを抱える国において，より具体的な腐敗防止の統制を敷き，より頻度の高い統制のモニタリングを実施するかもしれない。外部要因には，組織を標的とする組織的犯罪集団を含む個人やグループが，組織のビジネスを妨害するか，あるいはその他の方法で干渉する傾向の度合いなどもある。

さまざまなタイプの不正の検討

　組織の妨げとなる潜在的な不正を，識別した目標に基づき，総合的に評価することを確実にするため，経営者は組織に対して，もしくは組織により実行されるであろうさまざまな種類の不正を検討する。これらのタイプには，不正財務報告，不正非財務報告，資産不正流用，そして汚職，不正請求，税金・給付金制度不正を含む，その他の違法行為が含まれる。

　不正リスク識別プロセスには，既知の不正リスクの全領域と，その組織に特有なリスク分野を理解することが必要である[28]。付録Gには，組織が直面する可能性のある不正スキームと不正リスクにさらされやすい項目の一覧が含まれている。この一覧は，リスク認識のプロセスの中での出発点として活用できる。また，このプロセスには，内部監査人協会，米国公認会計士協会，公認不正検査士協会，政府会計士協会，および内部統制協会などの組織，連邦捜査局，会計検査院，連邦検査官，米国司法省，およびそれと同等の州レベル

28　政府会計士協会（AGA）の発行するFraud Prevention Tool Kitは，連邦，州，地方，部族の政府の財務マネージャーが不正を予防し，発見する上で使用する最新のツールを提供する。これは，政府組織が直面する可能性のある不正のタイプ，不正と闘う上で使用することができるツールあるいはベストプラクティス，そして不正と闘うための情報源へのリンクなどを要約している。さらに，不正リスク，危険信号（すなわち，潜在的な不正の兆候），そして適用可能な統制に言及している。［参照：agacgfm.org/Fraud-ToolKit/ToolKit-Home.aspx.］

の機関や国際的な同等の組織などの政府機関だけではなく，業界ニュース，刑事告発・民事訴訟・規制当局への告発と調停など外部からの情報収集が含まれる。

　このリスク認識のプロセスには，組織内の社員との面談やブレインストーミングを行い，内部通報者ホットラインから受けた情報を確認し，分析的手法を実施することにより，組織内のリソースから潜在的な不正に関する情報の収集を行うことも含まれる。潜在的に重要なリスク領域を見過ごさないようにするためには，リスク認識へのアプローチは系統立てて，網羅的に実施される必要がある。

　不正リスクはいくつかの異なる方法で分類することができる。公認不正検査士協会（ACFE）は，職業上の不正リスクを次の３つの主要なカテゴリーに分類している（(a)財務諸表不正，(b) 資産不正流用，(c) 汚職)[29]。2013年版COSOフレームワークは，不正のタイプを次の３つの全般的なカテゴリーに分類している。(a) 不正報告（不正な財務報告，不正な非財務報告，財務報告上の重要な金額の資産不正流用および違法行為を含む），(b) 資産の保全，(c) 汚職。

　不正リスク管理の目的から，本章は不正リスクのタイプを以下のように分類する。
- 不正な財務報告
- 不正な非財務報告
- 資産の不正流用
- その他の違法行為および汚職

　組織は，その組織に特有な不正リスクの評価を行うため，これらのカテゴリーを調整することができる。加えて，後述するとおり，ほとんどの組織が，ITやレピュテーションリスクをリスク評価の重要な一部として捉えている。

不正な財務報告

　あらゆる意図的な会計情報の不実記載は，不正財務報告を意味する。不正財務報告の種類は，収益の過大計上，損失や経費の過少計上，または誤解を招くような開示の利用により，組織の財務状況をより良く見せることが多い。反対に，利益の平準化や，課税の回避のために収益を過少申告する組織もある。

　不正財務報告の大分類は，それぞれ，以下のような潜在的な不正リスクを含んでいる。
- 不適切に報告された売上収益，経費，および貸借対照表の金額ならびに不適切に誇張された，もしくは省略された開示。
- 組織内で承認されていない資産取得，処分，そして使用を含む資産不正流用の隠匿。
- 組織内で承認されていない出納。例えば，便宜を図ってもらうための支払や賄賂。

　不正財務報告には，例えば，不適切な売上認識などの不正リスクは，**日付を遡った契約，**

---

[29] 公認不正検査士協会（ACFE）刊, *Report to the Nations on Occupational Fraud and Abuse: 2016 Global Fraud Study*, p. 10.

期末までに出荷されていない製品の売上認識，付随約定，あるいは**押込み販売**を含む数多くのスキームにより実行されることもある。あらゆる組織に共通の不正財務報告スキームもあれば，（例えば，根拠のない引当金を将来の会計期間に使用するためにとっておくことや不正なトップサイドの（経営者の指示による）仕訳入力），業界固有のスキームもある（例えば，ソフトウェア会社での日付を遡った契約，あるいは長期の建設プロジェクトに従事する組織において工事進捗度の計算を操作すること）。したがって，不正リスク評価は，それぞれの組織に関連のある不正スキームを考慮することになる[30]。

組織は，特定の不正リスク領域を識別，文書化し，その組織の固有のニーズに合わせて評価プロセスを調整するための基盤として役立てるために，不正リスク評価マトリックス（参照：本章末48ページの図8）を利用することができる。例えば，不正財務報告の売上認識の部分から始めるとすれば，不正リスク評価は，以下の質問を検討することになる。

- その組織において，売上収益の主な原動力は何であるか？
- 売上収益は，主に，比較的均一の製品の大量販売取引から得られるのか，または比較的数少ない個別取引から得られるのか？
- 売上収益は自動的にまたは手作業で計上されるのか？
- その組織の属する業界に特有な売上認識の不正リスクは存在するか？
- その組織には，どのようなインセンティブやプレッシャーが存在するか？
- どのような財務報告指標を外部のステークホルダーは重視しているか？

重要な市場での開示事項（例えば，貸付金の滞納率）に取り組む際は，以下の質問が検討に値する。

- これらの開示を支えるデータの組織内での情報収集と報告をモニタリングするためにどのような統制が存在するか？
- その開示により，報酬への直接的な影響を受けない人間からの監視がなされているか？
- その組織の開示を他の組織との関連でモニタリングし，その組織の開示が適切であるか，または改善可能であるかについての厳しい質問を投げかける人間は誰かいるか？

不正な非財務報告

組織は，その業務の中における非財務報告に影響を与える不正リスクを検討する。業界に共通の不正な財務報告リスクとスキームがあるのと同様に，以下の事項につながる共通の不正な非財務報告のリスクやスキームが存在する。

- 環境，健康，安全の記録や報告の不正操作

....
[30] 財務不正報告を発見するために使用される危険信号あるいは兆候の種類に関する学術的な見地に関しては，Dichev他による「Earnings quality: Evidence from the field」の表14を参照（Journal of Accounting and Economics, 2013, Vol. 56, pgs. 1-33）。この論文の中で，彼らは，利益調整に関しての上場企業CFOの意識調査を行っている。例えば，調査を受けたCFOは，会社の会計（GAAP）上の利益とキャッシュフローの乖離を，危険信号の最上位に挙げた。

- 生産性指標の意図的な不実報告
- 品質保証報告の虚偽表示
- 顧客指標あるいは他のオペレーション上の指標の虚偽表示

達成不能な目標が設定された時に，経営者やその他の従業員は，これらの目標が達成できない場合の反動を恐れるのかもしれない。

そのような不正な非財務報告の例には，装置の最適かつ安全な運転を保証するために，詳細な安全および補修の情報を保管する精製業者やパイプラインのオペレーターなどの社員を巻き込んだ安全記録の不正操作などが含まれる。もし社員が予算または時間に関する過度のプレッシャーを感じるならば，彼らは投入した労働力について意図的な不実報告（例えば，実際には行われなかった修繕がなされた旨の報告）を行うかもしれない。同様に政府組織の従業員や上級経営者は，彼らが妥当であると考えるレベルの継続的な資金を得るために，政府プログラムの結果について不実報告するプレッシャーを感じるかもしれない。

また品質管理指標の意図的な虚偽報告は，一般市民や他の製造業者のために製品を製造している組織が，遵守しなければならない品質管理基準を持つ場合に発生する可能性がある。従業員は，低品質の製品を適時に納品する，あるいは欠陥品を再加工するコストを回避するというプレッシャーを感じるかもしれない。

別の例は，教育や職業上の資格を虚偽報告することである。ある職業資格を必要とする組織に雇用された人間は，その組織に雇用されるか，または継続的に雇用されるために，職業資格を詐称するかもしれない。不正な資格が事後に発覚することは，組織の社会的評判や財務に被害を与える。

不正な非財務報告のリスクを評価し，対処することは，不正な財務報告への対処よりも困難である。財務報告には，一般に認められた枠組み（複式簿記や一般に認められた会計原則）が存在し，標準的な会計プロセスや統制の中に抑制と均衡が組み込まれている。しかしながら，非財務データを処理するために確立された枠組みや，ある業界の非財務データや報告に対する一般的な統制の一覧表というものは存在しないかもしれない。結果として，それぞれの組織は，自らの業務と関連のある非財務データの処理についての手順と統制を開発することになる。

組織には，経営者が頼りにする主要な非財務報告の一覧表を持っている。主要な報告や情報は財務報告が評価されるのと同一の方法で不正リスク評価される。具体的には，組織は，報告に係る動機やプレッシャー，不正にデータを操作する機会，どのように個人が自らの行動を正当化するかなどを検討する。

不正な非財務報告を評価する組織は，以下の質問を検討する。

- 組織が効果的に活動するために頼る主要な報告書は何か？
- 組織が，法律，規則，規制，あるいは契約上の要求により提出する義務を持つ報告や認定は何であるか？

- 報告に含まれるデータは，統制された情報源から得られたものであるか，または手作業による介入や偏見の影響を受けるものか？
- 規制当局も含めて，組織のステークホルダーにとって重要な非財務指標はあるか？
- 社員の報酬や賞与に直接または間接的に影響する非財務報告や指標は存在するか？
- 誰が非財務報告あるいは指標を操作またはそれに影響を与えることができるのか？また，どのような統制が存在して，報告や指標の改ざんを防止しているのか？
- 組織が検討すべき業界特有の問題は存在するか？

資産の不正流用

従業員，顧客または仕入先，犯罪組織，その他の者による資産不正流用は，以下の資産に影響を与える。

- 現金，棚卸資産，または設備などの有形資産
- 登録商標，社外秘の製品または顧客情報（顧客リストや企業秘密など），保護された国家安全保障情報，個人識別情報（社会保障番号など），あるいはクレジットカード番号などの無形資産
- 独占的なビジネスチャンス

組織は，有形・無形資産および独占所有するビジネスチャンスを保護するために統制が整備されていることを確かめる。不正リスク評価における検討には，どのような資産が横領の対象とされるか，資産の保管場所，そして誰が有形または無形資産を管理し，またはアクセスすることができるかについて理解することが含まれる。

一般的な横領スキームは以下の者によって実行される。

- 以下の事項に関与する従業員
  - 架空の納入業者の作成とそこへの支払
  - 水増しされた，または架空請求書の支払
  - 受領していない物品または提供を受けていないサービスの請求書の作成
  - 在庫の窃盗あるいは個人的利益を目的とする会社資産の使用
  - 虚偽または水増しした費用請求書の作成
  - 顧客リストおよび機密情報の窃盗または窃用
- 納入業者，顧客または第三者と共謀の上，以下の事項を行う従業員
  - 水増しまたは架空請求書の支払
  - 水増しまたは架空の売上返金処理
  - 受領していない物品あるいは提供を受けていないサービスの請求書に対する支払
  - 組織内で承認されていない優待価格の設定や配達の提供
  - 契約入札の不正操作
  - 顧客リストや機密情報の窃盗または窃用への関与

- 以下を作成する納入業者
  - 水増しまたは架空請求書
  - 数量不足の出荷または低品質商品の代納
  - 受領されていない物品あるいは提供していないサービスの請求書
  - サプライチェーンにおける製品の窃盗
- 以下を行う顧客
  - 破損商品，返品，または数量不足の虚偽申告
  - 万引きへの関与
  - 不正なクレジットカードの使用
- 以下を行う個人または集団
  - 政府給付金の不正請求
  - 高齢者・身体障害者向け公的医療保険制度（メディケア）または低所得者向け医療費補助制度（メディケイド）による不正返金請求
  - 不正な納税申告
- 機密情報を盗むコンピュータ・ハッカー
- 正体不明の第三者。例えば，所属不明のサイバー・ハッカー

これらのリスクから身を守るためには，予防的な物理的統制や先端技術に支えられた分析的保護統制だけではなく，定期的な総勘定元帳との照合を伴う在庫の実地棚卸やデータ・マイニング・ツールの利用などの発見統制を必要とする。頭の切れる犯罪者は，そのような統制を察知し，それらの統制を回避し，そこから隠れるように詐欺的行為を企てるかもしれない。リスク評価を実施する者は，資産不正流用のスキームと，それが組織に与える影響を検討する際，これらのリスクも考慮しておく。

その他の違法行為と汚職

違法行為とは，外部に向けた財務報告に直接的または間接的に重大な影響を持つ法律または政府の規制に対する違反である[31]。これらには以下の行為が含まれる。

- 会社，私的な個人，および公務員に対して提供される贈賄および謝礼。
- 賄賂，キックバック，および謝礼の受領。
- （顧客や納入業者などの）他者による不正を幇助し，教唆する。
- 虚偽請求取締法またはその他の関連する連邦，州，地方政府の法律または規制の違反。
- 個人情報またはその他の機密情報（例えば，社会保障番号，銀行口座番号，企業秘密，

---

[31] 一部の組織は，規制上のコンプライアンスを不正リスク管理の目的と統合するか，合体させる可能性がある。規制コンプライアンスの目的は，業界によって異なる。例えば，金融サービスでは，マネーロンダリング防止と顧客身元確認規制のコンプライアンスは，不正リスク評価と密接につながる場合がある。ヘルスケアでは，マーケティング・コンプライアンス，医師への支払，そして他の販売関連のコンプライアンス要件が重要である。政府では，契約，契約の会計処理と報告が重要である。

そして国家安全保障の情報など）の窃盗および不正使用。
- 労働，技術輸出または消費者保護に係る諸法の違反。例えば，価格協定や安全上問題のある製品の故意による販売。

汚職は委任された権能を私的な利益のために悪用することと定義される。米国において，海外腐敗行為防止法（FCPA）は，米国法人，それらの海外関連会社，その他が，事業の獲得，または維持の目的で，直接的あるいは間接的に，外国政府の職員に賄賂を贈ることを禁じている[32]。170以上の国が署名もしくは加盟する国連腐敗防止条約により策定されたガイドラインだけでなく，他の国においても，同様の腐敗防止法がある[33]。

本国以外でも事業展開をする組織にとって重要なのは，不正リスク管理プログラムを構築するに当たり，他の関連する腐敗防止法を検討することである。トランスペアレンシー・インターナショナル（腐敗防止とビジネス・政府の透明性に取り組む国際的な非営利・非政府組織）は，**腐敗認識指数（CPI）**を毎年公表している[34]。これは，認識されている腐敗の度合いによる国や地域のランキングである。CPIは，組織の本国だけではなく，その組織の事業が最大のリスクにさらされる世界の地域における腐敗防止の取組みに優先順位をつける上で，組織の手助けとなる。

腐敗に共通する形式は，幇助と教唆である。世界中の法執行機関は，組織が自らの財務諸表を虚偽表示するのではなく，他の組織による不正な財務諸表の虚偽表示を可能にする取引の組成や進言を知りながら行ったことで数多くの事案を告発してきた。徹底したリスク評価においては，組織に当てはまるかもしれない他の種類の腐敗と同様に，誰かがそのような行動に従事するリスクを検討することになる。

規制上または法的な不正には，利益相反，インサイダー取引，競合企業の営業秘密の詐取，**反競争的慣行**，環境規制違反，輸出入分野における取引・通関規制など幅広いリスクが含まれる。特定の組織やビジネスの性質次第で，いくつかまたはすべてのリスクが当てはまる可能性があり，それらのリスクはリスク評価プロセスの中で検討される。

レピュテーションリスク

レピュテーション（風評）リスクは，組織により，分離されたリスク，または他のリスク（例えば，業務上，規制上，または財務報告のリスク）の最終的な結果のいずれかとして，異なる評価を受ける。不正行為は，顧客，供給者，他のステークホルダー，社会一般，そして資本市場における組織の評判を傷つける可能性がある。

例えば，財務諸表の修正報告につながる不正は，その組織の資本市場における評判を損

---

[32] 1977年連邦海外腐敗行為防止法（15 U.S.C. §§ 78dd-1, et seq.）改正法は，特定のクラスの個人または法人が外国政府公務員に，ビジネスの獲得あるいは維持の便宜を得るために支払を行うことを違法とする目的で制定された。［参照：justice.gov/criminal-fraud/foreign-corrupt-practices-act.］

[33] ［参照：unodc.org/unodc/en/treaties/CAC，unodc.org/unodc/en/treaties/CAC/signatories.html.］

[34] 腐敗認識指数は次のURLで閲覧可能。［参照：transparency.org/research/cpi/overview.］。

ない，それにより，組織の借入コストの増加，株価時価総額の低下につながる。政府においては，不正の報告は，国民の信頼の低下とそれによる悪影響の連鎖を引き起こす。取締役会は組織の永続と複数のステークホルダーへの責任を負うので，レピュテーションリスクの観点で，自らの実績を定期的に評価し，レピュテーションリスクの検討がその組織のリスク評価プロセスの一部となることを確実にする。

情報技術と不正リスク

組織は，事業を行い，情報を伝達し，処理する中で，情報技術（IT）に依拠する。設計が不十分な，または管理が不適切なIT環境は，組織を内外の不正にさらす可能性を持つ。

国内外のネットワークにつながるコンピュータシステムは，サイバー不正による継続的な脅威と，重大な財務的および情報の損失をもたらすさまざまな脅威に直面している。ITリスクには，データの完全性に対する脅威，システムセキュリティに対するハッカーからの脅威，そして財務，企業秘密または個人情報の詐取が含まれる。

ハッキング，産業スパイ活動，DoS攻撃，ウェブサイトの改ざん，データの妨害行為，ウイルス，データへ不正アクセスなどの形式を問わず，IT不正リスクは，あらゆる人々に悪影響を与える。COSO in the Cyber Age[35]は，組織が直面する，常に変化し続けているサイバーリスクについての関連情報を組織に提供することができる。

不正を働こうとする者は，不正リスクのカテゴリーのいずれにおいてもITを利用することができる。カテゴリー別のリスクの例は以下のとおりである。

- **不正な財務報告**
  - **会計アプリケーションへの不正アクセス**——総勘定元帳，補助システム，あるいは財務報告ツールへの不適切なアクセスをする人は，不正記帳を行うことができる。
  - **システム統制の無効化**——コンピュータの全般統制には，システムアクセスやアプリケーションアクセスの制限，プログラム変更の管理が含まれる。IT担当者は，制限されたデータにアクセスし，または記録を不正に調整することができるかもしれない。

- **不正な非財務報告**
  - **健康および安全指標に関する意図的な虚偽報告**——重工業または天然資源の掘削業を生業とする組織は，通常，計測と報告の仕組みに支えられた健康と安全のガイドラインを策定している。従業員は，基準を満たした操業をしているように見せる，または指標の改善に必要な修理保守のコストを避けるというプレッシャーを感じるかもしれない。従業員は，ITシステムの中の主要な報告にアクセスしたり，不正を働くために

---

[35] デロイト，サイバー時代のCOSO（*COSO in the Cyber Age*）（2015年1月刊）

データを改ざんしたりするかもしれない。

- **資産の不正流用**
  - ▶**有形資産の窃盗**──有形資産（例えば，現金，棚卸資産，固定資産）およびこれらの資産に関する活動を追跡・記録する会計システムにアクセスできる人間は，自身の行った資産の窃盗を隠蔽するためにITを利用できる。例えば，ある者は，虚偽の支払いを容易にするために納入業者マスターファイルの中に架空の納入業者を作成し，また別の者は在庫品を盗んだ上で，盗まれた物品について売上原価を計上し，資産を貸借対照表から除くこともできるかもしれない。
  - ▶**無形資産の窃盗**──サービスに基づく知識集約型経済への移行を前提に，無形資産の価値は増加している。例えば，顧客リスト，ビジネスプラクティス，特許，著作権で保護された資料である。無形資産の窃盗の例には，組織の内部または外部の者による，ソフトウェアあるいはその他の著作権で保護された資料の著作権侵害が含まれる。

- **その他の違法行為と腐敗**
  - ▶**従業員または顧客データの悪用**──組織の内部または外部の人が従業員または顧客のデータを取得し，その情報の利用による信用取引，他の不正を実行できる。
  - ▶**機密情報の窃盗**──機密情報の窃盗は増加している。例えば，2015年に発覚した，外国政府による人事管理局へのサイバー攻撃は，何百万もの政府機密記録の盗難につながった。そこには，2,100万件以上の社会保障番号，110万件の指紋登録情報，メンタルヘルスの既往歴データを含む1,970万件の機密事項取扱許可者の人物調査フォームが含まれる[36]。コンピュータ・ハッカーは，何百万ものクレジットカード番号を主要な小売業者から窃取してきた。

サイバー不正実行者は，インターネットサービスプロバイダー，ワイヤレス，衛星ネットワークを経由して通信することができるので，不正を犯すのに自宅から出る必要すらない。彼らは，標的とする世界中のシステムへの攻撃を開始する前に，いくつかの国にあるコンピュータを調べてみるかもしれない。財務情報だけでなく，すべての情報がリスクにさらされており，その危険度は非常に高く，また技術の発展とともに上昇傾向にある。

情報化時代の経営において，拡大の一途をたどるリスクを管理するために，組織に重要なのは，自らの脆弱性を理解し，費用対効果の高い方法で，リスクを低減できるようにすることである。したがって，ITリスクは組織の全般的な不正リスク評価に組み込まれる。

---

[36] ウォールストリート・ジャーナル，Wall, R. and Flynn, A.著（2015年7月15日）「*NSA Head Expects Repeats of Cyberattack*」

経営者による統制の無効化リスクの具体的検討

　不正リスク識別プロセスの重要な部分には，不正を防止し，発見するために確立された統制を含む内部統制を経営者が無効化する可能性の検討が含まれる。

　一般的に組織内部の社員は，不正防止のために構築された統制や標準業務手順書を理解している。不正実行を意図する者が，組織の統制手段に関する自らの知識を利用して，犯罪行為を隠そうとすることは想定するのに難くない。例えば，新しい納入業者を承認する権限を持つマネージャーは，単に虚偽の支払請求書を提出するのではなく，架空の業者を作成，承認し，それから支払請求書を提出するであろう。したがって，統制の有効性評価において，経営者による統制の無効化リスクを念頭におくこともまた重要なのである。不正リスク管理統制は，もしそれが容易に無効化されるのであれば，有効であるとはいえない（経営者による統制の無効化の能力の考慮に関しての追加情報を含む第 3 章および『経営者による内部統制の無効化：不正予防のアキレス腱』（Management Override of Internal Control: The Achilles' Heel of Fraud Prevention）参照）[37]。

識別したリスクの発生可能性と影響度の見積り

　不正リスク評価チームは，不正が発生した場合の潜在的影響度だけではなく，潜在的な不正の発生可能性の推定を含むプロセスを通じ，識別されたリスクの分析を行う。リスク評価チームは，過去の情報，既知の不正リスク，ビジネスプロセスオーナーとのインタビューに基づき，識別されたリスクの発生可能性と影響度を慎重に評価する。

　個々の潜在的な不正リスクの発生可能性と影響度を評価することは主観的なプロセスである。すべての不正リスクの発生確率が等しいわけではなく，またすべての不正がすべての組織に重大な影響を及ぼすわけでもない。また，識別されたリスクの発生可能性と影響度を評価することで，組織は自らの不正リスクを管理し，予防的かつ発見的な手続を合理的に適用することができるのである。

　組織にとっての不正リスクを初めて検討するに当たっては，固有リスクのベースで，すなわち，既知の統制を考慮せずに行うことが重要である。このアプローチにより，経営者は，すべての関連する不正リスクを検討し，その後でそれらのリスクに対処する統制を設計できるのである。

発生可能性

　組織における過去に発生した特定の不正の実例，その組織の属する業界における不正リ

---

[37] aicpa.org/ForThePublic/AuditCommitteeEffectiveness/DownloadableDocuments/achilles_heel.pdf.

スクの蔓延，その他の要因を理解することが，不正リスクの発生可能性に関する経営者の評価につながっていく。これらの要因には，個々の取引数，リスクの複雑性，プロセスの見直しと承認に係る関係者の数，過去の監査結果などが含まれる。

組織は，潜在的な不正の発生可能性を，自らが合理的と考える多くの段階に分類する。しかしながら，極めて低い，合理的に可能性のある，高い，の３つの発生可能性の程度のカテゴリーが一般的に妥当である[38]。

影響度

不正リスクの影響度の経営者評価には，財務諸表報告や金銭的な影響度だけではなく，刑事，民事，規制上の責任に加え，組織の業務，ブランド価値，社会的評価への影響度もまた含まれる。例えば，従業員経費報告で同じような金額の経費が請求されている２つの異なる組織を想定してみよう。１つの組織は，これらの経費をクライアントに請求するプロフェッショナル・サービスの会社である。不正経費報告リスクの発生可能性や金額的リスクの度合いは双方の組織で同じようなものであるかもしれないが，プロフェッショナル・サービスの会社における不正経費報告の相対的影響度の方が，不正経費報告が顧客関係や契約関係に与える影響を考慮すると高いかもしれない。

組織は，潜在的な不正の影響度を，自らが合理的と考える多くの段階に分類する。しかしながら，軽微である，軽微ではない，重大である，の３つの影響度のカテゴリーが一般的に妥当である。

関与する社員や部門および不正のトライアングルのすべての側面の評価

リスク評価プロセスの一部として，組織は個人や部門が持つ不正の動機やプレッシャーを評価し，その情報を使って，どの個人や部門が不正行為に手を染める動機を持つ可能性が最も高いかを評価する。この評価の後，組織は，これらの個人や部門が不正を働く際に選ぶ可能性が最も高い手段を識別する。それから組織は，この不正評価の情報を要約し，不正リスク評価マトリックスに落とし込む。このマトリックスにより，組織は，必要に応じて適切なリスク対応策を設計できる。

---

[38] 例えば，Amiram, Bozanic, Rouenの著作で，財務諸表のエラーの可能性を評価するために，財務諸表一式に，ベンフォードの法則を適用することの重要性を指摘している（"Financial statement errors: evidence from the distributional properties of financial statement", Review of Accounting Studies, 2015, Vol. 20(4), 1540-1593）。とりわけ，彼らは，修正財務諸表は，虚偽表示された財務諸表と比べ，より密接にベンフォードの法則に合致することを示している。ベンフォードの法則から財務諸表の逸脱（FSD）を計算する例に関しては，彼らの研究書の別表1を参照のこと。

図6 不正の3要素

不正の研究者は，ほとんどの不正には3つの重要な要素が含まれていることを認識している。

- 個人を不正行為に走らせる動機やプレッシャー
- 発見されることなく不正を実行できるという確信を個人に与える機会や認識された機会
- 不正行為の実行を内心で正当化できる姿勢や合理化

実際に実行された不正の分析の結果，不正のトライアングルは，ほぼ常に明白に存在することが分かっている[39]。この事実を考慮すると，総合的な不正リスク評価はこれらの3要素に焦点を当てることになる。

犯行者が持つ可能性のある，すべての不正の動機につながる要素や態度または正当化を，リスク評価チームが知ることは不可能である。しかしながら，リスク評価チームは，これらの要素について理に適った判断をし，他の要素が存在する可能性に気を配る。最終的には，組織が最も強力に統制できる不正のトライアングルの要素は，機会である。

不正の動機とプレッシャー

不正リスク評価においては，不正の動機とプレッシャーを考慮に入れる。組織は，目標達成に向け従業員の意欲を高めるためにさまざまなインセンティブを用意する。従業員の中には報酬を得るために不正という手段に訴える者もいるだろう。目標を達成しようとする組織内には，現実の，そして想像の産物である2つのプレッシャーが存在する。不正リスク評価チームは，組織が目標達成する上でのプレッシャーの引き金となる要因を理解する。

不正実行の動機は数多く存在し，また多様である[40]。ある経営執行者は，その組織のビジネス戦略が最終的には成功すると信じ，望ましくない中間結果が生じた場合，その戦略

---

[39] AU-C section 240「財務諸表監査における不正の検討」［2010年　Center for Audit Quality刊『Deterring and Detecting Financial Reporting Fraud—A Platform for Action』3-5ページを参照のこと。「不正のトライアングル」は20世紀の著名な犯罪学者であるDonald Cressey氏により最初に開発されたと言及されている（Donald Cressey著『Other Peoples' Money: A Study in the Social Psychology of Embezzlement』（Wadsworth Publishing Co.刊, 1972年））

[40] 例えば，Dichev 他著『Earnings Quality: Evidence from the Field』（2013年5月7日），表1.［papers.ssrn.com/sol3/papers.cfm?abstract_id=2103384.］を参照のこと。

に時間を与えるためにその中間結果の隠蔽を決断するかもしれない。別の経営執行者は，賞与の支給要件，またはアナリスト予想を満たすために，1株当たり利益を数セント積み上げることを必要とするかもしれない。また別の経営執行者は，万一の場合の備えとするため，または税金を避けるために故意に利益を過少報告するかもしれない。不正リスク認識プロセスには，不正実行の動機，プレッシャー，機会の評価が含まれる。取締役会は，上級経営者に対するインセンティブ・プログラムを評価し，経営者は組織の他の社員に対するインセンティブ・プログラムを評価する。不正実行の動機，プレッシャー，機会の評価では，従業員がビジネスを行う，または，（貸倒引当金の見積りまたは収益認識といった）専門家としての判断を適用する時に，経営執行者やマネージャーが彼らの行動にどのように，影響を与えるかについても注意を傾ける。

インセンティブ報酬およびそれらの基礎となる指標は，不正が発生する可能性が最も高い箇所への道筋を提供する可能性がある。不正をしなければ発生してしまう想定外の差異についての説明を避けるために架空の取引の記録を決断する人間のように，金銭面以外の動機というものも存在するかもしれない。現状を維持することでさえ，時には，個人が不正実行をするために十分に強力な動機となる。閉鎖の憂き目にあう可能性がある事業部や場所で働く社員は，閉鎖を避け，自らの仕事を守るために共謀して事業の結果を虚偽表示するかもしれない。

やはり重要で，しばしば認識するのがより困難なのは，業績目標または他の目標達成のために個人が受けるプレッシャーである。ある組織では透明性をもち，社員を評価する具体的な目標や指標を設定する。他の組織の目標や指標はより間接的でわかりにくく，行動に影響を与えるために企業文化に依存している。

取引に不正な調整を行う付加的な金銭上の動機を個人はもっていないかもしれないが，例えば，ある従業員には，現実のまたは本人が感じる強いプレッシャーが存在する可能性もある。

不正に対する姿勢と正当化

不正リスクの評価では，経営者やその他の社員がどのように不適切な行為に関わり，またはそれを正当化するかを考慮する。不正に対する姿勢や不正実行の正当化には，個々の従業員，仕入先，顧客，そして組織外部のその他の者の特徴が出る。したがって，不正に対する姿勢や正当化は人により異なる。従業員採用や評価プロセスを通じ，そして指導者や上級経営者によって確立された社風の中で，組織は，完全に制御はできないものの，従業員の姿勢に影響を与えることができる。仕入先選定プロセスに含まれる基準，仕入先との活動の継続的なモニタリング，仕入先に不正は許容されないことを理解させることを通じ，組織は仕入先に対する一定の統制を働かせることが可能である。政府組織は，最新のデータ解析やその他の支払前の予防統制，そして不正発覚時の厳格な訴追を通じ，不正給

付申請を行う可能性のある一般市民に対して，一定の統制を働かせることが可能となる。

不正の機会

　不正リスク評価では，承認されていない資産の購入，使用，そして処分，企業の報告記録の改ざん，あるいは他の不適切な行為の実行に対する機会を考慮する。脆弱な内部統制や不十分な職務分掌は，不正の実行を目論む者に機会を提供する。

　不正実行の機会は組織全体に存在し，不正実行に十分な理由となる可能性がある。これらの機会は，脆弱な内部統制と職務分掌の欠如が存在する領域で最大となる。しかしながら，一部の不正，特に経営者により実行された不正は，しばしば経営者が内部統制を無効化することができるがゆえに，発見するのがより難しくなる。したがって，内部監査による支援を受けた，強力な取締役会と監査委員会による上級経営者の適切な監視は不正リスク管理にとって決定的に重要である。加えて，例えば，メディケアやメディケイドを欺くために医師になりすます犯罪シンジケートなどの外部者による不正は，継続的な問題である。

既存の不正統制活動を識別し，その有効性を評価する

　組織はたいていの場合，予防的または発見的な不正統制活動としての機能を果たす既存の統制をもっている。不正リスク評価プロセスの一部として，リスク評価チームは，具体的な不正スキームまたはリスクのそれぞれを検証し，既存の不正リスク統制活動を識別する。

　いくつかの統制がすでに存在する場合もあるだろう。また，リスク評価チームは，統制が存在しないと結論づける場合もある。既存の統制活動を識別した後，リスク評価チームは，これらの既存の不正統制活動が不正リスク低減の観点でいかに効果的であるかを評価する。

　これらの既存の統制の有効性評価の後，構築された統制の経営者による無効化リスクを含む一定の残存リスクが残る。経営者は，これらの残存リスクの可能性を評価し，不正の予防統制と発見統制，そしてそのようなリスクへの対処に必要な手続の性質と程度を決定する。発生可能性が高く，影響度が高いと考えられる不正リスクは優先課題である。加えて，組織は，発生可能性が高く，影響度が高いとは考えられない，数々の他のリスクもまた検討する。

　よって，リスク評価プロセスにおける最終ステップは，残存不正リスクが存在するか否か，既存の残存不正リスクを適切な対応を通じ対処する必要があるか否かを決定することである。またリスク評価チームは，ある１つのリスクを低減するために明らかに不必要または重複した統制活動の事案に留意しつつ，統制の最適化を開始する。システムが煩雑

となり，社員が一見不必要と感じられる統制活動に当惑しながら主要な統制の全体像を見失うような状況であれば，過度に多い統制の存在は，かえって不正リスクを引き入れることを助けてしまう可能性がある。

リスクへの対処法を決定する

　リスク評価には，どのようにリスクを管理するか，リスクを受容すべきか，回避すべきか，軽減すべきか，あるいは分担すべきかの検討が含まれる。

　リスク許容度は，組織によって異なる。最も高次元には，取締役会が，すべての株主または市民，資本の提供者，そしてその他のステークホルダーに対する責任を考慮しながら，組織のリスク許容度を決定する。一部の組織が，財務諸表に金額的重要性をもつ可能性のある不正リスクにのみ対処しようとする一方で，他の組織は，より堅固な不正対応プログラムを持とうとする。例えば，後者は，一般的に，その使命やプログラムの達成と公的資産の保全が最重要である政府組織に見られるケースである。

　多くの組織が，不正に対する「許容度ゼロ」の方針を持っていると標榜する。しかし，時に組織は，ある不正リスクは，統制をもって対処するには，費用も時間もかかり過ぎると考える。結果として，組織は，そのリスクに対処する統制活動を構築しないか，あるいは予防統制活動に経営資源を費消することよりも発見統制のみを構築することを決定するかもしれない。

　組織のリスク許容度は，不正リスクへの対処法に関して，経営者への手助けとなる。不正リスクへの対処は，認識された発生可能性と影響度のレベルに基づく不正リスクの受容，不正リスクを低減すべき分野への統制強化，あるいは特定の不正リスクに対処するための内部監査手続の設計などにより実現する。

　取締役会は，経営者が組織のために確立したリスク許容度に基づき適切なレベルの統制を実行したことを確認する。事実上は，組織は，財務諸表，プログラム，そしてオペレーションを見て，「この構図の中で何が誤りとなり得るのか？」を問うことになる。それから，経営者は，適切な統制活動を策定する。選択的かつ効率的であることが極めて重要である。

　多くの潜在的な統制を組み込むことが可能である。目標は，計画的に体系化された標的が明確な取組みであり，体系化されていない，あるいは無計画な取組みではない。加えて重要なのは，経営資源のコストに対して最大の利益をもたらす効率的な統制を含めることである。

　不正リスクに対処する中で，不正リスク管理が適切に設計され，関連するリスクに対処しており，これらの統制がまた有効かつ効率的に運用されていることを組織は慎重に確認する。内部統制が（例えば，見積計上額の裏づけとなる補助資料に合わせるなどの）限定的な懐疑心をもって実行されている状況においては，不正リスク管理には，前期からの適

用の一貫性や潜在的に存在する不適切なバイアスについての裏づけ補助資料の評価を含むことになる。したがって，不正リスク管理統制の設計は適切であり，有能で客観的な個人により実行される。

経営者の不正管理活動の文書化には，統制が何を行うために設計されたのか，誰が統制を実行するのか，誰が統制の有効性をモニターし，評価するのか，そして関連する職務分掌に関する記述などを含む（第3章の「不正リスク評価との統合」という節では，不正リスク評価の不正統制との関連が議論されている）。

不正リスク評価と不正リスク対策にデータ解析技術を利用する

不正は組織の中のどこで，いつ発生し得るかというその広範囲な本質を考慮すると，限られた不正対策の経営資源をいかにどの分野に集中するべきかを知ることは，時に難易度の高い課題になる。データ解析手法は，潜在的な不正を示す取引あるいは傾向を抽出する助けとなる。

組織は，不正リスク評価にデータ解析を応用するに当たり，監査基準に含まれるいくつかの概念を活用することができる[41]。専門的ガイダンスは，不正リスク評価プロセスの一部として，監査実務者に売上収益に対する非集計分析を実施するよう求めている。また，そうしたガイダンスは，それぞれのリスク要因に対する適切なデータ解析戦略を開発することを監査実務者に促す。

組織は，多くの場合，不正リスクに対するより思慮深い観点を得るために，よく従業員調査，ファシリテーターのいる会議，その他の情報収集方法を活用する。組織は，それからその結果を編集，表示，分析するために，データ解析手法を利用することになる[42]。

例えば，データ解析は，以下のような「ヒートマップ」において，識別された不正リスクの発生可能性と影響度を表示するために，不正リスクプロセスの一部として利用可能である。

---

[41] AU-C section 240「財務諸表監査における不正の検討」［参照：aicpa.org/Research/Standards/AuditAttest/DownloadableDocuments/AU-C-00240.pdf.を参照のこと］および国際監査基準240［参照：ifac.org/system/files/downloads/a012-2010-iaasb-handbook-isa-240.pdf.を参照のこと］は，外部監査人に対して，不正リスク評価と対応に関するガイダンスを提供している。

[42] 例えば，「Financial statement errors: evidence from the distributional properties of financial statement numbers」Amiram, Bozanic, および Rouen著（*Review of Accounting Studies*, 2015年, Vol. 20(4), 1540-1593），「Taxpayer compliance application of Benford's law」Nigrini著（*Journal of American Taxation Association*, 1996年, Vol. 18, 72-92頁）を参照のこと。

図7 不正リスク評価のヒートマップ（色分け地図）

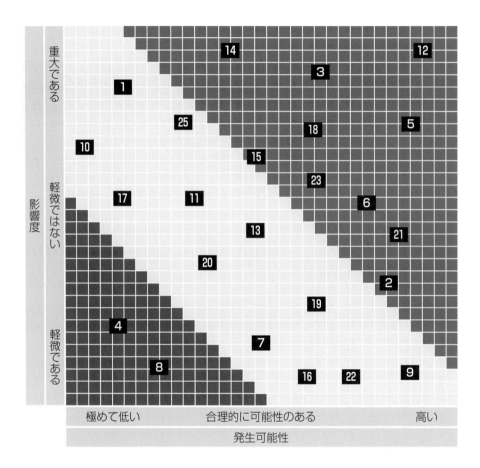

　データ解析には，単純なカテゴリー分類や階層化から，より高度な予測モデルや規範的モデルまで幅広い技法があり，組織が，不正がより高いリスクとして存在する領域に不正リスク対応の力点を置く際の手助けとなる。以下に示すように，いくつかのデータ解析手法は不正リスクの証拠を収集する。

- **データの層別化**——支払情報，第三者情報，調査結果，従業員情報，記帳，その他の情報源を，勘定タイプ，経時的，金額，あるいは他の論理的なグループ分けにより並べ替える，または分類することは，異常値や外れ値を識別するのに役立つ。例えば，キーフィールドによって並べ替えることは，組織の番号付与やラベリングの基準に従っていない項目を素早く識別することを可能にする。
- **リスクスコアリング**——さまざまな不正リスク要因に，客観的で再現可能な方法で，重み付けをすることは，どのリスク分野に焦点を当てるべきかを明確にすることに役立つ。
- **トレンド分析**——経時的または地域的なトレンド分析は，不正あるいは誤りの存在を

示す可能性のある異常値を識別するのに役立つ。特に不正を識別する上で役立つのは，財務データをオペレーションデータと比較した時のレシオ（比率）のトレンド分析である。不正の実行を企む個人は，財務上の金額あるいはオペレーション上のデータの一方を不正操作する能力を持つかもしれないが，両方を不正操作することはない。財務データのオペレーションデータに対する有意の非集積レシオを検証することで，潜在的な不正として調査対象となる異常値やトレンドを識別することができる。

例えば，販売済み製品のケース当たり売上収益の月別トレンド分析が評価される。もしケース当たりの売上収益が他の月に比べ著しく高い月があれば，それは誤謬，あるいは不正な記帳の兆候である可能性がある。もしケース当たりの売上収益が著しく低ければ，不適切な価格設定，請求エラー，あるいは不正の兆候と考えられる。

- **変動分析**——当年の統計数値を前年の統計数値と比較することで，通常ない傾向や例外事項（例えば，休眠勘定に対する取引）を明らかにできる。
- **データの可視化**——そのようなデータを見る時，図表，ヒートマップ，ダッシュボードで可視化された場合，行と列で構成されるスプレッドシートの中で表示されるのに比較して，例外やパターンを発見できる可能性がより高くなる。
- **統計的分析・予測モデル**——継続モニタリングを実施する組織にとって，継続モニタリングのデータは，新たに発生する不正リスクや予測モデルに関する貴重な観点を提供する。例えば，組織における将来的なリスク分野を識別あるいは予測するために過去の事象から学びを得ることなどである。
- **外部のデータソースからの情報を利用する**——解析において，外部のデータソースからの情報には，消費者物価指数のような指標データあるいは業界特有の公開情報だけではなく，新たに発生する不正リスク，業界での事象，そして規制措置などに関するニュースやメディア記事が含まれる。

データ解析の利用に関するさらなる情報は，付録Eを参照のこと。

定期的な再評価を実施し，不正リスクへの変化を評価する

リスク評価プロセスは，1回限りではなく反復されるプロセスである。リスク評価が最初に実施され，定期的に再実施される。すべての組織が変化を経験し，すべての経験された変化が不正リスクに影響を及ぼす。

組織が統制力を持たない要因（外的変化），合併買収などの組織が統制可能な要因，あ

るいはオペレーション上の変化，そして主要な社員の変更（リーダーの変更）といった種々の要因により，変化は発生する。組織は，これらのタイプの変化に気を配り，いかなる変化も，その変化によって影響を受ける領域に係る新規または更新された不正リスク評価の必要性を生じることを認識する。

　組織の全員に重要なのは，このプロセスには継続性が求められることや不正防止および不正発見の新しいツールや手法を含む不正リスク環境の変化を意識する必要性があることを知ることである。トップダウンとボトムアップの両方から焦点が当てられるようになれば，不正リスク管理は最も良く機能する。ほとんどの組織において，このことは，組織が不正リスクと不正が組織の社会的評判と目的や目標の達成能力に与える影響の両方をどのように考えるかにおいて，企業文化の変革を必要とするだろう。従業員は，こうしたことはトップ経営者の責任であると考える傾向を持つかもしれないが，組織が大きな社会的評判あるいは財務上の損失を被るとすれば，不正リスクは自らの仕事に対するリスクを意味するのである。

外部環境の変化
　規制あるいは経済環境の変化は，規制当局の最大の関心事や，組織が直面する財務上のインセンティブやプレッシャーの変化につながる。不正リスク評価は，これらの変化そのものやこれらの変化が不正リスク評価にどのような影響を与えるかという意識を維持する。

　例えば，金融機関に影響を与える規制の変化は，新しいコンプライアンス要件を作り出し，またはある取引を禁ずることもあるかもしれない。新しい規制を遵守していると見せかけるため，従業員は，取引の隠匿や，虚偽報告の動機を持つか，プレッシャーを感じるかもしれない。経済環境の変化は景気後退の始まりの前兆となり，従業員は，必要な準備金や引当金を減額する，あるいはビジネスを守るために賄賂を支払うことにより，利益目標を達成し続けるプレッシャーを感じるかもしれない。

業務の変更
　組織は定期的に新しい製品ラインやサービスを発表したり，データ処理や報告の方法を変更したりする。これらの変更は，従業員に対する新しい動機やプレッシャー，不正リスクの評価のために必要な新しい活動につながる可能性がある。

　例えば，組織がある新製品を発表し，経営者がそれについてたいへん有望な財務結果を予想することがある。もし，その新製品の売上高が組織内の予則や予算に到達していないとしたら，従業員は，他の製品の売上高をその新製品に付け替えすることにより，その新製品の投入が成功しているように見せかけるプレッシャーを感じるか，または動機を持つかもしれない。また彼らは，その製品について虚偽の宣伝文句を作り出したり，店頭で商

品を呼び物にするために小売店の代表者に賄賂を支払ったりする手段に訴えるかもしれない。

　また同様に，組織は，体系的に非中核事業を外部委託するかもしれない。不正リスク評価チームは，外部委託先の会社に移管される事業活動だけでなく，外部委託という戦略が現従業員のやる気に与える影響を検討する。組織は，外部委託先が提供するサービスに内在する不正リスクに対処するために十分な統制を，その委託先会社が備えているか否かを検討する（例えば，機密データへのアクセス権をもつ，第三者の医療費支払処理業者は，関連するリスクを低減するための統制をもっている）。

リーダーの変更

　リーダーの変更は，トップの姿勢に変化をもたらし，組織内のコンプライアンスの企業文化に影響を与える可能性がある。組織全体のリーダーの変更は，取引を実行し，承認する社員や不正リスク管理プログラムの監督を行う社員を変える可能性がある。新しいリーダーたちは，その組織で構築されている業務プロセス，統制，モニタリング活動を十分に理解していない可能性がある。結果として，従業員，仕入先，あるいは顧客は，この理解の欠如を認識し利用することを企み，この変化を不正実行の好機と捉えるかもしれない。

不正リスク評価を文書化する

　次ページに図示されているように，組織はマトリックスを利用し，自らの不正リスク評価を文書化する。この不正リスク評価マトリックスの例は，列の表題を左から右へ見ていくことにより，リスク評価の一連の流れの概観を提供する。最初の列には，識別された不正リスクとスキームが含まれ，そして相対的なリスクの発生可能性と影響度が評価される（列2～3）。次に，リスクやスキームは，関与する社員または関係部門，そして既存の不正統制活動へとマッピングされる（列4～5）。列6には，既存の統制の整備上の有効性と運用上の有効性を検証するための既存の統制に対するテストが含まれる。最後に，組織は残存リスクを識別し，これらの残存リスクに対処するための不正リスクへの対応策を策定する（列7～8）。

図8　不正リスク管理評価マトリックスの例

1. 識別された不正リスクとスキーム	2. 発生可能性	3. 影響度	4. 関与する社員/部門	5. 既存の不正統制活動	6. 既存の統制活動の有効性	7. 残存不正リスク	8. 不正リスクへの対応
財務報告 ● ● ●							
非財務報告 ● ● ●							
資産の不正流用 ● ● ●							
違法行為と汚職 ● ● ●							

　列8は不正リスク管理プロセスにおける次のステップへの重要なつながりを提示している。残存不正リスクを軽減する予防統制と発見統制の設計である。次回のリスク評価では，前回のリスク評価の列8（不正リスクへの対応）に含まれた統制活動は，列5（既存の不正統制活動）に移され，その有効性が評価される。この反復プロセスを通して，不正リスク管理は継続的改善と強化を経験する。付録Hは，いくつかの可能性のある不正リスクに対して作られたマトリックスを示しており，いかにこのマトリックスを利用して，不正リスク評価を文書化すべきかを解説している。

･････････････････

　組織が初回の不正リスク評価を実施したら，不正リスク管理プロセスの次の局面は，不正が発生することを防止するか，発生した不正を可能な限り早期に発見するために，不正統制活動を確立することである。第3章では，組織はいかに予防と発見の統制活動を構築し，実行するかについて説明する。

第3章　不正統制活動

◆要旨

　第2章では，組織がどのように総合的な不正リスク評価を実施するかを説明した。本章は，不正リスク管理の次の重要な段階である，不正発生の防止または防げなかった不正の早期発見のための不正統制活動の構築と実施について論じる。

　不正統制活動は，不正リスクを低減するための経営陣の指示が実施されていることの確認を支援する方針と手続を通して確立される活動である。1つの不正対策活動は，不正の発生を防止するかあるいは，不正が行われた場合にそれを迅速に発見することを意図した具体的な手続やプロセスである。

　第2章では，総合的な不正リスク評価の実施方法を説明した。こうした不正リスク評価を集約した結果が，不正の残存リスクの識別とそれに付随して生じる追加的な不正統制活動の必要性の認識である。

　不正統制活動は予防的（不正な行為または取引の発生を回避するように設計される）または発見的（不正な行為または取引が発生した後で発見するように設計される）のいずれかに分類され，なかにはこれら双方の目的に適うものもある。不正の予防的・発見的な統制活動の選定，開発，実施，モニタリングは不正リスク管理の極めて重要な要素である。不正統制活動は，識別された不正リスクとスキームの記述，当該の不正リスクを低減するために設計された不正統制活動，当該の不正統制活動に責任を負う者の特定とともに文書化される。不正統制活動は内部統制の継続的不正リスク評価要素に不可欠である。

　不正統制活動は組織内のさまざまな階層で実施され，場合によっては予防・発見の双方の目的で使われる。不正統制活動の種類は組織によって異なる。

◆不正統制活動の原則

　本章では，不正リスク管理プログラムの原則3を取り上げる。原則3は，以下のように示される。

統制活動　第3章（原則3）　組織は，発生する，または適時に発見されることのない不正のリスクを低減するための予防的・発見的な不正統制活動を選定，開発，実施する。

◆2013年版COSO内部統制フレームワークとの関係

　COSO内部統制フレームワーク[43]の原則8（「組織は，内部統制の目的の達成に対するリスクの評価において，不正の可能性について検討する。」）における不正リスク評価の要件に加え，2013年版COSOフレームワークのそれぞれの構成要素と原則は，不正リスクの考慮に関連性を有する。したがって，本章で不正統制活動に関して検討される原則は，2013年版COSOフレームワークの統制活動の原則を反映している。2013年版COSOフレームワークは，本章における不正統制活動と併せて読むと，本章の論点について有益な内容を提供してくれる。

　不正リスク管理の原則3は2013年版COSOフレームワークの構成要素および原則と以下のように関連している。

図9　不正リスク管理の原則3と2013年版COSOフレームワークの構成要素と原則との関連性

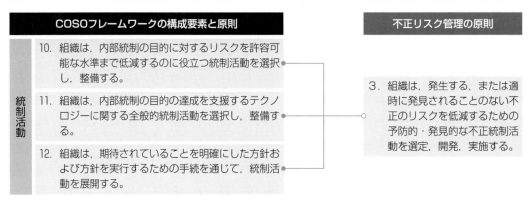

　2013年版COSOフレームワークの統制活動の原則は，目的達成のための，あらゆる種類のリスクを低減するための経営陣の指示が確実に実施されることを支援するために，幅広く設計されている一方で，不正リスク管理の原則3は不正リスクの低減に特化している。

◆着眼点

　以下に示す着眼点は，本原則に関する重要な特性を強調している。

- **予防・発見統制活動を通じた不正抑止の奨励**——組織は，不正抑止とは不正発生の原因となり得る要因の排除であると考え，抑止は効果的な予防・発見不正統制活動を敷くことによって可能になることを理解する。

---

[43] トレッドウェイ委員会支援組織委員会（COSO）『内部統制の統合的フレームワーク：フレームワークおよび付録』（2013年5月）（2013年版COSOフレームワーク）

- **不正リスク評価との統合**――不正統制活動の開発と実施が不正リスク評価と直接つながっていることを確認する。
- **組織特有の要因と関連するビジネスプロセスの考慮**――組織は，不正統制活動の開発と実施の際に，組織，業界，事業環境に特有の要因を含むさまざまな要因を考慮する。
- **組織の異なる階層に応じた統制活動の適用の考慮**――組織は，不正統制活動が組織内の適切なレベルで組織全体を通じて存在することを確認する。
- **不正統制活動の組合せの活用**――組織は，不正統制活動に予防・発見統制が多種多様に組み合わされるようにする。
- **経営者による内部統制の無効化の考慮**――組織は，不正統制活動が，上級経営者が不正統制活動を含む内部統制活動を回避または無効にする能力を考慮し，それに対応できるような不正統制活動を含めるようにする。
- **プロアクティブなデータ解析手続の活用**――組織は，追加調査のために**異常取引**を識別できる綿密で優れたデータ解析プロセスと手続のシステムを実行する。
- **方針および手続を通じた統制活動の展開**――組織は，不正統制活動が完全に文書化され，組織の方針を通じて実施されていることを確認する。

予防・発見統制活動を通じた不正抑止の奨励

　抑止とは広義の概念で，これには不正につながる要因の裏に存在する根本原因への対応が含まれる。不正抑止は不正発生の原因となり得る要因を低減するプロセスである。これは組織が以下を実施した時に達成される。
- 可視化された強力な不正ガバナンスプロセスの確立
- 透明で健全な反不正文化の醸成
- 定期的かつ徹底的な不正リスク評価の実施
- 予防的・発見的な不正統制プロセスと手続の設計，導入，維持
- しかるべき場合には，不正に関与した者に対する適切な処置を含む不正の疑いに対する迅速な行動

　最も効果的な不正抑止の1つは，不正実行を試みる者は誰もが高い確率で捕まり，責任を問われ，処罰されるということを組織のメンバーに対して言葉と行動で明確に伝達する組織文化である。

　これとは対照的に，予防・発見統制活動の大半は，概念としてはより広義の抑止と比べて，具体的で一般に個別の統制活動である。

　不正予防統制は，不正な行為や取引を発生初期に回避することを目的に設計された統制

活動である。こうした統制活動は，不正の原因発生の除去に役立てるために設計された特定のプロセスと手続である。あらゆる不正を防ぐ不正統制を開発し実施するのは論理的には可能かもしれないが，こうした統制は実施するにはあまりにコストがかかり，ビジネスの妨げとなる可能性が高い。そこで，以下で論ずるように発見統制が必要となってくる。例えば，政府組織では，ハリケーンカトリーナのような自然災害が起こった際には迅速な緊急対応が必要なため，すべての予防統制を実施するのは実用的ではないと考えられる。ここでは，幅広い予防統制が検討され展開されるべきではないと言っているのではなく，業務上の目的を果たす必要性とのバランスがとれていなければならないと言っているのである。

　不正予防統制は通常（しかし必須ではないが），従業員や組織の取引相手に知られており目に見えるものである。こうした**公然の統制活動**の例としては調達手続と上司やマネージャーによる承認要求の確立が含まれる。予防統制は知られていないか，あるいは**内密の統制活動**である場合に成功しやすい。内密の統制活動は従業員や取引相手に容易に明らかにならない統制活動で，例としては，異常取引および不正の可能性のある取引を識別し，それらが処理されるのを防ぐために設計されたデータ解析が挙げられる。

　不正発見統制は，最初の処理が行われた後に不正な事象や取引を発見するために設計された統制活動である。こうした統制活動は，未遂の不正あるいは進行中の不正を適時に発見するために設計された特定のプロセスと手続で，結果として組織の予防統制を回避する不正の影響を制限するものである。発見統制の中には，その統制活動に関わる特定の従業員に明白なものもあるが，知られていない，すなわち内密の統制活動である場合に最も有効である。

不正リスク評価との統合

　不正統制活動は内部統制制度の構成要素である不正リスク評価に不可欠である。不正リスク評価プロセス（第2章）の鍵となる要素は，特定の不正リスクまたは潜在的な不正スキームと関連し，これらに対処するために設計された既存の不正統制活動の識別である。その結果として，不正リスク評価プロセスの終了時には，識別された不正リスクは関連する不正統制活動と結びつけられる。

　場合によっては，初期の不正リスク評価の後に，リスク評価チームは識別された不正リスクや潜在的な不正スキームに対する統制が存在しないという結論を出すかもしれない。組織がその識別された不正リスクや潜在的な不正スキームに対する不正リスクを低減したいのであれば，経営陣はこれらの不正リスクを低減するための統制活動を選定，開発，実施する。

　時として，リスク評価チームは既存の不正統制活動では，不正リスクを容認できるレベ

ルに低減するには不十分だという結論に達するかもしれない。その場合，経営陣は既存の統制活動を補足する，あるいはそれに取って代わる**追加的な**不正統制活動を選定，開発，実施する。

以下の図は不正リスク評価サマリー・マトリックスを表しており，統制活動が次の型に識別された不正リスク評価マトリックスの2つの領域を示している。

- **A型**－識別された不正およびスキームと関連し，かつ認識されている既存の不正統制活動
- **B型**－容認できない残存不正リスクに対処するために開発された追加的な不正統制活動

残存不正リスクとは，既存の統制活動の有効性を検討した後に，不正な事象や取引が起こり，それが適時に発見されないだろうという残存リスクを指す。

図10　不正リスク評価サマリー・マトリックス，統制活動の領域

例えば，初回のリスク評価は，「従業員が偽の業者を作り，不正な取引を処理する可能性」を，潜在的な不正と識別したとする。そして評価チームは，業者データベースに業者の情報を入力するのに使われるデータ入力用紙に購買部長が署名し承認した場合に限って業者のアカウントを開設できるというものが，既存の統制活動であると考えるかもしれない。そして評価チームは，既存の統制活動は誰かが部長の署名を偽造したり，購買部長が業者を偽造したりするのを防ぐものではないと結論づけるかもしれない。そして最終的に，調査チームは残存リスクが存在するとの結論を下す。適切な不正リスク対応として，「毎月データ分析を使って従業員と業者のデータベース間で一致する情報を探し，誰が疑わしい業者を作成したかを識別する」という，発見統制活動が追加されるかもしれない。

第2章で説明したように，不正リスク評価プロセスは最初に実施され，組織の成長と変化および事業環境の変化に対処するために定期的に繰り返される。続く不正リスク評価では，以前のリスク評価で識別された追加的な不正統制活動が，既存の不正統制活動となる。こうした継続的な不正リスク評価プロセスが組織の不正リスク管理プログラムを維持し，それが時とともにさらに強固でより効果的なものとなっていく。

不正リスク評価マトリックスを使って，経営陣は不正統制活動を開発し，それらを不正リスク評価の過程で識別された特定のリスクと結びつける。そして，こうした結びつけを正式に文書化することが，評価プロセスの完全性と正確性をさらに高めることになる。

　下の表が示すように，不正統制活動を文書化する際には，最初の列にリスク評価マトリックスから直接取ってきた不正リスクとスキームを記入し，2番目の列に各リスクに関連する不正統制を書き込む。既存の統制（A型）もあれば，追加的な統制（B型）もある。そして3番目の列で，該当する統制活動が実施されその有効性が維持されていることの確認に責任を有する人物が分かるようになっている。

図11　不正リスク評価サマリー・マトリックス，統制活動の領域の文書化

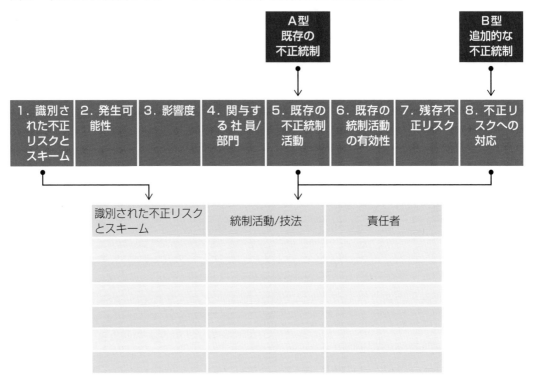

組織特有の要因と関連するビジネスプロセスの考慮

　第2章で説明したように，不正リスク評価プロセスは組織に関連する不正リスクを識別し評価するダイナミックで相互作用的なプロセスである。不正リスク評価プロセスは，組織が特定のビジネス目標を達成できるよう，組織全体で確立されたビジネスプロセスに関連する潜在的な不正リスクを検討し評価する。こうしたビジネスプロセスは主に組織の上級経営者によって開発・実施されているため，組織が同じ産業に属していたとしても不正リスクは組織によって異なる。同様に，不正統制活動の選定と開発も組織特有の要因と関

連するビジネスプロセスに基づいてなされる。

組織の異なる階層に応じた統制活動の適用の考慮

　統制活動は組織的および業務的双方において，さまざまな箇所で適用される。一般に，予防統制は組織の比較的下位のレベルとビジネスプロセスの初期段階でより効果的である。発見統制はさまざまな組織および業務レベルで効果的となり得る。予防統制は初期発生以前の段階で行われる。例えば，不正取引は予防統制活動があるために承認されなかったり完了しなかったりする。支払の場合で言えば，組織は**支払後に追跡する**という状況は避けたい。これと対照的に，発見統制は発生後に不正な事象や取引を発見する。このタイミングで鍵となるのは，発見統制が不正な事象や取引を適時に発見することである。そのため，こうした事象を発見するためにビジネスプロセスのどの段階で統制が設けられるかが異なってくる。

　ビジネスにおいて，不正な財務報告につながる経営上の不正は，より下位の従業員[44]による資産流用や非財務不正よりも，はるかに深刻な打撃を組織に与える可能性がある。そのため，上級経営陣が主導する上級経営者の活動や取引に関わる統制活動には特別に注意を払うことが有益となる。政府組織においては，給付金の受給者，医療サービス提供者，調達などの制度不正や税不正がより深刻な損害をもたらす可能性があり，また，これらは世間の目にさらされやすいため，政府への信頼が損なわれる結果に終わる[45]。

不正統制活動の組合せの活用

　いかなる組織でも不正と違法行為はさまざまな階層で起き，また同様に組織の外部でも起こり得る。そのため，予防統制と発見統制の組合せが，不正が起こる過程と発見統制が発生した不正を適時に発見できるそれぞれの段階に対処するのに十分なものであることは不可欠である。多くの場合において，不正統制活動は予防および発見の双方を考慮した組合せとなっている。

　これらの不正統制活動の設計と実施は，上級経営者の組織的な取組みであり，一般に組織全体を通して重要なビジネスプロセスを代表するすべての職員によって支持されている。

　これら組織の重要なビジネスプロセスの代表者たちが協力することで，通常は識別され

---

[44] ACFE　2016年版職業上の不正と濫用に関する国民への報告書（Report to the Nations on Occupational Fraud and Abuse）は，資産の不正流用による損失中央値が12万5,000ドルである一方で，財務諸表不正による損失中央値は97万5,000ドルとしている。［参照：acfe.com/report-to-nations 12ページ］

[45] 例えば，決して不正だけが原因ではないが，連邦政府は年間1,000億ドル以上の不適切な支払がなされていると報告している。［参照：paymentaccuracy.gov］政府は国内最大の健康保険制度を運営しており，健康保険不正は毎年数100億ドルにも上ると推定されている。［参照：fbi.gov/about-us/investigate/white_collar/health-care-fraud］加えて，連邦政府のタックスギャップは純額で年間3億8,500万ドルと報告されている。［参照：gao.gov/assets/680/672884.pdf］

た全リスクに対応することができ，統制活動を設計・実施し，使用される技法が組織の**不正リスク許容度**に応じて不正リスクを低減するのに適切であることを確実にする。不正リスク許容度とは，不正な事象や取引が起こり適時に発見されないことを組織が自ら受け入れている残存不正リスクの水準を指す。不正リスク許容度は，組織におけるすべての不正を除去するのは不可能だということを認識するものである。

　不正リスク評価プロセスの結果，許容できない残存不正リスクが明らかになった場合，経営者は適切な不正統制活動を評価し選定することができる。複数の統制活動（重複しているまたは不必要な統制活動でさえも）は，急速に進化しつつあるリスク（例えば，サイバー・セキュリティー・リスク）に加えて，発生の可能性が高い，または潜在的な影響が重大なリスクを管理するのに役立つ。しかしながら，統制にはコストが伴い，これには統制手続それ自体の直接コストもそうであるし，業務への影響や妨害の可能性といった意味での組織に対する潜在的コストも意味する。そのため，残存不正リスクを低減するために適用される統制活動を評価する際には，組織はコストが予防および発見統制の組合せが最善のものとなるよう配慮する。

不正の予防統制活動の活用

　予防は最もプロアクティブな不正対策手段である。不正防止プログラムの継続的な成功は，そのコミュニケーションと強化の維持にかかっている。メールやウェブ放送，掲示板へのポスターの掲載，パンフレット，請求書や業者の支払に添付された電子メッセージなどさまざまな媒体を通じて不正防止プログラムの存在を強調することで，不正の予防と抑止への組織のコミットメントを内外のコミュニティ双方に伝達することになる。

　一般に，不正予防統制は以下の幅広い分野に分けられる。

- ビジネスプロセス[46]統制活動。例：業務の構築および管理方法を決定する。権限と責任を委譲する方法の明確化。ビジネスプロセスの集権化・分散化の検討。外部委託か社内製造を維持するかの検討。下請けに出すか否かの決定。
- 設備，資産，情報システムへのアクセスに関する物理的なアクセス統制。
- 組織による技術・情報システム環境の活用に関する論理的なアクセス統制。例：「知る必要のある」人物のみが「知る権利」を有することを確実にするための「アクセス権」の採用。
- 取引統制活動－組織のビジネスプロセスにおける取引処理リスクを低減するための行為を直接支援する統制活動。取引統制は手動あるいは自動のいずれかが可能であり，

---

[46] ビジネスプロセスの議論に関しては2013年版COSOフレームワークを参照。これらは取引（transaction）および活動を内外の報告に使われるさまざまなアウトプットに転換するために組織が確立するものである。取引という用語は経理処理（買掛金など）と関連する傾向にある一方で，活動（activities）はより一般に業務またはコンプライアンスプロセスに適用される。2013年版COSOフレームワークの目的では，取引は両方に適用されている。

完全性，正確性，有効性という情報処理の目標を網羅できる可能性が高い。こうした統制活動には，編集，完全性，および妥当性の確認の実施，調達手続の確立，文書化の必要性の強調，上司や経営者による承認の必要性の確立などが含まれる。
- このリストにある予防統制活動を支援する技術的統制活動としては，既知の貸付，制裁，犯罪または警戒リストのデータベースとの第三者による適正評価，ソフトウェアを使った不正リスクに対する意識向上訓練，および，高リスクまたは方針から外れていると考えられる支払を，支払われる以前に停止する，またはより上位者の決裁事項とするなど，特定のビジネス活動の発生を制限する自動化されたビジネスルールやリスクを点数化する仕組みなどが含まれる。

これらのどの分野においても，統制は組織の異なるレベルで設計し実施することが可能である。不正リスク低減の目標を達成するためには，適切な統制の組合せを考慮することが重要なリスク評価となる。例えば，組織は特定の取引について高レベルでの承認の要件となる承認限度額が必要であると判断したとする。特定の金額を超えた取引にはより上位の職員の承認を必要とすることで，優遇業者や利害関係のある業者からの承認されていない購入を阻止することができる。しかしながら，こうした統制のために，不正実行を試みる者は仕入を分割しようとするかもしれない。つまり高レベルでの承認という統制を避けるために，限度額を超えた購入を少額に小分けするのである。このことを認識した上で，組織は限度額を若干下回る支払活動のパターンを識別するために契約金額を階層化するなどの，データ分析統制を実施することができる。

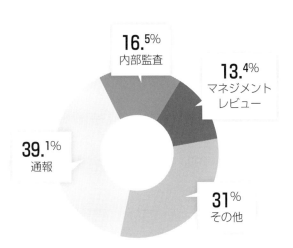

不正防止プログラムにおいて，なぜコミュニケーションと強化が重要なのか？　ACFE「2016年版職業上の不正と濫用に関する国民への報告書」によると，不正発見の圧倒的多数が右の表の手段に起因している。

不正予防を支援する最も重要な要素としては，人事手続，権限の制限，**取引レベルの統制手続**，経営者による統制の無効化を妨げるための監視がある。これらの要素は上記した5つの予防統制活動すべてに共通するものである。

不正の発見統制活動の活用

　不正統制活動の実施と可視化は，不正行為の最も効果的な抑止手段の1つである。予防統制と同様に，不正の発見技法が存在し，機能しているかを判断するために，組織が発見統制活動の評価と継続的なモニタリングを行うことは重要である。（不正リスク管理プロセスのモニタリングに関する原則5についての議論は第5章を参照）。こうした評価は不正が発生している，あるいは発生した場所がどこであっても，それが適時に発見されることを確実にする上で役立つ。また，発見統制を通じて経営陣は組織の不正リスクをより良く理解できるため，予防統制を強化していく上での助けとなる。

　どの種類の発見統制が実施されるかは識別された不正リスクによって異なる。例えば，組織が汚職のリスクが高いとされる国で事業を行っているとすれば，経費報告書やコンサルティング料金の精査を繰り返すなど，海外腐敗行為防止法（FCPA）[47]の潜在的違反を識別するために，発見統制を実施するかもしれない。同様に，組織の財務諸表がかなり高い頻度で主観的な見積りで作成されているならば，こうした行為の定期的な内部監査と関連する発見統制を実施するかもしれない。さもなければ，不正実行を試みる者たちが，不正を行うために統制を無効化したり他人と共謀したりする機会を見出しかねない。そのため，発見的技法は不正リスクの変化に対応できるよう，柔軟かつ順応性があり，進化し続けるものである。[48]

　発見統制が従業員や第三者，その他の関係者に明確で容易に認識できるものである一方で，特定の発見統制は本質的に秘密であることが多い。発見統制が存在し，機能しているという組織内での一般的な認識は非常に強力な抑止力となる。発見統制の正確な性質と設計の詳細に関する知識へのアクセスは，注意深く管理される。発見統制は日々の業務環境では分からない裏で行われ，一般に以下のように実施される。

- 通常の業務過程で行われる
- 内部から得た情報を裏づけるために外部情報を活用する
- 識別された不備と例外を適切な指導者に定期的に自動連絡する
- 他の統制を強化し修正するために結果を活用する

　どの組織も不正の影響を受けやすいが，あらゆる不正を阻止しようとするのは費用対効果のあるものではない。組織は（取締役会が承認すれば）特定の不正の予防よりも発見を目的とした統制を設計することを選ぶ。不正に対する予防統制（例えば，ツール，職員，または訓練など）の設計，実施，モニタリングの推定費用が，リスクの推定損害額を超えるようであれば，特定の予防統制は実施するのに費用対効果のないものとなり得る。

---

[47] 1977年海外腐敗行為防止法（その後の改正を含む）（The Foreign Corrupt Practices Act of 1977, as amended, 15 U.S.C. §§ 78dd-1, et seq.）は，特定階級の人物や事業体が事業の獲得や維持の援助を求めるために外国政府職員に支払を行うことを違法とする目的で成立した。[参照：justice.gov/criminal-fraud-corrupt-practices-act]

[48] 例えば，ベンフォードの法則は内密の発見的統制として使われる。（Amiram et al., 2015; Nigrini, 1996）

組織は，あらゆる不正取引を防ぐために設計された費用のかかるまたは侵害的な統制を課すよりも，変則的な事象に対しては追跡調査が行われるよう，注意深く設計されたデータ解析手続を設けることを選ぶかもしれない。不正リスク評価を実施する上で，評価チームは不正リスクにさらされる発生確率（発生可能性）とその影響（影響度）の双方を考慮し，日常的モニタリングに活用するためのデータの利用可能性を評価する。このような場合，重要な発見的手段としては，内部通報制度などの匿名通報制度，プロセス統制，その他不正が発生した際にそれを識別するために設計された積極的な不正発見手続が含まれる。

人事手続の活用

組織の人事機能は以下の手続を実施することで不正予防に重要な役割を果たすことができる。

身元調査の実施

あらゆる組織において，事業と不正リスクの鍵となるのが，業務実行のために雇用された人々であり，またその後，信頼と権限を有する職位に昇格した者たちである。このため，上司が資格と能力を評価し，技能が職務要件に見合っているか判断し，職務への適応性に影響を及ぼす可能性のある個人の誠実性に関わる問題に留意することができるよう，従業員をよく知っておくことは重要である。

応募書類や履歴書にある職歴と学歴を確認し，その後，推薦人と連絡を取り合うことでその人物について多くを知ることができる。こうした手続で虚偽または粉飾された情報が明らかになるかもしれず，またリスクの上昇や場合によっては許容不可能なリスクとなる未公表の経歴や評判が判明するかもしれない。

求職者や昇進候補者を評価するために十分な情報を得るための手続を確立する一方で，将来の従業員候補や現在の従業員から求める情報や独自で得た情報の性質と範囲は，適用される法と規制に従って管理されなければならない。犯罪歴や個人的な経済状況などさらなる詳しい身元調査は，本人の同意を得た上でのみ可能となるかもしれない。どういった身元情報が得られるのか，得られないのかについて，従うべき適切な手続については，弁護士と相談することが有益である。

初期の雇用過程の一環として行われる身元調査に加えて，組織は不正リスクの増大を示唆する状況の変化を識別し評価できるように，重要な人物の最新の身元調査を定期的に行うこともできる。同様に，現在の従業員や経営陣の中に行動面での兆候[49]が見られる場合は，

---

49 ACFE 2016年版職業上の不正と濫用に関する国民への報告書（68ページ）によると，少なくとも１つの**行動面の危険な兆候**（分不相応な生活，経済的困窮，業者／顧客と異常に親密な関係，統制上の問題など）が不正事例の91％以上で明らかだったとしている。またうち57％の事例でこれらの危険な兆候の複数が不正実行者に見られた。［参照：acfe.com/report-to-nations　p.68］

いつでも最新の身元調査を検討することが重要である。

　新規および既存の業者や顧客，ビジネスパートナーの身元調査もまた，組織が許容できないリスクを示唆するような経営状態，所有者，評判，誠実性の問題を識別するのに役立つ。

不正リスク管理教育訓練の提供[50]

　組織は，適切な身元調査を経て初期の不正リスクが低いと見られる能力のある個人を雇用または昇進させる。全レベルの従業員全員が最初のオリエンテーションと継続的な教育活動で不正リスク管理プログラムについて学べば，不正の予防と発見に貢献する個人の責任，および不正の疑いや目撃した不正に対処するプロセスについての経営者の姿勢を確立し，強化することにつながる。

　一般に，不正リスク管理プログラムを目的とした必要な訓練を開発し提供する責任は，組織の人事部が担っており，これには行動規範と倫理，不正とは何かの理解，不正を目撃したりその疑いが生じたりした場合の対処法を含む。場合によっては，組織の法務部や倫理担当役員が責任を負う。しかしながら，理想としては不正リスク管理プログラム全体に携わる職員・社員，望ましくは同プログラム成功の責任を担うと考えられる利害関係者が，プログラム実施部門と協力し，それぞれの組織に特化した不正リスクおよび業務，環境が確実に訓練に反映されるようにする。また，不正訓練の最も重要な要素の1つが定期的な更新やリフレッシュ研修会などを含む不正関連トレーニングへの強制参加である。そして最後に重要となるのが，従業員が組織の行動規範を理解し，その行動規範に今後も従い続け，さらには組織の不正リスク管理プログラムを理解していることを確認するために，年に一度全従業員の署名を求めることである。そうすることで，組織は従業員が組織の重要な不正の予防統制メカニズムを常に認識していることを確信することができるのである。

業績および報酬プログラムの評価

　また，人事部長は通常，人事考課と報酬プログラムの双方と関わっている。人事考課は従業員の仕事に関する能力とともに業績や勤務態度の評価も含む。能力を認められ，良好な業績や成功の報酬を受けたいと思うのは人間の特質である。そのため，潜在的な問題を防止するために，定期的な人事考課を着実に実施し，建設的なフィードバックを適時に行うことが不可欠である。

　仕事内容や業績を認めてもらえない従業員，特に昇進や昇給から漏れた者は，不正行為は正当なものであると合理化する傾向にある。

50　ACFE 2016年版職業上の不正と濫用に関する国民への報告書によると，従業員と経営陣に対して不正対策トレーニングを行っていた組織はそうでない組織と比べ，不正による損害額が約47％低い傾向にあり，また不正継続期間も40％短いものであった。[参照：acfe.com/report-to-nations p.44]

褒賞も報酬に反映できる。報酬調査と地域給与水準分析を行うことで，人事部は上級経営者と従業員が適正な報酬を受けているかを判断することができる。また，報酬制度の構造（例えば，固定給と変動報酬のバランス）を評価すれば，望ましい行動が適切に奨励されているかが判断できる。例えば，報酬が短期的な業績賞与に大きく依存する経営者は，賞与を得るために，仕事の手を抜く，または決算を意図的に粉飾する動機を持つかもしれない。

年に一度の従業員調査の実施

組織は，組織全体およびそれぞれの従業員の責任分野や経営陣に関わる特定の質についてフィードバックを得るために，従業員の年次調査を行うことができる。これらの調査は通常，組織の人事部が実施し，組織の戦略，顧客体験，製品とサービス，リーダーシップ，職場環境，仕事と私生活の融合，機会と能力開発，透明性と情報流通といった分野についてフィードバックを求める。

これらの調査に含めるべき重要な分野で時に見過ごされがちなのが，組織内における誠実性に関する意見である。調査の同項目は従業員が組織の不正リスク管理プログラムをどの程度熟知しているかを評価するために作成される。この項目では，以下の内容を評価することができる。

- 報復を恐れずに非倫理的な行動や行為を通報する従業員の能力
- 検証または証明された非倫理的な行動への組織の対応の有効性
- 過去１年間に見られた違法行為（およびそうした違法行為が通報されたか否か）
- 倫理上の懸念や目撃した違法行為の通報手段に関する従業員の知識

脆弱性が見られたすべての分野，および組織内で挙げられた個別の懸念を該当する部門が評価し，これらの問題点を修正するための取組みが行われるようにする。

退職時インタビューの実施

解雇や辞職により退職する従業員に対して書面または口頭での退職時インタビューを実施する方針は，不正の防止と発見の両方に寄与する。これらのインタビューは，人事部長が経営者の誠実性に関する問題や不正を誘発する状況についての情報などを判断する上で助けとなる。また人事部長は，組織内に存在する潜在的な不正や違法行為に関する情報が退職届に込められている可能性があるため，その内容と情報に詳しく目を通す。

退職時インタビューの質問事項や会話は，経営陣が不正に関する情報を得るのに役立つ。例えば，退職する従業員から不正に関する情報を得るために，退職時インタビューでは次のような質問をすることができる。「不誠実，非倫理的，または不正と思われる行為を目撃したことがあるか。」退職する従業員がこの質問に答えれば，不誠実，非倫理的，あるいは不正な潜在的行為が適時に発見できるかもしれない。

職務分掌の導入

　一個人が業務プロセスの全段階の責任と権限を有することがないよう注意深く職務を分離することは，最も強力な不正リスク管理統制手続の1つである。統制活動を選ぶ際に，組織は職務分掌を可能な限り広範囲で使用する。

　組織の構造や業務過程における変化など，組織改革の際には職務分掌の分析が必要となり，これは特に小規模組織や大企業内の小さな事業部門に当てはまる。

　しかしながら，職務分掌という統制活動が意図する効果は共謀によって無効となる可能性がある[51]。そのため，職務分掌と同時に社員の定期的なジョブローテーションや有給休暇を強制的に取らせる方針などを敷くことで，組織は統制を向上させることができる。データ解析手続は，共謀を示唆する異常取引や休暇をほとんど取らない従業員を識別する上で役立つだろう。

権限と責任の制限の設定

　個人の権限レベルがその個人の責任レベルと同等である場合，不正は起こりにくい。権限と責任の不均衡は，特に統制活動と職務分掌が存在しない場合に不正を引き起こし得る。

　例えば，新しい従業員を直接雇う権限を有する業務マネージャーや支店長が，キックバックを得る見返りに資格に見合わない給与レベルで自分の友人を雇うことにしたとする。このような場合の権限と責任の不均衡は問題である。また，業務マネージャーや支店長が組織の給与支払名簿に架空の従業員を載せた場合も同様の結果となる。

　適切な監督と職務分掌（例えば，給与の承認や給与支払システムへの新しい従業員の登録は，マネージャー以外の人物が行うよう求める）が，こうした状況が発生するリスクを緩和することができる。

　権限や責任は無効になったり，さもなければ従業員の地位，昇進，配置転換，解雇といった状況の変化のために不適切となったりする。そのため，このような権限は定期的に再評価されるべきである。

取引レベルの統制手続の実施

　一般に，取引レベルの統制手続は個々の取引の処理方法と関係している。これには，データ入力編集テスト，取引処理に関する職務分掌，権限の承認などが含まれる。また，問題となり得る既知の取引（第三者および関係者との取引，期末の調整，仕訳記入など）に対してより高いレベルの確認や承認を求めることもまた，不正防止に役立つ。

---

[51] ACFEの「2016年版職業上の不正と濫用に関する国民への報告書」によると，1人の実行者によって行われた不正による損失中央値は8万5,000ドルであった。実行者が2人の不正では，損失中央値は15万ドルだった。実行者が3人の場合，損失中央値は22万ドルだった。実行者が4人の場合，損失中央値は29万4,000ドルだった。実行者が5人以上の場合，損失中央値は63万3,000ドルだった。［参照：acfe.com/report-to-nationsの62ページ］

不正スキームはしばしば第三者である会社や人物を利用するので，不正実行のためにこうした関係が悪用されないよう，組織は権限および承認に関わる統制手続を徹底して行う必要がある。重要な決算日の直前直後に発生した会計上の調整は，それらが正当かつ適切であることを確実にするために，特に綿密に吟味するべきである。仕訳記入，特に上級経営者や職員が自主的に行ったものもまた，特別な注意を必要とする。こうした仕訳記入は，経営陣による統制の無効化を示唆するかもしれないからである。

　取締役や上級経営執行者の影響を受ける取引や，組織がビジネスを行う可能性のある外部組織に利害関係のある，権限を有する従業員が操作できる取引については，予防統制手続が重要となる。このような個人は，組織を犠牲にして，最終的に自身に利益をもたらすような取引に影響を及ぼしたり，そうした取引を命じたりする可能性があるからである。

内部通報制度の活用[52]

　内部通報制度[53]は，2002年の米国サーベインズ・オックスリー法[54]によって証券取引委員会の登録企業に義務づけられて以来，その使用が顕著に増加してきており，組織が不正リスク管理プログラムの一環として導入できる最も効果的な発見・抑止的統制手続の1つである。各種の調査は，内部通報制度を通じて寄せられた匿名の通報が最も多く見られた不正発見手段であったことを示している[55]。加えて，従業員や経営陣などが内部通報制度の存在を知っていれば，彼らは不正が発見され通報される恐れを理由に不正への関与を拒む可能性があるため，その認識が不正の抑止に役立つのだ。

　認識を高めるために内部通報制度の存在を周知させ，使いやすくし，すべての通報事項に確実かつ適時に対応することは，同制度の発見統制手続を補う強力な予防統制手続となる。株主や従業員，顧客，業者，一般大衆，その他の利害関係者は誰もが貴重な情報の提供者となり得るため，彼らに対して啓発資料を配布するなどの形で内部通報制度を奨励することは，効果的な不正リスク管理プログラムにとって有益である。

　また内部通報制度は多言語機能を有し，訓練を受けたインタビュアーが年中無休の24時間体制で対応できるものが理想である。（インターネット上での内部通報制度の登場とその使用の増加は，内部通報者に人間が直接対応する必要性を減らすことになるものの，訓

---

[52] 内部通報制度は，初期の電話を介した「ホットライン」から，通報後に内部通報者と連絡を取ることを可能にすると同時に，通報者の匿名性を保護するために作られたインターネット上やサード・パーティを介したより洗練された制度へと進化してきた。

[53] 特定の管轄区域では，内部通報制度は合法でない，または制限が課されるものであったりする。そのような場合，多国籍企業は世界全土で同制度を実施することができない可能性がある。内部通報制度が規制と制約をすべて遵守していることを確実にするためには，顧問弁護士と相談することが重要である。

[54] 米国連邦議会，2002年サーベインズ・オックスリー法（Sarbanes-Oxley Act），公法107-204（2002年7月30日）

[55] ACFEの「2016年版職業上の不正と濫用に関する国民への報告書」によると，職業上の不正において通報は一貫して最も多く見られた不正発見手段で，39％以上の不正が最初に通報で発見されるなど，他の手段と比べて飛びぬけて多かった。［参照：acfe.com/report-to-nations］PwC Global Economic Crime Survey 2014によると，発見された不正の23％が内外からの通報，あるいは内部通報制度を通じたものであった。［参照：pwc.com/gx/en/economic-crime-survey/perpetrator/catch-a-thief.jhtml］

練を受けたインタビュアーと話をできることは有益である。なぜなら内部通報者の中にはコンピュータ上の同制度にアクセスできない者もいれば，人と直接話をすることを好む者もいるからである。）

自ら進んで不正の疑いを通報する個人のために，匿名性を守る対策を講じておくことは通報を奨励する鍵となり，かつ組織の不正対策方針の重要な構成要素でもある。内部通報制度は通常，通報者の機密性を守り，違法行為の疑念（通報者の上司によって行われた違法行為を含む）を通報したことで従業員が報復されないことを保証するものである。もう1つ鍵となるのが，通報に対して適切な対処が適時に取られることを実際に示すことである。

内部通報制度の完全性を保持するため，同制度は疑われる不正に関する通報が組織内の適切なレベルに伝達されることを保証する。例えば，上級経営者が関与または巻き込まれていると思われる不正の通報は，監査委員会あるいは適切な監督機関に即座に直接連絡がいく。

（内部通報制度，あるいはその他の手段で表面化したのかに関わらず）すべての通報とそのフォローアップを記録するには，単一の事例管理システムが最善の方法である。システムが単一であれば，解決プロセスの管理，内部監査人による調査，取締役会または指定された監査委員会による監督を容易にする[56]。一般に，不正関連の問題が倫理・コンプライアンス部，人事部，取締役会または監査委員会，法務部，セキュリティ部など適切な部門に確実かつ適時に情報が行き渡るようにするための手順は，取締役会が承認するものとなっている。各責任領域における不正発見の通報をこれらの部門に通達することにより，一個人や1つの機能部門が機密性の高い情報を独占することがないと担保できる。こうした情報の配信もまた，説明責任を強化するものとなる。

監査委員会は，潜在的な違法行為や不正についての申立てや通報を受け付け，保持し，調査するための手続を文書化する責任を負っており，その多くが内部通報制度の運用や通報された疑惑の組織への通知を，独立したサービス業者に委託するようになってきている[57]。

内部通報制度の重要な要素は，活動の傾向や増減を識別することを目的とした受信データの分析と基準化であり，これにより根本的な原因の評価が可能になる。分析を継続して行うことで，組織は進化し続けるリスクに対処するための不正リスク管理プログラムを再形成することができる。

内部通報プロセスは，既定のプライバシーおよび情報セキュリティ条項が遵守されてい

---

[56] Financial Reporting Council, Sir Robert Smith, et al, *Audit Committees Combined Code Guidance*（11ページ）によると，監査委員会は内部通報制度における適切で独立した調査やフォローアップをレビューする。
[57] インターネットやサードパーティーのシステムを使う際には，組織はサービス業者のセキュリティ統制手続，特に情報セキュリティと情報テクノロジーの統制手続が最高水準のものであることを確認することが重要である。

るかを含め，その有効性について定期的に独立した形で評価が行われる。

内部通報プロセスと手続は正式なものであることが重要である。潜在的な不正や浪費，濫用についての懸念の提起を支援し，指揮系統を通じて適切に対処されることを保証する組織文化を築くこともまた，倫理的文化を高め未摘発の不正リスクを軽減するために重要となってくる。

経営者による内部統制の無効化の考慮

数少ない事例を除いて，過去に発生した破壊的な不正はどれも上級経営者によって行われたものである。今世紀の初めの改革により，取締役会の役割の重要性は高まってきている。取締役会は彼らの一義的な責任として，上級経営者に説明責任を負わせ，不正実行のために統制手続を無視または回避しようとする経営者の試みを阻止（または早期に発見）するために設計された監督統制手続を導入する必要があることを今では理解している[58]。

上級経営者が財務報告に係る内部統制を回避するために使う最も容易な手法は仕訳記入の利用である。したがって，トップサイド（経営陣）による会計情報の修正を通じた不適切な取引を防ぐための統制活動を導入しておく。不正リスク評価チームは財務報告プロセスを理解し，経営者が意図的にこのプロセスを操作すると思われる領域に対処するための手続を設計する。経営者が統制手続を無視しようと試みるその他の方法としては，会計上の見積りの基礎となる前提に不適切なバイアスを適用する，業績達成のために期末間際に異常で不正な取引を入力する，あるいは不正取引や不正行為に着手または関与するよう部下に圧力をかける，といったものが挙げられる。

プロアクティブなデータ解析手続の活用

先に述べたようにデータ分析は，大小ある取引の母集団やその他のデータセットの中から，テクノロジーを利用して例外や傾向，リスク指標を識別する[59]。データ分析を利用すれば，期末日の取引や通常の営業時間外の取引，複数期間をまたがる相殺取引等の疑わしい入力がないか見つけ出すために，仕訳記入を掘り下げて分析することができるかもしれない。また，この技法を使えば，アナリストの予測や従業員のインセンティブ報酬目標を達成するための純利益水増しにつながる経費勘定への不正な仕訳入力を見つけ出すことも

---

[58] 参照：American Institute of Certified Public Accountants, Institute of Internal Auditors, ACFE, *Management Override of Internal Controls: The Achilles' Heel of Fraud Prevention*, aicpa.org/ForThePublic/AuditCommitteeEffectiveness/DownloadableDocuments/achilles_heel.pdf. 同資料はガバナンス機関のメンバーにとって有益な文書である。

[59] ベンフォードの法則を使ったアルゴリズムは，監査人や規制者による追加調査のためにデータの異常パターンを検出することのできる迅速でコスト効率の高い手段である。

できるだろう。さらに，データ分析により，組織内およびソーシャルメディアや制裁，警戒リストのデータベースなどの外部から得られたデータを利用して，人々や組織，事象の間の**異常な関係**を識別することが可能となる。

　一定の不正スキームにより生じ得る識別可能な取引タイプや傾向をプロアクティブに検討することで，データ分析を設計し導入する組織の能力が強化される。また，プロアクティブなデータ解析の使用は，その他の不正の予防・発見統制手続の費用対効果も確保することができ，これは通常，組織が不正で被るコストと不正スキームの継続期間の減少につながる[60]。

　一般に，プロアクティブな不正対策のためのデータ解析手続は，その技法が慎重に設計かつテストされ，継続的にモニタリングされ改善されることを確実にするために，双方向的な方法によることが有益となる。こうしたプロアクティブな手続は必ずしも高価なソフトウェアを必要とするわけではない。また，ここに記述した多くのプロアクティブな不正対策のデータ解析手続は，特定の不正関連の疑惑が存在する際の調査に役立てることができる。

　本ガイドはデータ解析の検討について包括的に述べることを意図しているわけではないが，以下の表は，明確に区分された5段階の解析作業計画を作成するフレームワークを表している。

図12　データ解析フレームワークの例

データ解析の設計	データ収集	データの体系化と計算	データ分析	分析結果，所見，修正
・業界・企業固有の知識を基にリスクを識別 ・リスクを適切なデータソースとマッピングし，可用性を評価 ・作業計画を策定し，分析と手順を定義 ・予定スケジュールと成果物を決定	・IT担当者と協力し，識別されたテストを関連するデータソースとマッピング ・データの整合性と完全性を評価 ・データを抽出，変換/正常化し，分析プラットフォームへ取り込む ・当該データが完全かつ正確に取り込まれたことを確認	・分析作業計画を実行し必要な数字的手続を実施 ・受信データ，データの品質，ユーザからのフィードバックを基に必要に応じてデータ分析を修正 ・テキスト・マイニング，統計的分析，パターン・関連性分析といった高度なデータ分析の統合を検討	・初期の分析結果を評価 ・可能であれば，スコアモデルを開発し，複数のリスク要因をもとに取引または事業体に優先順位をつける ・必要に応じてスコアモデルを調整し，関連性に沿って結果を絞り込む	・補足資料の要求，および/または手に入り次第確認 ・サンプル抽出の決定，またはトリアージ/上申手続の判断 ・修正および/または調査計画を策定 ・必要に応じて結果を上申し，その処置を追跡

各段階およびデータ分析に関する詳しい説明は，付録Eを参照。

---

[60] ACFEの「2016年版職業上の不正と濫用に関する国民への報告書」によると，積極的なデータモニタリング技法を導入した組織はそうでない組織と比べ，損失額が54％少なく，不正スキームの継続期間が50％短かった。［参照：acfe.com/report-to-nations　44ページ］

方針および手続を通じた統制活動の展開

　不正の予防および発見のために開発された統制活動など，組織の不正リスク管理方針と手続を正式に文書化しておくことは重要である。この文書化は，不正統制活動の実績のモニタリングに使われたプロセスを含み，また統制活動が不正リスクを許容レベルにまで軽減するのに不十分であった場合を示すものである。統制活動が存在し，設計されたとおりに機能していることを確認するために行われたテスト手続は，不正統制活動が適切に実施されていることを保証するものである。これらの手続とテスト結果もまた，完全に文書化するに値する重要なものである。

　組織はその不正発見技法の一部を従業員や業者，利害関係者に対して記述し，説明することを望むかもしれないが，その計画の一部は内密にしておくべきである。例えば，不正発見統制手続の開発段階で，関係者に内容を内密にするよう申し伝えておく。取締役会は，不正の発見統制手続に関する情報へのアクセスを許可される個人を明記したリストを承認するとともに，自らの情報アクセスレベルの定義についても決定すべきである。

　最終的な不正リスク管理計画が完成したら，チームは当該計画とその導入に関する公表内容を策定する。包括的な不正リスク管理計画が存在するということが組織全体に周知されていることは，それ自体が強固な抑止力となる。組織は，従業員や顧客，業者，株主等に対する広報活動によって，計画に含まれる不正発見技法のすべての関連情報を開示しないようにしつつ，自らが不正リスク管理計画を整備しており，不正に真剣に対峙していることを宣言する。

責任と説明責任

　方針と手続の文書化において最も重要なのが，組織の不正予防および発見活動と技法の要素の詳細な記述であり，すべての関係者の役割と責任に重点が置かれる。組織は以下の項目に責任をもつ個人と部門を指名し，文書化すべきである。

- 不正の予防・発見プロセス全体の設計と計画
- 特定の不正の予防・発見統制手続の設計および実施
- プロセスとプログラムの目的実現を目指した，特定の不正の予防・発見手続，およびこれら統制手続の制度全体のモニタリング
- 潜在的不正行為に関連するあらゆる通報に対する適時の受付と対応
- 不正行為に関するすべての通報に対する適時の調査
- 不正の疑いや確認された不正についての情報の適切な関係者への適時な伝達
- テクノロジーやプロセス，組織の変化に応じた定期的な計画の評価と更新

導入

あらゆる統制活動がそうであるように，統制手続の導入には，不正統制活動のタイミングやフォローアップの是正措置が含まれる。同様に，不正統制活動によりフォローアップを必要とする問題が識別された場合，その問題を調査し適切な行動をとることが重要となる。そして最後に，優れた設計の不正統制活動計画は，不正統制活動を実施するのに十分な権限を有する有能な職員を必要とする。

再評価

方針と手続を強化するために，不正リスク管理プログラムの導入を開始する組織や，同プログラム向上に努める組織は，不正統制活動の方針および手続の総合的な評価を実施すると良いだろう[61]。

自身の不正統制活動を定期的に再評価することで，組織は不正統制活動が「すべて緑色」[62]の状況の達成に向けて前進しており，不正の予防および発見の要素が全く損なわれていないことを確信できる。定期的な再評価は以下を含む。

- 既存の不正統制活動が設計どおりに機能していることの確認
- 不正リスク評価および統制活動の設計の刷新と更新
- 効率性の模索と欠陥の補正

再評価は定期的に行うこともあれば，組織やその業務，あるいは業務環境において著しい変化が生じた際にその都度行われる。また不正リスク管理に精力的に取り組む組織は，独立した外部の専門家に自身の不正の予防・発見技法について再評価を求めることもできる。

・・・・・・・・・・・・・・・・・

組織が最初の不正リスク評価を実施し適切な不正統制活動を設計・導入した後に，不正リスク管理プロセスの次の段階となるのが，潜在的な不正を調査するため，および不正行為が疑われ確認された際に即座に適切な是正措置を取るためのメカニズムの構築である。第4章は，不正リスク管理におけるこの次の重要な段階について論ずる。

---

[61] 付録I-3の不正統制活動スコアカードは組織の不正統制活動の包括性と効率性の評価方法に関する情報を提供する。
[62] 不正統制活動スコアカードは，「緑」を「領域，要素，検討項目が十分に強化されており，不正リスクは少なくとも許容可能な最低限のレベルまで低減されたことを示す」と定義している。

第4章　不正調査および是正措置

◆要旨

　第3章では，予防および発見統制活動の策定および実施について取り上げたが，それらの活動によって不正を根絶することはできない。そのため，組織の取締役会等は，コンプライアンス違反事象および不正行為の疑いに関する申立てを迅速，的確かつ秘密裏に検討，調査，解決するためのシステムも確保しなければならない。本章では，これらの調査および是正措置の実施方法について解説する。

　組織は，調査および是正措置のプロセスを確立し，入念に事前準備をすることによって，訴訟や風評悪化のリスクを低減しつつ，不正により生じる損失を回復する可能性を高めることができる。

　取締役会等および上級経営者は，不正行為の疑いに関する申立ての内容を評価するプロセスを確立する。調査担当者には，申立て内容の評価に必要な権限およびスキルを有し，適切な活動方針を策定できる者を任命する。当該プロセスには，すべての申立て内容が解決されるまでの経過を記録・追跡できる事案管理システムを導入する。上級経営者が関わる不正疑惑については，取締役会等が積極的に関与する。

　申立て内容の初期評価を受けて，本格的な調査が必要と認められる場合には，取締役会等は，機密を保持しつつ調査を進められるように適切かつ有効なプロセスを確保する。調査実施のための包括的かつ一貫したプロセスを組織内に確立することで，損失を低減し，調査に関わるリスクと管理することができる。

　調査に着手する前には，顧問弁護士等に相談することが望ましい。それにより，調査内容に対して弁護士の秘匿特権による保護が適用されるようになる。米国においては，弁護士の指揮の下でのみ調査が認められる州もある。米国外においては，国により調査に着手する前に政府機関の許可が必要となる場合がある。懲戒処分，民事訴訟，刑事告訴を行う際には，事前に弁護士の助言を得る。本ガイドの第1章に詳述のとおり，優れたガバナンス体制を構築する上で，経営者および取締役会等は，これらの対策を**不正対応計画**の重要な側面として位置づけなければならない。

　調査チームは，取締役会等によって承認された方針に従い，上級経営者，取締役，顧問弁護士等，監査人，監督機関などのしかるべき関係者に調査結果を報告する。警察・検察，規制団体，投資者，株主，マスメディアなどへの公表が必要となる場合もある。

　調査を完了する前に，証拠保全，機密保持，損失低減などのために何らかの措置を要す

る場合には，調査責任者は，当該措置を講じる十分な根拠があることを確認する。電子化された情報へのアクセスが必要な際には，情報の完全性を確保できるよう適切な手続により行う。加えて，電子ファイルの保全に係る訓練を受けた専門家の必要性も検討する。

講じる措置は，その時々の状況において適切なものでなければならず，また，上級経営者や取締役会メンバーを含むすべての役職員に対して，一貫性をもって適用しなければならない。是正措置の責任者は，人事部門，法務部門や顧問弁護士，その他当該意思決定に何らかの責任を有する個人に相談をした後に措置を講じる。

◆不正調査と是正措置の原則

本章では，不正リスク管理プログラムの原則4を取り上げる。原則4は，以下のように示される。

第4章
情報と伝達　　（原則4）

組織は，潜在的な不正についての情報を入手するための情報伝達プロセスを確立し，不正に適切かつ適時に対処するために調整の図られた方法による調査および是正措置を活用する。

◆2013年版COSO内部統制フレームワークとの関連性

2013年版COSOフレームワークの原則8（「組織は，内部統制の目的の達成に対するリスクの評価において，不正の可能性について検討する。」）における不正リスク評価の要件に加え，2013年版COSOフレームワークのそれぞれの構成要素と原則は，不正リスクの考慮に関連性を有する。したがって，本章で不正調査および是正措置に関して検討される原則は，2013年版COSOフレームワークの情報と伝達の原則を反映している。2013年版COSOフレームワークは，本章における不正調査および是正措置と併せて読むと，本章の論点について有益な内容を提供してくれる。

不正リスク管理の原則4と2013年版COSOフレームワーク[63]の構成要素と原則との関連は，以下に示すとおりである。

63　トレッドウェイ委員会支援組織委員会（COSO）「内部統制の統合的フレームワーク：フレームワークおよび付録」（2013年5月）（2013年版COSOフレームワーク）

図13　不正リスク管理の原則4と2013年版COSOフレームワークの構成要素と原則との関連性

COSOフレームワークの構成要素と原則	不正リスク管理の原則
情報と伝達 13. 組織は，内部統制が機能することを支援する，関連性のある質の高い情報を入手または作成して利用する。 14. 組織は，内部統制が機能することを支援するために必要な，内部統制の目的と内部統制に対する責任を含む情報を組織内部に伝達する。 15. 組織は，内部統制が機能することに影響を及ぼす事項に関して，外部の関係者との間での情報伝達を行う。	4. 組織は，潜在的な不正についての情報を入手するための情報伝達プロセスを確立し，不正に適切かつ適時に対処するために調整の図られた方法による調査および是正措置を活用する。

　2013年版COSOフレームワークの「情報と伝達」に係る原則は，組織が内部統制のあらゆる側面に関して適切な情報と伝達の仕組みを確保するための概要を示している。それに対し，不正リスク管理原則の原則4は，特に不正に関連する情報と伝達，調査，報告そして是正措置のプロセスにより焦点を絞りこんだ内容となっている。

　2013年版COSOフレームワークの「情報と伝達」に係る3つの各原則は，不正リスク管理原則の原則4と整合性があり，お互いを補完するものであるが，この原則4は，不正の可能性に関連する調査および是正措置の活動に特化している。

◆着眼点

以下に示す着眼点は，本原則に関する重要な特性を強調している。

- **不正調査および不正対応の手順を策定する**——組織は，不正の可能性に関する情報伝達を受け，その内容を評価し，対処するためのプロセスを確立し，正式に文書化して，維持する。
- **調査の実施**——組織は，不正の可能性について伝達された事項の範囲，重大性および想定される影響などを十分に考慮した上で，調査を実施する。
- **調査結果の伝達**——調査チームは，組織内部の適切な権限を有する者に対して調査結果を伝達する。また，必要に応じて，外部の第三者にも伝える。
- **是正措置の実施**——組織は，調査により判明した事項に対処するために，懲戒，改善，資産回復などの措置を選定する。
- **調査実績の評価**——組織は，調査プロセスの有効性に関する客観的なフィードバックを提供するために，定期的に評価を実施する。

不正調査および不正対応の手順を策定する

　開かれたコミュニケーションを促進し支援する「問題を見過ごさずに指摘する」文化を醸成することは，組織の目的達成に欠かせない。組織のどこで誰が犯すかにかかわらず，行動規範からの逸脱，不正，汚職などの行為を知った者，または当該行為の発生を合理的に疑う者が組織内部にその情報を伝達し，適時に有効な対応がなされるようにすることが不可欠である。

　取締役会等および上級経営者が，このような内部の情報伝達プロセスに本気で取り組むことは，不正の識別を積極的に奨励し，組織に不正に関する懸念や苦情，行動規範に対する違反を伝達する者への報復が行われるリスクの低減に資する。

　組織内で認められた情報伝達の仕組みはさまざまであり，上位者へのフィードバック，ホットライン，専用ウェブサイト，取締役会または経営者宛ての書簡などが含まれる。組織は，不正疑惑を確実に把握し，評価をして適時に対応をするための明文化されたプロセスを整備することの重要性を強調する。

　調査・対応のための仕組みには，以下のような事項に関する手順を含む。
- 申立ておよび苦情の集中管理および更新
- 関係者個人の匿名性または機密性の保持（調査のために合理的に必要と考えられる場合および法規制により要求される場合を除く）
- 調査の必要性および緊急性を判定するための申立ての初期評価
- 文書保存およびデータシステム確保に関する従業員への周知
- 必要により，独立弁護士およびフォレンジック会計士の支援要請
- 証拠の管理および保全に留意した調査の実施
- 適切な様式による調査結果の報告（口頭による要点の報告，添付書類付きの詳細な報告書など）
- 報告書，文書，調書その他の情報の保存方針
- 根本原因の評価およびリスク低減のためのプロセスおよび統制への着手

　米国公認会計士協会（AICPA）出版の企業不正調査の指針（*The Guide to Investigating Business Fraud*）には，調査計画に関するより詳細な情報が掲載されている[64]。特に調査着手後の48時間（The First 48 Hours of an Investigation）という章では，調査着手時の優先順位の決め方，人員および業務運営の保護，調査の立案，証拠収集および保全等に関する説明がなされている。

---

[64] 参照：aicpastore.com/AST/Main/CPA2BIZ_Primary/FraudDetectionandPrevention/PRDOVR~PC-056558/PC-056558.jsp。

情報の受領

　不正や違法行為に関する申立ては，従業員や退職者からの通報，退職願や退職者面接における情報，顧客や納入業者からの情報など，さまざまな手段で組織に寄せられる。申立ての性質や関与者の状況によっては，匿名性の確保が非常に重要になる。内部監査，プロセス統制の特定，プロアクティブな不正関連のレビュー，外部監査，社内アンケート調査，規制当局や警察からの通知などによって，あるいは偶然に不正疑惑が生じる場合もある。

　組織は，行動規範に明示することを通じて，従業員等に対して，警察や規制当局を除く第三者に不正または不適切行為の疑惑に関する情報を明かす前に，あらゆる手段を用いて組織内部に当該情報を伝達するよう要請することができる。そのような方針は，組織を守るように思えるが，一方で，不正または不適切行為の申立てを躊躇させてしまう恐れもある。このような悪影響は，苦情や申立てを行った通報者が，経営者または取締役会等が有意義な対応をしてくれないと感じる場合に特に生じやすい[65]。そのような場合には，通報者は，警察や規制当局あるいはマスコミに通報せざるを得ないと感じてしまうかもしれない。

　通報制度は，組織が以下のような努力をすることにより強化される。

- 従業員からの通報の価値を認め，その旨を従業員に周知する。
- 通報者に対して，対応の進捗状況を定期的に伝える。
- 事案が解決したら通報者に通知し，情報提供に対する感謝の意を伝える[66]。

　取締役会は，不正や違法行為の可能性に係る申立てや苦情の評価，調査，および解決を迅速，適切，秘密裏に進めるための仕組みを組織が構築することを確実にする。

　サーベインズ・オックスリー法[67]（以下「SOX法」という。）の遵守が求められる組織にとっては，このような仕組みはSOX法第301条において言及されている，取締役会傘下の「公開会社の監査委員会」が制定する，会計，会計に係る内部統制手続，監査関連の苦情の受理，保持，処理に関する手続を補完するものである。取締役会等は，そのような苦情を受理した場合の取締役会の関与に係る手順を定め，経営者に対して明確に伝達する。当該手順は，苦情の性質，潜在的な影響度，関与者の地位などにより異なる。

　取締役会等により承認される，申立てまたは苦情受領後の対応プロセスには，事案追跡または管理システムを含む。上級経営者に影響を及ぼす事案以外については，ほとんどの場合，上級経営者の１人が各事案を精査する。上級経営者に影響が及ぶ場合には，指名された取締役会等メンバーが事案を精査し，適切な措置を講じる。

---

[65] エシックス・リサーチ・センターの調査によると，経営トップが倫理に本気で取り組んでいると考えている従業員の71％，上司が倫理に本気で取り組んでいると考えている従業員の69％が，不正行為を通報すると回答している。一方，経営トップや上司が倫理を重視していないと感じている従業員のうち，不正を通報すると答えたのは56％にとどまっている。（参照："Increasing Employee Reporting Free from Retaliation: Insights From The National Business Ethics Survey® 2013"ethics.org/newsite/research/eci-research/nbes.）

[66] 同上

[67] サーベインズ・オックスリー法（Sarbanes-Oxley Act），Public Law 107-204（2002年７月30日）

米国外で操業する組織の場合，従業員，納入業者，第三者のための通報制度を設計する際には，特別の注意が必要となる。プライバシーを取り巻く法規制は国により異なり，例えば，通報者から伝達された情報の国外への移送が制限されることもある。複数国にまたがる通報制度を導入する場合には，事前に各操業国のプライバシー関連法に精通した弁護士の助言を得るべきである。

申立ての評価

　申立てを受理したら，組織は，取締役会等の承認を得た文書化されたプロセスに従って，その内容を評価する。当該プロセスには，申立て内容の初期評価を実施して解決のための適切な行動計画を立案するために必要な権限とスキルを有する人員を1人または複数名任命または確保することを含む。取締役または上級経営者が関与する事案については，取締役会が外部の独立弁護士を雇用し，評価の支援を依頼することも検討に値する。

　申立ての初期評価においては，法規制または会社の方針に違反する事案かどうかを精査し，当該申立てまたは苦情の内容に1人または複数の従業員，部署，所在地，システム，第三者が関与しているかどうかを検討する。内容の性質および深刻さに応じて，弁護士，上級経営者，コンプライアンス，人事，財務，経理，IT，内部監査，セキュリティ，損失防止など，組織内のどこに報告・相談する必要があるかを決定する。また，申立ての内容が，組織の財務諸表に影響を及ぼす不正の可能性を含むものである場合には，適時に外部監査人にも通知する。

　申立ての内容が，上級経営者または財務報告プロセスに関わる者が関与するものである場合には，財務諸表に重要な影響を及ぼす恐れがある。財務報告に係る基準，規則または法律に違反する可能性があれば，監査委員会，取締役会等，外部監査人，立法府の監督委員会，弁護士などに直ちに通知を要する可能性がある。例えば，CEOが違反行為に関与している可能性があれば，取締役会に申立ての内容を報告し，CEOが調査に関わったり，影響を及ぼしたり，監督したりすることができないようにする。

調査手順の策定

　調査は，取締役会等によって承認され，文書化された手順に従って実施する。調査手順の策定は，不正の可能性への迅速な対応および潜在的な損失の低減に資する。そのような手順は，不正対応計画と呼ばれる。

　多くの場合，組織における不正リスク管理プログラム全般を統括する者が，組織として不正な活動に関する情報をどのように受領，調査，記録，報告するかについての概要を示した正式な不正対応計画を文書化する。そして，取締役会が当該計画を精査・承認する。不正対応計画には，上級経営者が取締役会に対応を委ねるべき申立ての種類を記述するとともに，取締役会が組織から独立して調査を実施する権限についても明記する。さらに，

不正対応計画には，組織内部で調査を実施する責任者の権限を記載し，当該権限者は，調査を実施する目的において組織のあらゆる従業員および記録に無制限にアクセスする権限を有する旨を明記する。

　承認された不正統制計画を予め備えておくことにより，組織は，損失発生の可能性が生じた際に，承認済みのプロセスを通じて迅速に対応できる。組織は，独立した調査チームを通じて申立て内容を評価し，有効で実行可能な**調査業務計画**を適宜策定する。

　各調査には，調査の全責任を担い，十分な権限を有する者が必要である。調査の監督責任者は，調査対象事案への関与が疑われる者よりも，少なくとも一段高い権限を有する者，または，組織から本質的に独立した部署（法務，コンプライアンス，内部監査など）に所属する者が，調査の監督責任を担う。上級経営者が関与する事案の調査は，取締役会等，取締役会等が指定する委員会，または，取締役会等の指名を受けその指示命令を受ける上級経営者が監督者となる。申立て内容の性質および深刻さに応じて，取締役会等または組織の法律顧問が組織から独立した外部の弁護士に調査の実施を依頼する場合もある。

　調査全般の責任を付与された者は，調査をとりまとめ，必要により経営者との橋渡し役となる。当該責任者は，各チームメンバーに対して，それぞれの役割と責任を明確に伝える。

　申立て事項に対応でき，調査スキル，対象事項に関する知識，業界に関する専門知識，文化や言語への精通，情報システムに関する知識，データ解析のスキルなど，十分な専門能力を備えた個人を特定し，調査を担当させる。客観的な評価を実施できるよう，調査チームのメンバーは，関連する専門職基準に従い，調査対象事項や対象者との利益相反が生じないようにする。すべてのチームメンバーは，調査対象事項や関係者との間に利益相反やその可能性が生じていないかどうかを検討する。組織内部に十分な人材がいない，または内部の人材では客観的な調査ができないと判断される場合には，組織は，外部の専門家の確保を検討する。

　調査チームは，調査を進めるための指針として調査業務計画を明文化する。調査活動は動的なものであるため，判明する事実に基づいて，範囲の拡大・縮小，計画の増減や修正が必要となる場合がある。

　調査業務計画策定に当たって考慮すべき要素には以下のようなものがある。

- **調査実施範囲の明確化**——不正疑惑を取り巻く事実を完全に理解するために十分な範囲とする。疑惑の内容が調査に値するものであれば，同じような性質の事象（同種の取引，同一人物，同一勘定，同一の管理職，同一地域に係る同様の問題など）が他に発生していないかどうかについて合理的な保証を得られる調査範囲を設定する。
- **時間的な制約**——法的な要請，損失または被害の可能性の低減，保険金請求などを考慮して，調査を適時に実施する必要が生じ得る。

- **通知**──事案の内容により，規制当局，警察，保険会社，外部監査人または立法府の監督委員会などに対して適時に通知する必要がある。
- **機密保持**──収集した情報の機密を保持し，真に知る必要のある者にのみ配信する。
- **合法的特権の確保**──調査プロセスの初期段階で弁護士を関与させるか，または，事案により弁護士に調査を主導させることは，職務成果および弁護士・依頼者間のやり取りに関する秘匿特権の活用に資する。
- **コンプライアンス**──調査チームは，情報収集や証人との面接に関連する法律，規則を遵守する。
- **証拠の保全**──調査チームは，収集するすべての証拠について**証拠保全の一貫性**を確保し，証拠が破損されることなく，法的手続において許容される状態を保持する。
- **目標**──特定の事項または懸念を，調査の焦点，範囲，タイミングなどに適切に反映させる。

　国際的な調査を実施する際には，調査チームは，対象国（および当該国内の対象地域）の法規制，ビジネス慣行，母語，潜在的なコミュニケーション障壁，交通機関など，調査計画の実施に係るさまざまな要素を考慮する。国際的な調査に必要な知見が組織内では得られない場合には，調査チームは，顧問弁護士等の承認を得た上で，当該分野に精通した第三者の支援を得て調査計画を策定する。

　調査実施のために独立した外部弁護士を雇用することが望ましい場合には，当該外部弁護士は，必要に応じて，組織内部または外部の他の専門家に調査を依頼する。組織内部の人材は，独立性はないものの，客観的な立場を保ちつつ能力を発揮できる範囲で調査を担当することができる。複雑でリスクの高い調査においては，規制当局や外部監査人の視点から信頼性を高められるように独立した外部のリソースに依拠するのが一般的である。調査対象事項の詳細次第では，調査チームは，コンピュータ・フォレンジック専門家，フォレンジック会計士など，各分野の専門スキルを有する人材の支援を求める。

調査の実施

　調査を実施するに当たっては，誠実性および客観性が求められる。公認会計士（CPA）によって行われる調査は，米国公認会計士協会（AICPA）の職業行動規範[68]およびコンサルティング・サービスのための基準書第1号「コンサルティング・サービス：定義および基準」[69]を遵守して実施される。同様に，公認不正検査士（CFE）による調査は，公認不正検査士協会（ACFE）の「職業倫理規範」および「CFE職業基準」に，公認内部監査人（CIA）による調査は，内部監査人協会（IIA）の「倫理規範」に則って行われる。連邦政府の検査官が行う調査は，誠実性および効率性に関する監察官評議会（the Council of the Inspectors General on Integrity and Efficiency）[70]が公表する「調査の品質基準」に従う。

　調査実施に関する詳細な情報は，AICPAの刊行物「企業不正調査の指針（The Guide to Investigating Business Fraud）」に記載されている[71]。同指針は，調査における役割と責任，証拠を得るための情報源，電磁的証拠，多国間調査に係る課題，弁護士および規制当局との関わり方，調査結果の報告などについて取り上げている。

　上記のとおり，調査を徹底的かつ適切に実施するためには，計画段階が非常に重要である。調査チームは，調査対応計画において概説されたとおりに調査タスクを定め，各タスクを適切なメンバーに割り当てる。調査計画はタスク実施の優先順位を定め，必要に応じて中間報告を行い，計画の改定または次の段階の計画立案を行う。

　この段階においては，調査チームは，従業員および第三者とのやり取りにおける法的な問題および制約を考慮し，関連情報を入手して，それらを文書化する。この取組みには，裁判所の支援を依頼したり，調査結果の完全性をモニタリングしたりして，調査成功の見込みを最大化することが含まれる。

　調査チームは，調査の進捗により判明した事実に基づいて，調査対象範囲の増減または修正などの対応計画変更を行う。

　一般に，調査には以下のような多数の手続が含まれる。
- 証拠の収集および分析の実施（以下のような手続を含む。）
    - 集めた情報の精査および分類

---

[68] AICPAの職業行動規範より：誠実性は，何が公正かという観点から評価される。具体的な規則，基準，指針が存在しないとき，または，相反する意見に直面したときには，会員は「誠実な人がとるであろう行動を私はとっているか」「私は誠実であり続けたか」と自問することにより，自分の意思決定や行いを確かめるべきである。誠実であるためには，専門的・倫理的な基準の形式と精神の両方を遵守しなければならない。それらの基準の抜け穴を見つけようとすると，判断が鈍る。客観性とは心の状態であり，会員が提供するサービスの価値の拠り所となる品質である。客観性は，専門職を際立たせる性質である。客観性の原則は，偏りなく，知的な正直さを備え，利益相反の状況にないという義務を課す。

[69] AICPAの職業行動規範より：監査，レビュー，調整，経営コンサルティング，財務その他の専門的サービスを遂行する会員は，Councilが指名する団体によって公表された基準を遵守しなければならない。

[70] 参照：ignet.gov/sites/default/files/files/invstds2011.pdf

[71] 参照：cpa2biz.com/AST/Main/CPA2BIZ_Primary/FraudDetectionandPrevention/PRDOVR~PC-056558/PC-056558.jsp

－コンピュータを活用したデータ分析の実施
　　　－仮説の構築および検証
　● 公開記録，顧客，納入業者，マスコミ報道などからの外部記録の収集
　● 以下のような内部の情報源からの証拠収集
　　　－文書のハードコピー
　　　－コンピュータ・フォレンジックによる，サーバー，コンピュータ，個人所有または企業貸与の電話，プリンター等の機器内に電磁的に保存された情報
　　　－建物へのアクセス記録，防犯カメラ，ITシステム記録（保存期間が短いので注意。）
　● 証人との面接（通常は，調査対象者との関係が薄い「周辺の」証人から始め，対象者自身へと進めていく。）

　調査チームは，調査の各段階に関連する以下のような情報を文書化し，追跡可能な状況に保持する。
　● 秘匿特権の対象となる情報または機密情報
　● 文書，電子データ，その他の情報の要求
　● 実施した面接の備忘録
　● 文書，データ，面接内容の分析およびそれにより導き出された結論

　このような文書化および追跡により，調査チームは関連情報をコントロールすることができる。

　調査中に，申立て内容が立証されるか，実際に発生した可能性が高いと思われる場合には，調査チームは，調査を進める過程で（「不正実行犯はどのような弱点につけ込んだのか」「不正実行犯は，なぜ発覚を免れられると考えたのか」などの観点から）問題の根本的な原因を評価する。このような評価は，被面接者の選定，面接における質問事項，調査手続の範囲などに影響を及ぼし得る。問題の根本原因を特定することは，組織にとって価値ある情報をもたらし，調査チームが，上級経営者に対して類似事案の再発防止策を提言するのに役立つ。

調査結果の伝達

　調査実施を依頼した第三者（外部の弁護士等）により作成された調査報告書は，当該第三者に調査を依頼した組織内の責任者（法務担当役員，最高経営責任者（CEO），取締役会議長または委員会の委員長など）に提出される。申立て内容の諸側面についての見直しまたは調査を依頼された外部の専門家による報告書は，主任調査担当者に提出され，最終報告書の作成に活用される。

　組織内部の調査担当者が作成した調査報告書は，組織内で調査を監督し，懲戒処分その他の具体的措置について最終的な決定を下す者（社内弁護士，上級経営者，取締役など）

に提出される。

　調査報告書の内容は，正確，明確かつ中立的でなければならない。報告書には関連する事実のみを記載し，適時に作成，提出される。調査報告書には以下のような要素を含める。
- エグゼクティブ・サマリー（要旨）
- 調査対象事項に関する背景情報
- 調査実施手順
- （事実に基づく）判明事項および提言（是正措置を含む）
- 付録または添付書類

　調査報告書の性質や配布先については，弁護士依頼者間の秘匿特権および弁護士の職務活動に係る秘匿特権の保護ならびに中傷的な記述または報復に伴うリスクの回避を考慮して決定する。同様の理由で，調査の監督者が調査に関する公式な声明等を行う前には，必ず弁護士の助言を得るようにする。

　通常，調査活動に伴う成果物は機密扱いとする。調査全体の責任者は，調査の何らかの側面について公開することを選択できる。例えば，ある公表事項の一部として，不正リスクプログラムに関する内部伝達事項の一環として，あるいはプロセス改善や規制団体の法執行に関連するメッセージなどとして公開される可能性がある。

　調査を終えるに当たり，調査チームは情報提供者と結果について話し合うことがある。情報提供者により共有された情報は，事案により異なり，調査チームは情報の機密保持を強化する。また，調査チームは，事案への対応が合理的，客観的かつ適切になされたかどうかについて，情報提供者のフィードバックを得ることもある。

　第3章に記載したとおり，不正を犯そうとする者は確実に捕えられ，責任の追及および処罰を受けるということを，言葉と行動によって組織の構成員に明確に伝達する組織文化を醸成することは，最も効果的な不正抑止力の1つとなる。それゆえに，調査結果を調査チーム以外の組織構成員に伝達することは，不正抑止の効果を高める。

是正措置の実施

　調査完了後，組織は，判明事項への対応策を決定する。調査チームは，取締役会等および監査委員会ならびに（調査報告書を直接交付しない場合には）内部監査人および外部監査人に対して，重大な（軽微ではない）影響を及ぼすまたはその可能性のある重要な判明事項を報告することができる。また，一般への公表や，法執行機関，監督官庁，立法府の監督委員会，保険会社への通知が必要となる場合もある。

　組織は，他の部署において，同一のまたは類似する不正リスクおよび統制の脆弱性を悪用して（調査対象事案と）同様の不正が起きている可能性を検討する。発生の有無の確認には，データ解析を活用できる場合が多い。

いかなる対応策も，実施時の状況に適したものであり，（上級経営者を含む）すべての階層の役職員に一貫して適用される。また，必ず事前に意思決定責任者に相談しなければならない。教育訓練，業務プロセス，内部統制の不備に対する是正措置を講じる際には，適切なレベルの経営者に報告する。取締役会等に対しては，是正措置の計画の性質，実施のタイミングおよび実施状況を報告する。是正措置のモニタリングには，内部監査機能を関与させることができる。

調査チームは，教育訓練，業務プロセス，内部統制の不備の問題に関する是正措置の成果について，取締役会等に報告する。懲戒処分を下したり，民事・刑事訴訟を提起したりする際には，経営者は事前に弁護士に相談することが望ましい。

組織が講じることのできる是正措置には以下のようなものがある。

- **内部統制の改善**——組織は，同様の不正または不適切行為が再発し，発覚しないリスクを低減するために，特定の内部統制手続を強化したいと望むかもしれない。
- **業務プロセスの改善**——組織は，同様の不正または不適切行為が今後発生する機会を低減または除去するために，費用対効果を考慮して業務プロセスを改革することができる。
- **懲戒処分**——組織は，内部において懲戒処分を下すかもしれない。懲戒処分には，解雇，停職（有給または無給），降格，訓戒などが含まれる。
- **教育訓練**——組織は，倫理的なビジネス慣行や要件に関する認識を高めるために，組織の方針および手続に関する教育を実施する必要があるかもしれない。
- **保険金請求**——組織は，被った損失のすべてまたは一部について，保険金を請求することができるかもしれない。
- **拡大調査**——組織は，根本原因の分析，同様の不適切行為が組織の他の場所において発生していないかどうかを特定するための拡大調査を実施できる。
- **民事訴訟**——組織は，失われた資産および調査費用の回復を図るために，不正実行者に対して独自の民事訴訟を提起することができる。
- **刑事告訴**——組織は，発生した事件について，警察などの法執行機関に自主的に告訴することができる。また，事件によっては，告訴が義務づけられる場合もある。警察・検察は事件の捜査に役立つ追加情報または資料にアクセスできる。さらに，刑事告訴を行うことにより，組織の不正防止方針がもつ抑止効果を高められる可能性がある。刑事告訴をするかどうかは重大な決断であり，反響を呼ぶ恐れがある。刑事告訴が受理されなかったり，有罪判決が下されなかったりした場合には，告訴された者が組織および報告に関わった専門家個人を訴えることができる。したがって，法務担当役員などのしかるべき上級経営者に対して，刑

事告訴の是非に関する意思決定権限を付与すべきである。

　組織が講じる是正措置の性質および範囲は，調査により判明した事項の内容などの具体的事実および状況に依存する。組織の価値観および優れた企業行動を体現するような強固かつ明確で一貫した対応をとることで，不正リスク管理プログラムは強化される。また，そのような対応をとれば，たとえ調査によって不正が判明したとしても，一般大衆，規制当局，投資者などの外部のステークホルダーに対して肯定的なメッセージを発信することができる。

調査実績の評価

　不正調査の範囲，規模および複雑さは，事案によって大幅に異なる。そのため，組織による調査プロセスの効率性および有効性の評価基準には，一定の柔軟性またはカスタマイズが求められる。

　評価基準にはさまざまな要素を取り入れることができるが，以下のような基準は，比較的評価しやすく有益であろう。

- 問題解決までに要した時間（平均日数）—— 調査に要した時間は，事件類型別に測定することで，複雑な事件を非現実的な短期間で解決しようというプレッシャーを生じさせないようにすることができる。
- 調査コスト（内部リソースを充てた時間，外部に支払った金額）—— 内部リソースの調査への投入時間は，組織によるリソース・マネジメント，教育訓練，ツール（データ解析，事案管理ソフトウェア，コンピュータ・フォレンジック用機器など）への投資に関する情報を提供する。組織は，外部のサービスプロバイダーへの手数料支払実績を予算計画策定や将来的に外部サービスを利用する際の交渉のために活用できる。
- 事件の再発（過年度に発生したものと同様の事件の当年度における発生件数）—— 再発率が低ければ，過去の事件に対応して業務プロセスおよび内部統制手続を迅速かつ徹底的に改善したことの効果を示すことができる。
- 事件の発生部署（特定の事業部門，業務領域，または地域における事件の発生件数）—— ある場所における事件の発生パターンは，さらに注視すべき組織的な経営課題または組織の内部統制フレームワークの脆弱性を示す手がかりになるかもしれない。
- 損失回復額および将来の損失防止額——不正調査は，抑止効果を高めるという点で重要である。したがって，不正による損失の回復額（現金または資産）のみによって，調査の費用対効果を判断するのは不十分である。損失回復を精力的に進めることに加えて，将来の損失をどのくらい未然に

防止できるかを見積ることにより，不正リスク管理活動の価値を示すことができる。

- **是正措置（是正措置の種類および実施日）**―― 調査の結果として講じられた措置の内容および是正措置の実施完了までに要した期間は，不正調査が組織の目的達成にもたらした効果をより良く評価するのに役立つ。

第5章に記載するとおり，不正リスク管理の原則に責任を負う者は，必要となる修正の詳細，残存不正リスクを組織のリスク許容度に照らして十分なレベルまで低減するのに役立たなくなった不正リスク管理プロセスについて，適切な経路を通じて迅速に伝達する。不正調査および是正措置の実施に求められる情報と伝達は，このような継続的評価を実施する上で非常に重要な要素である。

・・・・・・・・・・・・・・・・・

当初の不正リスク評価およびその継続的な実施のための手続を定め，不正に係る統制活動を策定，実施し，不正調査および是正措置のシステムを構築したら，組織の不正リスク管理プロセスの最終段階は，不正リスク管理プロセス全体およびそれを構成する各原則の有効性をモニタリングするシステムの実装である。最終の第5章では，不正リスク管理におけるこの最後の重要な側面について説明する。

第5章　不正リスク管理モニタリング活動

◆要旨

　既述の4つの原則は，不正のガバナンス，不正リスク評価，不正予防と発見の統制活動，不正調査と是正措置に関するものであった。不正リスク管理原則の原則5は，不正リスク管理プロセス全体のモニタリングに関連するものである。組織は，不正リスク管理の5つの原則のそれぞれが存在し，設計されたとおりに機能しているかどうか，組織が適時に必要な変更を識別できるかを確認するため不正リスク管理プログラムのモニタリング活動を利用する。本章は，モニタリング活動について論じる。

　組織は，日常的評価，独立的（定期的）評価またはその2つを組み合わせて，不正モニタリング活動を行う。2013年版COSOフレームワーク[72]と同様に，不正リスク管理プログラムの日常的評価は，組織の事業プロセスのさまざまなレベルに組み込まれ，適時な情報を提供する。対照的に，定期的な独立的評価は，日常的評価の結果を含む数多くの事実に基づき，範囲も時期も異なって実施される。

　不正リスク管理プログラムのモニタリング活動は，組織の不正リスク管理プログラムの継続的改善を支援する。例えば，これらの活動は継続的是正（改善）措置に対しインプットを提供する。モニタリング活動により不備が発見された場合，組織の管理者はそれらの不備の適時の改善と是正をフォローアップ計画に基づいて監督する。

　このモニタリング活動の一部には，不正リスク管理プログラムの各原則に対する評価と定期的再評価が含まれる（付録I-1からI-5までの不正リスク管理スコアカードを参照。このスコアカードは，不正リスク管理の5つの原則のそれぞれを評価し，組織の不正リスク管理プログラムがどこまで総合的であり，その目的がどこまで達成されたかの判断に使うことができる）[73]。

　さらに，不正リスク管理プログラムの実施に対する日常的評価には，不正リスク管理に関する組織の方針と手順に対する全体的評価も含まれる。日常的評価は不正リスク管理プログラムの設計に重点を置き，この章で検討する全体的評価に不可欠な重要モニタリング活動である。

---

[72] COSO「内部統制の統合的フレームワーク：フレームワークおよび付録」（2013年5月）（2013年版COSOフレームワーク）
[73] これらのスコアカードは，それぞれの不正統制活動を含むそれぞれの不正リスク管理の原則の個別判断のロードマップを提供する。

◆不正リスク管理モニタリング活動の原則

本章では,不正リスク管理プログラムの原則5を取り上げる。原則5は,以下のように示される。

第5章（原則5）
モニタリング活動

組織は,不正リスク管理の5つの各原則が存在し,機能し,不正リスク管理プログラムの不備を,上級経営者と取締役会を含む是正措置の実施に責任を負う当事者に適時に伝達しているかを確認するための日常的な評価方法を選定,開発,実施する。

◆2013年版COSO内部統制フレームワークとの関連性

2013年版COSOフレームワークの原則8（「組織は,内部統制の目的の達成に対するリスクの評価において,不正の可能性について検討する。」）における不正リスク評価の要件に加え,2013年版COSOフレームワークのそれぞれの構成要素と原則は,不正リスクの考慮に関連性を有する。したがって,本章で不正リスク管理プログラムのモニタリング活動に関して検討される原則は,2013年版COSOフレームワークのモニタリング活動の原則を反映している。2013年版COSOフレームワークは,本章における不正モニタリング活動と併せて読むと,本章の論点について有益な内容を提供してくれる。

不正リスク管理の原則5と2013年版COSOフレームワークのモニタリング活動の構成要素と原則との関係は,以下のとおりである。

図14 不正リスク管理の原則5と2013年版COSOフレームワークの構成要素と原則との関連性

	COSOフレームワークの構成要素と原則	不正リスク管理の原則
モニタリング活動	16. 組織は,内部統制の構成要素が存在し,機能していることを確かめるために,日常的評価および／または独立的評価を選択し,整備および運用する。 17. 組織は,適時に内部統制の不備を評価し,必要に応じて,それを適時に上級経営者および取締役会を含む,是正措置を講じる責任を負う者に対して伝達する。	5. 組織は,不正リスク管理の5つの各原則が存在し,機能し,不正リスク管理プログラムの不備を,上級経営者と取締役会を含む是正措置の実施に責任を負う当事者に適時に伝達しているかを確認するための日常的な評価方法を選定,開発,実施する。

2013年版COSOフレームワークのモニタリング活動は，内部統制の各構成要素が存在し，設計されたとおりに機能しているかを確認するために広範な設計となっているが，不正リスク管理の原則5は，不正リスク管理プログラムの各原則が存在し，機能し，統合された形で運用されていることの確認に重点を置いている。

◆着眼点

以下に示す着眼点は，本原則に関する重要な特性を強調している。

- **日常的評価と独立的評価の組合せを検討する**──経営者は，不正管理プログラムの日常的モニタリングと独立的モニタリングとの組合せを導入し，不正リスク管理5原則が存在し，機能しているかを判断する。
- **評価の範囲と頻度を決定する要因を検討する**──経営者は，組織内の変化，事業環境の変化，統制構造の変化を検討して，不正リスク管理プログラムのモニタリング活動の適切な範囲と頻度を決定する。
- **適切な評価基準を設定する**──経営者は，適切な評価基準を設定して，不正リスク管理プログラムの客観的評価を支援する。
- **既知の不正スキームと新規の不正事案を検討する**──経営者は，既知の不正スキームと他の組織内で新たに発覚した，あるいは報告された不正を検討し，組織内における発生可能性を判断する。
- **不備の評価，伝達，是正**──経営者と取締役会は，不正管理プログラムの日常的モニタリング評価と独立的モニタリング評価の結果を判断し，その不備を是正措置の権限責任者に伝達し，適時に是正措置が実行されたかを検討する。

日常的評価と独立的評価の組合せを検討する

　日常的評価は，一般に日常プロセスであり，統制活動をリアルタイムでモニタリングする。組織内の不正リスクが最も高い分野を対象とした不正リスク管理モニタリングは，不正リスク管理の5つの原則の日常的評価によって，組織を支える。

　ある活動が，統制活動なのかモニタリング活動なのかは，判断の問題となる。一般に，モニタリング活動は，「なぜ」「誰が」「何を」「どこで」「次にどうなる？」という分析面に重点を置く。

　日常的モニタリングの1つに**データ解析**がある（これは，生データを検証し，その情報の意味するところを結論づける技術である）。（データ解析を用いた）図15は，統制活動とモニタリング活動との微妙な差異を示している。

定期的・独立的評価は，経営者に対し，組織の不正リスク管理プログラムが設計されたとおりに機能していることを保証する。定期的・独立的評価は，内部監査，組織内他部門，あるいは第三者（社外）により行われる。

組織は，不正リスク管理プログラムのモニタリングについて，その計画，アプローチ，範囲を文書化する。計画は，不正リスク管理の5つの原則の各々が不正リスク管理プログラムの中に存在し，機能しているかを経営者が評価するのを支援するために適切と考えられる日常的評価と独立的評価の組合せを含む。不正リスクの増大や変化をもたらすような組織内または事業環境の大きな変化は，全体的不正リスク管理プログラムの変更の十分な根拠となる。

図15　この例は，不正リスク，関連する不正統制活動，データ分析による日常的モニタリング計画を示している。

不正リスク
従業員が，「補修不能」の申告，スクラップとしての廃棄承認，持出，その他の不適切手段により，在庫を横領する可能性がある。

不正統制活動
在庫の「補修不能」判断と在庫廃棄とを同一人物が行う権限を持たないように役割を分掌することにより不正リスクが減少する。

データ分析による日常的モニタリング計画
在庫の「補修不能」判断の権限を持つ全従業員と，在庫破棄を行う全従業員を洗い出す。2つのリストに共通する従業員がいた場合には，エラーレポートが自動的に出力されるようにプログラムする。在庫管理監督責任者に，週次にレポートをチェックし，内部統制上の不備があった場合には，是正措置の権限責任者にその不備を伝達する責任を負わせる。

これは発見統制活動に分類されるが，同時に統制活動のモニタリングに必要な情報を提供する。例えば，統制活動に関わらない経営者は，例外レポートの結果が適切に作成，点検，伝達されているかを判断する。さらに，適切に機能する職務分掌がないという根本原因や，点検者の能力に対する評価も行う。

評価の範囲と頻度を決定する要因を検討する

各評価の実施前に，または定期的に，経営者は日常的評価と独立的評価の範囲に影響する要因を検討する。アセスメントの結果に基づいて，評価の範囲を変更することもある。

評価範囲に影響する要因の例としては，以下が考えられる。組織内における不正リスクの顕著な変化，事業環境の変化（法規制や報告要件等も含む），M&Aの結果による新しい不正リスクの増大や発生を招く権限責任の変更，評価基準の評価を含む前回の不正リスク管理プログラム評価の結果，など。

適切な評価基準を設定する

　日常的評価と独立的評価に加え，組織は不正予防，不正発見のモニタリングと改善のための評価基準を設定して，組織の責任者にその基準を継続的に示す。評価基準の例としては，以下が考えられる。

- 不正スキームの数。例えば，組織に対して計画された既知の不正スキーム，調査を必要とする不正疑惑報告，調査終了案件など。
- 不正行為の発見までの時間
- 損失額
- 内部通報その他の手段による不正疑惑通報数
- 従業員倫理宣誓書に署名した（していない）従業員の数，組織主催の倫理研修の参加者数
- 従業員，ステークホルダーに対する働きかけの回数。例えば，経営執行者からの倫理的行為を推奨するメッセージ，組織の誠実性や文化に対する調査など。
- 倫理宣誓書に署名した（していない）納入業者および顧客の数
- 身元調査実施回数，および身元調査により発見された問題件数

　適切な評価基準設定の参考として，国際的不正調査のベンチマークを用いることもできる。このような情報により，実際に行われた不正の種類や被害額平均を知ることができる。さらに，組織が不正リスク管理に投入したリソースは，取締役会の判断基準としても有益である。

　経営陣が，適切な評価基準を設定したら，その使用方法（比較分析など）の検討が評価にとって重要となる。実行されている統制手続，認識された不正リスク，使用可能なリソースなど要因の違いによって，組織により分析手法は異なる。例えば，以下の手法が考えられる。

- 不正発見数とホットラインで通報された苦情や不平，不満の数との比較
- 認識された不正と過去に発見された不正の種類との比較
- 不正発見数と不正調査実施数との比較
- 身元調査により発見された問題の数と身元確認の回数との比率

　統制環境の評価基準や，残存リスクや認識された不正に対する是正措置，追加統制手続実行の時間軸の評価基準は，組織とその統制環境の複雑さによって異なる。

既知の不正スキームと新規の不正事案を検討する

　他業種や同業他社の，既知および新規に発見・報告された不正スキームの検討は有益である。そのような不正が発見・報告された場合，経営者は，もし同様の不正が自組織内で

計画・実行された場合，直近のリスク評価や既存の統制活動は，それらの不正を防止または発見できるかを検討する。発生する不正事件の注意深いモニタリングと，そのような不正にする組織防御の保証は，組織の不正リスク管理プログラムが新しく起きる不正リスクに対して有効に通用することを確実にする。さらに，経営者は，業界情報や他社情報により，同業他社に対して行われた不正スキームが自社に起きる可能性を評価できる。

不備の評価，伝達，是正

　上級経営者と取締役会は，日常的評価と独立的評価の結果を評価する。是正措置の責任者，上級経営者，取締役会は，発見された不正リスク管理プログラムの不備の報告を受ける。経営者は，不正リスク管理プログラムの不備の適時是正と，必要に応じた追加活動を監視する。

　上級経営者のうち1名が，不正リスク管理プログラムの全体的責任者に任命されるだろう。さらに，不正リスク管理の原則や関連するその他の統制活動については，それぞれ他の上級経営者が責任者となるだろう。

　不正リスク管理の原則と関連する不正統制活動の責任者の任務は，以下のものとなる。

- 不正リスク管理の原則と不正統制活動の存在と機能状況を定期的に評価する。
- 不正リスク管理プロセスと不正統制活動を必要に応じて見直し，その修正を文書化する。
- 組織のリスク許容範囲に基づく残存不正リスクの許容レベル以下に不正リスクを低減させる効果がなくなった不正統制活動や不正リスク管理プロセス，必要な修正の詳細を適切な経路で報告し，改善策の決裁を求める。

　それぞれの評価には，経営者が積極的に不正リスク管理プログラムの監督責任を果たしていること，報告されたプログラムに係る不備や弱点に対して適時かつ十分な是正措置を行っていること，不正リスク管理プログラムが適切に機能し続けるためのモニタリング計画を強化していること，の確認が含まれる。

・・・・・・・・・・・・・・・・・・

　最前線を走る未来志向の組織は，総合的不正リスク管理がERM（全社的リスクマネジメント）と統合的内部統制フレームワークの主要構成要素であることを認識している。このガイドで述べた5つの原則とその着眼点は，組織が不正リスクを効果的に管理するためのベストプラクティスに係る方針，手順，プロセスを提供している。

付録 A

用語集

Adjustments to Estimates（見積り調整）	見積りは会計プロセスでは一般的で，操作をして収益，費用，資産評価および／または負債の額に影響を与えることができる。経営陣は，見積りに影響を与えたりバイアスをかけたりすることのできる立場にある場合が多い。一般的な不正スキームは，当期利益を増加するための引当金や準備金の減少を伴い，会社が将来の損失に備えて「クッション」を作ることのできる金銭的余裕があれば過剰準備金つまり「クッキージャー準備金」の早期作成に関与することがある。[出典：デロイト，Sample Listing of Fraud Schemes][クッキージャー会計／クッキージャー準備金も参照]
Anomalous Relationship（異常な関係）	「通常の，標準的な，想定内のものとは相反する」個人や組織との関係や交流 [出典：Merriam-webster.com]
Anomalous Transaction（異常取引）	「通常の，標準的な，想定内のものとは相反する」個人や組織との会計取引や相互作用 [出典：Merriam-webster.com]
Anti-Competitive Practices（反競争的慣行）	「競争を鈍化し，価格の上昇や品質・サービスの低下を招き，技術革新の停滞をもたらす可能性のある行為。反競争的慣行とは，価格協定，集団ボイコット，排他的な独占取引契約または事業者団体規則を含み，一般的に2つの種類に分類される。競争相手との合意は横並び経営または独占と呼ばれ，また単一企業経営とも呼ばれる。通常，FTC（連邦取引委員会）は，反競争的行為を「競争の不公正な方法」と「不公正または不正な行為または慣行」を禁止する連邦取引委員会法第5条の違反として追求する。」[出典：連邦取引委員会]
Application Controls（アプリケーション統制）	情報処理の網羅性と正確性を保証するのに役立つように設計された，アプリケーション・ソフトウェアにプログラムされた手続および関連する手作業による手続。[出典：2013年版COSOフレームワーク]
Asset Misappropriation（資産の不正流用）	資産の不正流用とは事業体の資産の窃盗を伴い，従業員による比較的小さく些細な金額の犯行である場合が多い。しかしながら，経営陣も関与することがあり，経営陣は通常発見が困難な方法でより巧みに不正を偽装・隠蔽することができる。資産の不正流用は，以下を含むさまざまな方法で実行される。 ● 受領金の着服（例：売掛金勘定の回収の流用，償却勘定から個人銀行口座への資金の流用） ● 有形資産または知的財産の窃盗（例：私的利用または販売のための在庫商品の窃盗，再販売のためのスクラップの窃盗，または，金銭の支払と引換えに技術データを開示することによる競合他社との共謀） ● 事業体に未受領のモノやサービスの支払をさせる（例：架空業者への支払，実際より高い価格での支払を承認する見返りに事業体の購買担当者に支払われる業者からのキックバック，または架空従業員への支払） ● 事業体の資産の私的利用（例：個人的なまたは関係者のローンの担保として事業体の資産を利用する） 資産の不正流用は多くの場合，資産が紛失しているまたは正式な承認なしに担保に供されているという事実を隠蔽するために，不正または虚偽の記録または書類を伴って実行される。 [出典：Paragraph .11 of AU-C sec. 240, Consideration of Fraud in a Financial Statement Audit]
Audit Committee（監査委員会）	会社のすべての内・外部監査機能を監視する責任のある3名以上のグループ。加えて，少なくともその1人は，財務専門家または相当の財務の専門的知識を持っている者でなければならない。監査委員会は，監査機能を提供する独立性を有する外部公認会計士事務所を選定し評価する責任を持つ。また，監査委員会は財務報告プロセスの監視を行う。財務報告プロセスの監視には，内部監査人の監督，内部統制の監視，SECやGAAPの原則の適切な遵守を確実にすることを含むがこれらに限定されない。監査委員会のスタッフは，会社の取締役会に報告をするので，会社の経営陣と関係を持つことはできず，独立性が疑問視される立場にあってはならない。[出典：Investors Words]
Automated Controls（自動化された統制）	大部分または全体がテクノロジーを通して実施される統制活動（例：コンピュータ・ソフトウェアにプログラムされた自動化された統制機能;手作業による統制と対比）[出典：2013年版COSOフレームワーク]
Backdating Agreements（日付を遡った契約）	文書に当初作成された日付よりも前の日付を記すこと。ほとんどの状況下において，遡及は不正かつ違法であると考えられる。しかしながら，遡及が合法かつ有益な手段として，例えば，過去の請求を遡及する際などに使われることもある。[出典：Investopedia]

用語集

Behavioral Red Flags（行動面の危険な兆候）	不正な行動と一致またはそれを示唆するような特性や特徴。例えば，分不相応な生活，経済的困窮，業者／顧客と異常に親密，統制上の問題，職務分担を渋る，やりがたが不誠実な態度，離婚やその他の家族問題など。［出典：ACFE 2016年版 職業上の不正と濫用に関する国民への報告書］
Bill and Hold（預かり売上）	預かり売上取引は，商品が売上として記帳されているが，引渡しおよび所有権の移転が売上計上日においてはまだなされていないときに生じる。取引は正当な売上や購入注文を伴うこともある。しかしながら，顧客は売上が計上されたときに商品の引渡しを受ける用意ができていないか，意思がないか，それが不可能である。売り手は，商品を自社の施設に保管するか第三者の倉庫などの別の場所へ発送をすることがある。［出典：デロイト，Sample Listing of Fraud Schemes］
Business Process（業務プロセス）	具体的な組織的目標を達成するための1つの活動または一連の活動［出典：Enterprise Architect's Guide to Optimal BPM Workflow］
Chain of Custody（証拠保全の一貫性）	1つの犯罪の証拠がその事件を調査している人物に取り扱われる順序。具体的には，犯罪捜査のサンプル，データ，記録の物理的保全を立証するため証拠の保管状況を説明する連続した記録。［出典：Dictionary.com］
Channel Stuffing（押込み販売）	一般に販売可能な数よりもより多くの商品を流通経路に従って小売業者に故意に送ることで会社が売上や収益の数字を水増しする欺瞞的商行為［出典：Investopedia］
Collusion（共謀）	不正や偽装のために複数の当事者が結ぶ秘密の契約。［出典：監査情報システム 監査用語集（AIS Auditing Dictionary of Terms）］
Conflict of Interest（利益相反）	組織にとって最善の利益ではない（ように見える）何らかの関係。利益相反は，客観的に任務と責任を果たすべき個人の能力を毀損する。［出典：内部監査人協会，Institute of Internal Auditors, Standards and Guidance］
Control Activity（統制活動）	目的の達成に対するリスクを低減するための経営者の指示が実行されることを保証するのに役立つ方針および手続を通して確立される行動［出典：2013年版COSOフレームワーク］
Control Environment（統制環境）	組織内の統制の重要性に関する取締役および経営陣の態度や行動。統制環境は，内部統制システムの主目的達成のための規律および構造を提供する。統制環境は次の要素を含む。 ● 誠実性および倫理観　　　　　　● 権限と責任の委譲 ● 経営陣の哲学および事業スタイル　● 人事関連方針と実務 ● 組織構造　　　　　　　　　　　● 社員の力量 ［出典：内部監査人協会，Standards and Guidance］
Cookie Jar Accounting/Cookie Jar Reserves（クッキージャー会計／クッキージャー準備金）	不況の年の利益を支えるための準備金を作るために財務成績が良い時期を利用する不誠実な会計実務。「クッキージャー会計」は，財務成績の上下変動を取り除くために会社が使用する。これにより投資家には一貫して利益目標に達しているという誤解を招く印象を与える。 このような確実な利益の達成により，通常，会社の評価を割り増しした投資家は報われる。規制監督当局は，この行為は会社の業績を不正確に表示し，現実とは大きく異なることもあるという理由で難色を示している。この用語は，この慣行を採用する会社が，気分次第でいつでも準備金の「クッキージャー」に手をつけるという事実に由来するものである。しかしこの諺に登場するクッキージャーに手を入れて捕まると，会社は高額の代償を支払わなければならなくなる。［出典：Investopedia］［見積り調整も参照］
Corporate Governance（コーポレートガバナンス）	企業が指揮し，統制する際に用いる規則，実務およびプロセスの体系。コーポレートガバナンスは，本質的に，株主，経営陣，顧客，供給者，政府，地域コミュニティなどを含む企業内の多数の利害関係者の利害のバランスを保つことに関連する。［出典：Investopedia］
Corrective Action（是正措置）	再発を防止するために，問題の原因を識別し，取り除くこと［出典：Business Dictionary］
Corruption（汚職）	私的な利益を得るために委託された権限を濫用すること［出典：トランスペアレンシー・インターナショナル］
Corruption Perception Index（腐敗認識指数）	175の国と地域における公共部門の汚職の認識レベルの測定尺度［出典：トランスペアレンシー・インターナショナル］

用語集

Covert Control Activity（内密の統制活動）	従業員やその組織に関係する人物に容易に見られ，気づかれ，明らかになる方法によらない，簡単に作られ，見られ，行われることのない統制活動。[出典：Merriam-webster.com]
Cyber/Cyber-Security/Cyber-Fraud（サイバー／サイバー・セキュリティー／サイバー不正）	サイバーとは，コンピュータやコンピュータ・ネットワークに関連するもの，関与するもの，またはそれ自体を意味する。[出典：Merriam-webster.com] サイバー・セキュリティーとは，ネットワーク，コンピュータ，プログラム，データを，攻撃，損傷，不正アクセスから守るための一連の技術，プロセスまたは手法のこと。コンピュータに関して，セキュリティーといえば，サイバー・セキュリティーのことを意味する。[出典：WhatIs.com] サイバー不正とは，コンピュータまたはインターネットの使用を通じた不正の実行に関連する犯罪活動のことである。[出典：Legal Information Institute]
Data Analytics（データ解析）	ビジネス・プロセスの理解，リスクの識別と評価，統制のテスト，効率性と有効性の評価，不正の防止，発見，調査を目的とした解析技術アプリケーション [出典：デイビッド・コデール（David Coderre）]
Data Stratification（データの層別化）	母集団を，類似する性質を持つサンプルユニットからなるグループの部分母集団に分けるプロセス [出典：AU-C Section 530, Audit Sampling]
Data Visualization（データの可視化）	絵や図によるデータの提示 [出典：SAS]
Disclosure Frauds（開示不正）	不正な開示とは，虚偽の情報の提供や求められた情報を開示しないことを含む。スキームには，関連当事者との特定の取引，重要な資産の減損の開示を会社が怠ること，負債の未計上，または…GAAPに違反する会計実務がある。[出典：デロイト，Sample Listing of Fraud Schemes]
Enterprise Risk Management（全社的リスクマネジメント）	事業体の取締役会，経営者，その他の構成員により実行され，戦略設定の局面でも，事業体全体にわたっても適用され，事業体に影響を及ぼすかもしれない潜在的事象を識別し，リスク選好に応じてリスクを管理し，事業体の目的が達成されるという合理的な保証を提供するように設計された１つのプロセス。 [出典：COSO全社的リスクマネジメントー統合的フレームワーク]
Failure to Record Sales Provisions or Allowances（売上引当金または戻り高の記録不履行）	ある販売取引は，会社に引当金または総売上高の減額の記録を求めることがある（例，将来の売上戻り高の計上）。売上引当金または戻り高の記録をしないことにより，会社は，収益を不適切に過剰報告できる。スキームは売上高の減額を求める取引条件の隠蔽を目的とする会計記録の改ざん，または変更を伴う（例：購入注文，請求書，販売契約）[出典：デロイト，Sample Listing of Fraud Schemes]
False Claims Act（虚偽請求取締法）	虚偽請求取締法は，一部関連部分となるが，以下のとおり規定する。 ● (1)米国政府の役人または職員，あるいは米軍の隊員に，支払または承認のための虚偽または不正の請求書を，故意に提出したり，提出しようとさせたりする，(2)政府が支払ったまたは承認した虚偽または不正の請求書を入手するために虚偽の記録または報告書を故意に作成，使用したり，作成，使用しようとさせたりする，(3)政府が支払ったまたは承認した虚偽または不正の請求書を入手し，政府を欺くため共謀する，……(7)政府に金銭または資産を支払うまたは送る義務を隠蔽，回避，軽減するための虚偽の記録または報告書を，故意に作成，使用したり，作成，使用しようとさせたりする者は， ● 5,000ドル以上10,000ドル以下の民事制裁金，および損害の３倍の金額を米国政府に対して払う責任がある。(訳注追加) [出典：虚偽請求取締役法（31 U.S. Code § 3729 - False claims)]
Financial Restatement（財務報告書の修正）	既に公表された財務諸表の誤謬を訂正するための修正 [出典：FASB基準書第54号Accounting Changes and Error Corrections]
Fluctuation Analysis/Analytics（ゆらぎ分析／解析）	内在する原因や影響を識別するためのレベルや値の変化の分析 [出典：Merriam-webster.com]

付録A

用語集	
Fraud Control Activity（不正統制活動）	不正リスクを低減するための経営者の指示が実行されることを保証するのに役立つ方針および手続を通して確立される行動。1つの不正統制活動は，不正の発生を防止するかまたは，不正が行われた場合，存在する不正を迅速に発見することを意図した1つの具体的な手続やプロセスである。［出典：2013年版COSOフレームワークを改作］
Fraud Detective Control（不正発見統制）	最初の処理が行われた後，不正な事象または取引を発見するために設計された統制活動　［出典：2013年版COSOフレームワークを改作］
Fraud Deterrence（不正抑止）	潜在的な不正実行者が不正行為を行わない決断をする組織的な環境を作った最終的な結果　［出典：Merriam-webster.com］
Fraud Preventive Control（不正予防統制）	不正な事象または取引を最初に発生した時点で防ぐように設計された統制活動。［出典：2013年版COSOフレームワークを改作］
Fraud Response Plan（不正対応計画）	発見された，または疑わしい不正事例の原因に対処するために導入される手順を明確に定める正式な方法。民事または刑事裁判の際に収集された証拠が確実に採用されるようにする一方，確かな情報に基づく意思決定を支援するやり方で，証拠収集と照合可能にする手順を提供するのが目的である。［出典：FraudEdge］
Fraud Risk（不正リスク）	組織に影響を及ぼす不正を犯行者が実行できる機会。不正リスクは次の3つの要素から構成される。 ● 不正の方法　・統制の有効性 ● 犯行者の不誠実さの程度と能力レベル ［出典：Gower Publishing, A Short Guide to Fraud Risk: Fraud Resistance and Detection］
Fraud Risk Factor（不正リスク要因）	不正を実行する動機やプレッシャーを示唆し，不正を犯す機会を提供し，または不正行為を正当化する態度や合理化を示唆する事象または状況。［出典：Paragraph.11 of AU-C sec. 240, Consideration of Fraud in a Financial Statement Audit］
Fraud Risk Governance（不正リスクのガバナンス）	不正リスクに関する取締役会や上級経営者からの期待が伝えられる書面による方針を含む，導入されるべき不正リスク管理プログラム。［出典：Managing the Business Risk of Fraud: A Practical Guide］
Fraud Risk Tolerance（不正リスク許容度）	組織や目標，利害関係者への不正の影響を考慮した上で，組織がそれを受け入れる準備がある残存不正リスクの程度。［出典：Managing the Business Risk of Fraud: A Practical Guide］
Fraud Triangle（不正のトライアングル）	人が職業上の不正を実行するきっかけとなる要因を説明したモデル。3つの要素からなり，すべて揃うことで不正行動につながる。 1．他人に打ち明けられない金銭的な必要性の認識 2．機会の認識 3．正当化 ［出典：公認不正検査士協会（Association of Certified Fraud Examiners）］
Fraudulent Audit Confirmations（確認という監査手続における不正）	確認という監査手続における不正は，第三者により確認されるあらゆる種類の勘定または取引（売上高，現金，売掛金，債務，負債等）に影響を及ぼす可能性がある。手口としては，監査の確認状を受ける第三者との共謀を伴うものや確認状がたくらみに関わる共謀者に転送されるように監査人に虚偽の連絡先（虚偽の郵送先住所，ファックス番号，電話番号等）を提供する会社を関与させるものがあろう。［出典：デロイト，Sample Listing of Fraud Schemes］
Fraudulent Disbursements（不正支出）	このスキームは，請求書不正，購入不正，会社の小切手の窃盗，給与不正，「幽霊社員」スキーム，費用精算スキームを含む。 一般的な購入不正は，偽りのベンダーやサプライヤーを買掛金システムに作る，または，従業員か共謀者が受けたサービスの支払を承認する。給与不正は，不正な労働時間，架空の従業員の作成，退職した従業員を抹消せずに，その給与を従業員または共謀者に支払うことを含む。［出典：デロイト，Sample Listing of Fraud Schemes］
Heat Map（ヒートマップ（色分け地図））	リスク評価プロセスの結果を視覚的に，有意義かつ簡潔な方法で示すために使われるツール。ある特定のリスクが経験されたときに組織に与える影響と，リスクが発生する確率の質的，量的評価を提示する方法。組織は一般的に，内部統制やその他のリスク対策戦略によってリスクが緩和・低減される程度を考慮した「残存リスク」に基づいてヒートマップにリスクを示す。［出典：CGMA Tools］

用語集

Holding Accounting Periods Open（会計期間を締め切らないでおく）	会計帳簿を，決算期末を越えて不適切に締め切らないままにしておき，当期末後に発生した追加的な取引を会社が記録できるようにすること。このスキームは，当期末後に発生した売上および／または現金の受領の計上を伴う。スキームの中で不正の痕跡を隠蔽する目的での会計書類（出荷書類の日付，購入注文，銀行取引明細書，残高照会，現金収納帳等）の偽造または改ざんが行われる場合もある。[出典：デロイト，Sample Listing of Fraud Schemes]
Improper Asset Valuations（不適切な資産評価）	資産の過大表示と利益の水増しは，直接関係する場合が多い。多くの不正スキームは，損益計算書に記録されなければならない借方項目を貸借対照表に「隠蔽する」かまたは誤って計上することを伴う。これらの借方項目は，不適切に資産として記録，または既存の負債の減額として記録されることが多い。 資産の過大評価は，報告される利益を直接操作する比較的「簡単な」方法として考えられることが多い。[出典：デロイト，Sample Listing of Fraud Schemes]
Improper Capitalization of Expenses（不適切な費用の資産化）	資本的支出は，1会計期間以上にわたって企業に利益をもたらすコストである。よって，この支出は，資産の耐用期間にわたって償却されなければならない。会社は，不適切に特定の支出を資産計上し，当期に全額費用計上されるのを防ぐ。費用はさまざまな資産勘定に計上されることがある。こうした費用には，ソフトウェア開発費，研究開発費，開業費，支払利息，広告費用，在庫費用または人件費などが含まれる。[出典：デロイト，Sample Listing of Fraud Schemes]
Inconsequential / More than Inconsequential（重要でない／重要でないとはいえない）	合理的な人物が，まだ発見されていないさらなる虚偽表示の可能性を検討した上で，その虚偽表示は，個別にもその他の虚偽表示と合わせて考えても，財務諸表にとって明らかに重要でないと結論を出した場合，その虚偽表示は重要ではない。合理的な人物がある特定の虚偽表示に関してそのような結論にたどり着けなかった場合，その虚偽表示は重要でないとはいえない。[出典：公開会社会計監視委員会（PCAOB）AS1305：Communications About Control Deficiencies in an Audit of Financial Statements]
Inherent Risks（固有リスク）	リスクの発生可能性または影響のいずれかを変えるために経営者がとるであろう，何らかの行動がとられない場合の目的の達成に対するリスク。[出典：2013年版COSOフレームワーク]
Insider Trading（インサイダー取引）	証券に関する重要な非公開の情報を保有しながら，受託責任やその他の信頼信任関係に違反し証券を売買すること。インサイダー取引違反は，そのような情報を「内報すること」，「内報された」人物による証券取引，それらの情報を不適切に利用する者による証券取引が含まれる。[出典：証券取引委員会（SEC）"Fast Answers"]
Intercompany Manipulations（会社間操作）	連結を伴うその他の会計スキームと同様に，会社間操作は，会社間の入力または活動について限られた書面や説明しかもたない。スキームは，過大／過少の残高を生じ，虚偽取引の作成に関与することがある。[出典：デロイト，Sample Listing of Fraud Schemes]
Internal Control（内部統制）	事業体の取締役会，経営者およびその他の構成員により実行され，業務，報告およびコンプライアンスに関連した目的の達成に関する合理的な保証を提供するように整備されたプロセス。[出典：2013年版COSOフレームワーク]
Investigative Work Plan（調査業務計画）	必要とみなされる以下の項目を可能な限り多く記述する書面化された計画 1．申立（刑事，民事および行政）の本質と複雑さ 2．計画された調査の焦点および目的 3．法律，規則，または規制に対する違反の可能性と対応する証拠の要素または基準 4．許可されれば（別の監察総監室，連邦捜査局等の）適切な当局との連携 5．適切な場合には，適用される裁判地と検事との調整 6．調査目的を達成するのに必要な手順 7．調査要件を満たすのに必要なリソース ［出典：誠実性と効率性のための監察総監評議会（Council of the Inspectors General on Integrity and Efficiency），Quality Standards for Investigations］
Lapping（ラッピング）	ある顧客の売掛金残高を減らすために別の顧客の支払を使って着服を隠蔽するスキーム［出典：AIS，Auditing Dictionary of Terms］

用語集

Legal Privileges（法律上の特権）	証拠法においては，特定の事物は特権を与えられ，いかなる方法でも問いただすことができない。このような部外者に教えられない情報は開示，証拠開示の対象にならず，証言で問われることもない。通常，提供された情報が不正確かもしれないという恐れにより特権が存在するわけではなく，その情報は開示されるべきではないという公序良俗上の理由によるものである。弁護士・依頼者間の秘匿特権は，弁護士と依頼人との間の通信を秘密にしておくための合法的な特権である。特権は，証拠開示請求や弁護士の証人喚問の要求など，法的情報伝達の要求に直面したときに行使される。弁護士作成文書特権は，ほとんどの場合，特に訴訟などの準備など，法的表明の過程で弁護士によってまたは弁護士のために作成された書面または口頭による資料を相手方が証拠開示するまたはその開示を強制することはできないことを定めた規則である。［出典：Legal Information Institute］
Material/Materiality（重要な／重要性）	その情報に依存している合理的な人物の判断が，周囲の状況に照らして，その情報の脱落や虚偽表示によって変わるかまたは影響を受けたと考えられる会計情報の脱落または虚偽表示の規模。［出典：財務会計基準審議会（FASB），財務会計の諸概念に関するステートメント第2号「会計情報の質的特性」（Financial Accounting Standards Board, Statement of Financial Accounting Concepts No. 2, Qualitative Characteristics of Accounting Information）］
Management Override（経営者による内部統制の無効化）	個人的利益または事業体の財政状態またはコンプライアンスの状況を良く見せようとの意図をもって，不当な目的のために，定められた方針または手続から経営者が覆すこと。［出典：2013年版COSOフレームワーク］
Market Capitalization（時価総額）	会社の発行済株式すべての市場価値の総額。時価総額は，会社の発行済株式に1株当たりの現在の市場価格を乗じて計算される。投資業界は，売上高や総資産に対してこの数値を使い会社の規模を測っている。［出典：Investopedia］
Misappropriate/Misappropriation（横領／不正流用）	着服するまたは私的に不誠実な使用をすること。［出典：AIS, Auditing Dictionary of Terms］
Off-Balance-Sheet Entities and Liabilities（簿外事業体および債務）	いくつかのスキームは，債務を隠蔽するためにオフバランスビークル（"off-balance-sheet" vehicles），つまり特別目的会社の使用を伴う。オフバランスビークルは，〔国によっては〕許容されることがある。しかしながら，スキームには貸借対照表の負債を隠蔽し，債務を虚偽表示するために事業体や取引を使用するように設計されているものもあり，損益計算書にも影響する可能性がある。［出典：デロイト，Sample Listing of Fraud Schemes］
Organizational Culture（組織文化）	共有された前提，価値観，信念のシステムであり，組織内で人がどのように行動するかを統制する。これらの共有された価値観は，組織内の人間に大きな影響を与え，どのように装い，行動し，職務を果たすかを決定づける。［出典：Study.Com, What is Organizational Culture?］
Overt Control Activities（公然の統制活動）	従業員や組織に関係のある人物が自由に見られて，見てすぐにわかる統制活動。［出典：Merriam-Webster.com］
Pay and Chase（支払後に追跡する）	政府が請求書の支払をし，その後で支払責任のある第三者の存在を発見した場合にはいつでも，責任のある第三者から金銭を回収するよう努めなければならない。これは「支払後に追跡する」こととして知られている。［出典：CMS.gov, Third Party Liability in the Medicaid Program］
Probable/Reasonably Possible/Remote（可能性が高い／合理的に可能性のある／可能性が極めて低い）	可能性が高い：将来の事象が起こりそうである。合理的に可能性のある：将来の事象が起こる可能性がほとんどないよりも高く，可能性が高いよりは低い。可能性が極めて低い：将来の事象が起こる可能性はわずかである。［出典：FASB，財務会計基準書第5号「偶発事象の会計処理」，Accounting for Contingencies］
Professional Skepticism（職業的懐疑心）	入手した情報や監査証拠が不正による重要な虚偽表示が存在することを示唆しているかどうかを継続的に問うことの要求。監査証拠として使用された情報の信頼性，および必要な時には，その作成と維持に係る統制の考慮が含まれる。不正の性質上，監査人の職業的懐疑心は不正による重要な虚偽表示のリスクを考えた時，特に重要である。監査人は，事業体の経営陣やガバナンスに責任を負う者の正直さや誠実さについての過去の経験を無視することを期待されるものではないが，環境に変化が起きているという理由により，監査人の職業的懐疑心は，不正による重要な虚偽表示のリスクを考慮する上で，特に重要である。［出典：AU-C sec. 240, Consideration of Fraud in a Financial Statement Audit］

用語集

Promotional Allowance Manipulations（促進割引操作）	促進割引は，商品を購入するインセンティブとしてリベート，インセンティブ，その他のクレジットの形で購入者／顧客に提供される。割引は，数量割引，特別扱いによる返済，宣伝協力の払戻し，スロッティングフィー（棚代，新商品仕入時の手間代）などの形が取られる。促進割引は多くの場合，（一定期間の購入量，将来の広告費など）将来の事象を基礎とし，操作されたまたは偏った判断をされた相当な見積高を必要とする。スキームには，回収された前払金の収益としての早期計上，または買い手から得られるであろうリベートや信用取引（クレジット）の計上の不履行に関わるものがある。その他の不正スキームには不正財務報告書や損益計算書の貸記の分類ミスなどが含まれる。［出典：デロイト，Sample Listing of Fraud Schemes］
"Refreshed" Receivables（売掛金の「更新」）	貸倒引当金の増加を回避しつつ（回収不能であることが明白なまたはその疑いのある）売掛金残高の増加を隠すには，会社は，売掛金の経過期間を「更新」し，売掛金の本来の経過期間を示す代わりに売掛金残高を不適切に事実上最新のものであると表示する。これは顧客と取引を交換することで行うことができる。顧客は口座に「クレジット」を受け取り，もしあったとしてもごく僅かな商品の物理的移動を生じさせ，商品を再購入できるようにする。いくつかのスキームは，売掛金システムの請求日を単に変更または編集し，変更した売掛金の経過期間を「再スタート」させる。スキームは，不正スキームを隠蔽するための（請求書，注文書，注文変更，出荷報告書等）会計書類の改ざんまたは不適切な変更を伴う。［出典：デロイト，Sample Listing of Fraud Schemes］
Related-Party Transactions（関連当事者間取引）	関連当事者間取引は，会社の管理下または影響下にある事業体とともに行われる取引である。スキームには取引の不適切または不十分な開示が含まれ，さらに入念なスキームは，多くの場合，報告される収益または資産の増加を目的に事業体と架空の取引を「作成する」。［出典：デロイト，Sample Listing of Fraud Schemes］
Reputation Risk（レピュテーション・リスク）	組織の商行為についての否定的な評判が，その真偽にかかわらず，顧客基盤の減少，費用のかかる訴訟，収益減少の原因となる可能性。［出典：連邦準備制度，Commercial Bank Examination Manual］
Residual Fraud Risk（残存不正リスク）	不正リスクの初期評価は，内部統制の欠如の中，発生する特定の不正の固有リスクを考慮しなければならない。関連する不正リスクすべてが識別された後，内部統制は識別された不正に配置される。適切な統制による対処をされないままの不正リスクは，残存不正リスクの集団を構成する。［出典：企業不正リスク管理のための実務ガイド］
Risk Assessment（リスク評価）	リスクは，事象が発生し，目的の達成に不利な影響を及ぼす可能性と定義される。リスク評価は，目的の達成に対するリスクを識別し，評価するための動的で反復的なプロセスを伴う。これらの目的の達成に対する事業体の至る所に存在するリスクは，設定されたリスク許容度と比較して検討される。このように，リスク評価は，どのようにリスクを管理するかを決定する基盤を形成するものとなる。［出典：2013年版COSOフレームワーク］
Risk Score/Risk Scoring（リスクスコア／リスクスコアリング）	リスクスコアは，影響度［重大性］のスコアに可能性を乗じた積である。［出典：ロンドン大学リスク方法論］リスクスコアリングは，何を修正するかの優先順位リストを作成するためにリスク点数を用いてリスクの深刻度を順位づけすることである。［出典：Open Web Application Security Project（OWASP），Risk Rating Methodology］
Risk Tolerance（リスク許容度）	目的の達成へ向けた実行に関連する許容可能な変動幅。［出典：2013年版COSOフレームワーク］
Roundtrip Transactions（循環取引）	関与する企業に事業目的または経済的利益がないのにもかかわらず，2社以上の間で行われる取引を記録したもの。これらの取引は多くの場合，収益の水増しや安定した売上成長の外見を装うことを目的に行われる。この取引は，短期間における会社間の同額の売上を含み，顧客に商品を購入する能力を持たせるための顧客への融資または投資を伴うことがある。現金の受渡しは存在するが，取引に根本的な事業目的または経済的利益がない場合，支払だけではその取引は合法化されず，収益の認識が正当化されることはない。［出典：デロイト，Sample Listing of Fraud Schemes］
Segregation of Duties（職務分掌）	事業の職務，権限，会計の分離 ［出典：会計検査院（GAO），Standards for Internal Control in the Federal Government］
Side Agreements（付帯契約）	販売条件は，認識された販売手続や報告経路の外で，変更，破棄，またはその他の方法で修正され，収益計上に影響を与えることがある。一般的な修正は，返品，支払期限の延長，返金，交換の権利を付与することが含まれる。売り手は，売買が完了する前に収益として計上するために，これらの取引条件を隠蔽された補足文書，電子メールにより，または口頭での契約として提供する。通常の営業過程においては，販売契約書は修正可能で，かつそれが合法的であることが多い。適切な引当金が積まれ適切な決算期に収益が計上されている限り，買い手に返品や交換の権利を付与することは悪いことではない。［出典：デロイト，Sample Listing of Fraud Schemes］

付録A

用語集

Skimming of Cash（現金のスキミング）	スキミング・スキームは多くの場合，従業員が売上や回収した現金の全額を記録せずに着服する販売サイクルに関連している。典型的なスキミング・スキームは，小売店で，従業員が顧客から回収した現金を着服し，販売時点管理システム（POS）の取引として記録しないという手口による。その他のスキミング・スキームは，現金取引に限定されず，顧客の小切手を流用することも含まれる。［出典：デロイト，Sample Listing of Fraud Schemes］
Stakeholders（利害関係者）	株主，事業体が事業を営む地域社会，従業員，顧客および供給業者など事業体から影響を受ける関係者。［出典：2013年版COSOフレームワーク］
Statistical Analysis/Predictive Modeling（統計分析／予測モデリング）	統計分析は，データ解析の一部である。ビジネス・インテリジェンスにおいては，統計分析は，サンプルが得られる一連のアイテムの中のあらゆるデータサンプルの収集または綿密な検査を含む。［出典：WhatIs.com］予測モデリングは，将来の行動の統計上のモデルを作り上げるために予測分析で使用されるプロセスである。予測分析は，確率と傾向の予測に関するデータ・マイニングの分野である。予測モデリングでは，関連する予測因子のためにデータが収集され，分析モデルが作られ，予測が立てられ，追加のデータが利用可能になるのに応じて，モデルが検証，または修正される。［出典：TechTarget SearchDataManagement］
Top-Side Entries/Adjustments（上層部の入力／調整）	最も高いリスクの会計の仕訳帳として広く認識されている。上層部の入力は，企業体が補助簿に財務入力をするときに発生する。上層部の入力が合法で，一般に認められた監査基準に合致することもある一方で，不正取引を合法に見せるために使用されることもある。［出典：Miranda Morley, What Is a Topside Entry in Accounting?］
Trade Secrets（企業秘密）	社外には一般的に知られていない会社の実務またはプロセス。企業秘密とされる情報は，会社に競合他社に対する経済的優位性を与え，多くの場合，内部の研究開発に関係している。米国で企業秘密と合法的にみなされるには，会社は，その情報を大衆の目から隠すように合理的な努力をしなければならず，秘密は本質的に経済的価値を持ち，企業秘密は情報を含んでいなければならない。［出典：Investopedia］
Transaction-Level Control Procedures（取引レベルの統制手続）	事業体の業務プロセスにおける取引処理リスクを低減するための行動を直接的に支援する統制活動。取引統制には手作業による統制または自動化された統制があり，完全性，正確性，正当性の情報処理目的を包含するものとなろう。［出典：2013年版COSOフレームワーク］
Trend Analysis（トレンド分析）	物事の経時変化の分析。異なる年の財務諸表比率を比較する分析手順は，トレンド分析の一例である。［出典：AIS, Auditing Dictionary of Terms］
Unjustified Consolidation Entries（不当な連結手続）	いくつかのスキームは決算や連結プロセスの際に発生し，不当なまたは架空の連結手続に関係する。連結手続や入出金に関する会計書類または説明は多くの場合限られている。［出典：デロイト，Sample Listing of Fraud Schemes］
Up-Front Fees（前払金）	販売取引においては顧客に長期間に渡り提供されるサービスの前払金を求めるものがある。会社は，サービスが実施される前（または収益が得られる前）に，契約の全額または受領した報酬の額を計上しようとする。場合によっては，スキームは（注文書，請求書，販売契約書など）会計記録の虚偽表示と修正を伴う。［出典：デロイト，Sample Listing of Fraud Schemes］
Whistleblower（内部通報者）	組織で起こっている違法行為の内部情報を持っているまたは報告した人物。内部通報者は，従業員，サプライヤ，契約者，顧客，または目撃や伝聞により，ある事業で行われている不法行為に何らかの形で気がついた人物である。内部通報者は，労働安全衛生局（OSHA）および証券取引委員会（SEC）によって作られたさまざまなプログラムによって報復から保護されている。［出典：Investopedia］
Whistleblower System（内部通報制度）	不正，違法および非倫理的行為に関する申立てを支援する報告の仕組み。［出典：ガルーダ・インドネシア，内部通報制度］より広義では，内部通報制度には，苦情の受付，分析，調査，解決および，苦情の結果の報告に関する組織のプロセス，これらプロセスに関する書類の保存が含まれる。［出典：グラント・ソントン：Establishing an effective whistleblower complaint-handling process］
Zero Tolerance for fraud（不正のゼロ許容度）	いかなる状況においても不正は許容されないという正式に採用された方針。［出典：Secure.EthicsPoint.com］

付録B

不正リスク管理　役割と責任

出典：2013年版COSO内部統制の統合的フレームワーク付録B（役割と責任）[74]を改編。COSOの許諾済。

はじめに

不正リスク管理は，取締役会（または同等の監督機関），（独立監査人の業務を監督し，当該監査人の任命と報酬に直接責任を負う）監査委員会，上級経営者，内部監査，間接管理部門，リスクと統制の担当者，法務とコンプライアンスの担当者，専門家，すべての従業員，そして組織と交わりのある他の関係者を含む。構成員は，一体として，組織が不正リスク管理の目的が達成されたとの合理的な保証を与えることに貢献することとなる。

組織は，3つのディフェンスラインを通じて不正リスク管理を考える：

- 現業部門の経営者およびその他の構成員は，有効な警戒を維持し，不正統制活動を実行する責任を負っているので，不正に対する第1のディフェンスラインを担っている。彼らは，日々の業務を通じて不正リスク管理プログラムを実行する責任を負う。
- 内部監査人は，内部統制，不正の防止と発見の活動について評価および報告を行い，経営者に是正措置または強化策を検討および実行するよう勧告するので，第2のディフェンスラインを担っている。
- すべての従業員，顧客，仕入先，そして利害関係者は，日々の業務と活動を観察しているので，第3のディフェンスラインである。組織に関連する人は誰もがあらゆる疑わしい取引，関係または行動を報告するよう奨励され，その権限を付与されている。

責任を負う当事者

組織内のすべての個人は，不正リスク管理を実行する役割を担っている。かかる役割には，以下で説明されるように，さまざまな責任と関与の程度がある。

取締役会と監査委員会

取締役会は，不正リスク管理プログラムおよび内部統制システムの監督責任を負っている。最高経営責任者（CEO）を選任または解任する権限を有することによって，取締役会は，不正リスク管理プログラムを遂行するための誠実性，倫理観，透明性および説明責任についての期待を明確化するという重要な役割を担っている。取締役会のメンバーには，客観的で，有能で，探究心があることが求められる。彼らは，組織の活動と環境についての実用的な知識をもち，ガバナンス責任を果たすために必要な時間を費やしている。取締役会のメンバーは，さまざまな問題を調査するために必要な経営資源を活用し，組織のすべての構成員，内部監査人，独立監査人，外部のレビュー担当者および法律顧問との開かれた制約のない伝達経路をもっている。

規制当局および専門職業基準設定機関は，監査委員会の利用を求める場合が多い。監査委員会の役割と権限の範囲は，組織が属する規制上の法域，業界規準，または，その他の変動要因によって変わる場合がある。また，監査委員会は，リスクの監督の重要性を強調するために，しばしば監査およびリスク委員会と呼ばれることもある。

経営者は，財務諸表の信頼性に責任を負うが，重要な監督の役割は，有効な監査委員会が担うこととなる。取締役会は，多くの場合，監査委員会を通じて，どのようにして内部および外部への報告責任を遂行しているかを上級経営者に質問し，必要な場合には，組織が是正措置を適時に講じていることを確かめる権限と責任を有している。

その独立性のために，監査委員会は，強固な内部監査機能とともに，上級経営者による統制の無効化と期待される行動基準からの逸脱を識別し，迅速に対応する上で最適な立場にある。監査委員会は，外部監査人と双方向のコミュニケーションを行い，計画された監査手続の範囲と監査手続の結果を協議するために定期的に会合をもつ。外部監査人との会合には，外部監査人と監査委員会との掘り下げた協議の場を設けるための経営者が出席しない役職者会議が含まれる。

---

[74] COSO「内部統制の統合的フレームワーク」（2013年5月）

不正リスク管理　役割と責任

　不正リスク管理に対する積極的な取組みをコミットしている取締役会の監査委員会は，不正リスク評価プロセスで積極的役割を果たし，不正リスクを監視するために内部監査部門を活用する[75]。

　監査委員会は，組織が事業を営む業界で共通の不正リスクを認識することが期待されている。監査委員会は，組織にとって何が重要な不正リスクなのかについて独自の見解を示す。その見解を示す際，監査委員会は，外部監査人が従うことを求められる専門的ガイダンスを考慮する。

　監査委員会は，不正の申立てを処理する場合は，常に法律顧問の助言を求める。不正の申立ては深刻な事柄なので，それらを調査し，報告する法律上の義務が発生する場合があり，それらは法務部または外部法律顧問の権限の範囲に入る（不正行為の調査に利用可能なさまざまな調査ルートやベストプラクティスを含む**第4章**を参照）。

　公開会社の場合，監査委員会は，できれば会計の経験を有する最低1名の財務エキスパートを含む独立した取締役で構成される[76]。委員会は，頻繁に会合を持ち，長時間，十分な準備をし，不正，特に経営者による不正リスクを適切に評価し，対応する。なぜならそのような不正は，組織の内部統制の無効化を伴うことが通常だからである。

　それぞれの会合では，監査委員会は，外部の監査事務所と内部監査担当役員とは，個別に面談し，できれば彼らが組織の財務状況に直接の影響を与える不正の発見に重点的に業務の焦点を当てることへの期待を表明する。加えて，不正行為の結果であるレピュテーションリスクは，利害関係者に深刻な影響を与える場合が多いので，監査委員会は，経営者，内部監査人，独立監査人の業務を評価する場合は，そのようなリスクにさらされることに対する考慮と監視を行う。

　取締役会の構成に係る要件はさまざまであるが，客観的な見解を提供することができる独立取締役をおくことが重要である。例えば，英国，ドイツ等のコーポレートガバナンス・コード，ニューヨーク証券取引所（NYSE）とナスダック（NASDAQ）の上場規程では，経営者から独立し，財務の知識がある監査委員会のメンバーの人数と規準を定めている（例えば，少なくとも1名は会計または財務管理の専門知識を有すること）。

　独立監査人は，財務諸表に全体として不正による重要な虚偽表示がないという合理的な保証を得るために，組織の財務諸表の監査を計画し，実施する責任を負っている[77]。外部監査人は，監査の一部として，特に以下のことを行う。

- 不正を犯す動機／プレッシャー，不正を実行する機会，そして不正行為を正当化する姿勢／合理性を示す事象や条件を考慮する（第2章は不正のトライアングルを詳細に議論している）
- 組織の財務諸表がどのようにして，どこで不正による重要な虚偽表示の影響を受けやすいと考えられるか監査チームメンバー間でブレインストーミングをする。
- 経営者その他の組織の人員に対して，不正リスクに関する質問をする。
- 財務諸表に影響を及ぼす問題を示す通常ではない取引や事象，金額，比率，傾向を識別する分析手続を実施する。

　加えて，不正が存在するかもしれない，あるいは不正が既に発生した証拠があると独立監査人が判断したときは常に，監査人の職業的基準は，その問題は適切なレベルの経営者，特定の環境下ではガバナンスに責任を負う者に報告されるべきであると規定している[78]。また，経営者は，不正の証拠に関連する潜在的なリスクを評価する[79]。

上級経営者

　上級経営者は，組織全体の文化を形成するトップの気風の設定を含め，不正リスク管理プログラ

---

[75] 政府系組織では，それ自体の監査委員会はないかもしれない。監査諮問委員会，法令上の監視組織，または他の同じような機能を果たす機関があると思われる。

[76] 他の組織ではこのような監査委員会の構成は必要ないが，推奨される。（参照：sec.gov/rules/final/33-8220.htm#back）

[77] 独立監査人の全体目標と一般に認められた監査基準に準拠した監査の実施（参照：aicpa.org/research/standards/auditattest/downloadabledocuments/au-c-00200.pdf）

[78] 財務諸表監査における不正の考慮（参照：aicpa.org/Research/Standards/AuditAttest/DownloadableDocuments/AU-C-00240.pdf）

不正リスク管理　役割と責任

ムの設計と実施に全体的責任を有している。組織の文化は，不正の抑止，防止，発見に重要な役割を果たす。

不正は許されない，そのような行動は，すべて迅速かつ断固として処分される，内部通報者は報復されないことが明らかになるよう，上級経営者が言動と行動によって文化を形成することが重要である。不正に対処する際の公平性と一貫性，特に役職の高い人と低い人双方がどのように取り扱われるかなどは重要である。

最高経営責任者（CEO）は，取締役会に対する説明責任を有し，有効な不正リスク管理プログラムの設計，適用，運用に責任を有している。非公開，非営利またはその他の事業体では，同等の役割でも名称が異なる場合もあるが，一般的には，以下に述べるものと同様の責任を負っている。他の誰よりも，CEOは，統制環境とその他のすべての内部統制と不正リスク管理の構成要素に影響を及ぼすトップの気風を設定する。

不正リスク管理に関するCEOの責任は，以下のものが含まれる：

- 上級経営者にリーダーシップを発揮して指示し，組織の不正リスク管理システムの基盤となる組織の価値観，標準，業務遂行能力に対する期待，誠実性，組織構造および説明責任を形成する。
- 組織が直面する不正リスクに対する監督と統制を維持する。
- 全社レベルでの不正統制活動の整備と運用を指導し，事業体のさまざまな階層における不正統制活動の設計，適用，運用および評価を各階層の経営者へ権限委譲する。
- 組織の不正リスク許容度（例えば，誠実性，業務遂行能力）に関する期待と潜在する不正に係る情報の報告に関する期待（例えば，組織が利用する内部通報制度）を伝達する。
- 不正リスク評価ならびに不正リスク管理プログラムの当面のおよび長期的な有効性への影響を評価する。

上級経営者には，CEOだけではなく，主要な業務単位と間接管理部門を主導するその他の上級幹部も含まれる。例えば，以下の役職が含まれる：

- 最高総務責任者
- 内部監査執行役員
- 最高コンプライアンス責任者
- 最高財務責任者
- 最高情報責任者
- 最高法務責任者
- 最高業務責任者
- 最高リスク管理責任者
- 事業の性質によっては上級リーダーの役割を担うその他の役職

これらの上級経営者の役割は，不正リスク管理に関するCEOの責任とリーダーシップを補強し，彼らの特定の責任範囲でこれらの価値や要求事項が実行されることを保証することでCEOを支援する。

責任を果たすために，上級経営者は，取締役会に不正リスク管理プログラムの有効性に関し定期的に報告し，必要な是正措置を提言する。

内部監査

内部監査[80]は，監査委員会が不正事例，不正に関する調査の結果，是正措置，モニタリングプランを認知していることを保証する。さらに，内部監査は，データ解析の利用が，リスクの高い領域の積極的モニタリングを実行する手段と考える（データ解析と不正に関するさらなる議論については，**付録E**を参照）。

また，内部監査は，全従業員が必須の倫理研修に参加し，利益相反や行動規範に関する書面など，提出を求められる書式への記入を完了したことを

---

[79] 米国証券取引委員会による経営者への内部統制に関する解釈指針（SEC interpretive Release 33-8810, P.14）によれば，経営者による虚偽記載のリスク評価は，不正関連活動（例えば，不正財務報告，資産の横領，および汚職）に対する組織の脆弱性や，そのような状況が財務諸表の重要な虚偽記載になり得るかどうかを考慮するべきである。経営者は不正による重要な虚偽表示は，いかなる組織にも，規模や種類にかかわらず普通に存在し，特定の場所や領域，個別の財務報告項目により変わることを認識すべきである。

[80] すべての組織が内部監査組織や機能を持っているわけではなく，ある組織（政府系組織など）は同様の機能を担う監視機関（例えば，監察官や法定監査人）を持っている。（参照：**付録K**，政府組織内での不正，浪費，濫用のリスクの管理）

不正リスク管理　役割と責任

確認することにより，現行のガバナンスの枠組みの評価も行う。加えて，内部監査は，違反行為と不正調査に関する傾向を精査する。

内部監査はまた，不正の防止と発見の統制が想定される不正リスクに十分であることを合理的に保証するとともに，統制が設計どおりに機能していることを確実にする。独立監査人は，基本的に不正財務報告に焦点を当てるが，有効な内部監査部門は，独立監査人が対応するよりはるかに大きな組織のセグメントを対象とする自らが実施した監査すべてにおける潜在的な不正に注目する。多くの事例で，内部監査グループは組織内のさまざまな不正を担当する集団をリードし，潜在的な不正のシナリオの発見を支援する（組織全体の不正発見と防止に継続的に焦点を当てる一方，有効な不正リスク評価の実施に関連するツールとプロセスのさらなる情報については**第 2 章**を参照）。

いくつかの不正リスクは，倉庫業務と購買機能における職務分離の弱みなど，わかりやすく，種類も一貫している。サイバー・セキュリティーのようなその他のリスクは，もっと不安定で変化するリスクプロファイルを持つ。サイバー・セキュリティーのダイナミックな特性とそれが組織に及ぼす潜在的影響力を前提とすると，多くの取締役会は全社的見地からサイバーリスクに取り組む。この対応は法的視点からサイバー不正リスクを理解することも含んでいる。サイバー不正のような領域では，取締役会は，上層部との事情に精通した双方向の議論を実現できる外部の専門家を利用できる機会を要求するであろう。

間接管理部門

さまざまな組織上の機能または業務単位は，全社的リスクマネジメント，内部統制の監督，財務，製品／サービス品質管理，IT，コンプライアンス，法務，人事などに係る専門能力を通じて組織を支援している。当該機能または業務単位は，その専門領域に関する指針を提供し，不正リスクを評価し，不正リスク管理業務を評価するが，組織の単位または機能を越えるような問題や傾向に関して，それを共有し，評価する責任がある。また，時間の経過とともに変化する間も，不正リスクに影響するかもしれない関連する要求事項を継続的に組織へ報告する。

すべての不正統制活動は，ある目的を達成するために機能し，その取組みは必要に応じて調整され，統合される。例えば，ある会社の新規顧客の受入れプロセスは，規制の観点からはコンプライアンス機能によって，集中化リスクの観点からはリスク管理機能によって，そして，統制の設計と有効性の評価に当たっては内部監査機能によってレビューされる場合がある。レビューの時期と方法と，問題の管理が可能な範囲で調整されていれば，業務プロセスの中断は最小限に抑えられる。統合的な取組みを行うことで，不正リスクを評価し，それに対処する共通の言語と基盤が形成されやすくなる。

リスクと統制の担当者

リスクおよび統制の機能は，不正リスク管理の主要部分である。組織の規模と複雑性によっては，リスクと統制の担当者は，現業部門の経営者とその他の構成員に対し専門的技能と指針を提供し，不正統制活動を評価することによって，さまざまな種類の不正リスク（例えば，オペレーショナルリスク，財務リスク，定量的リスク，定性的リスクなど）を管理する機能の経営者を支援する場合がある。このような機能は，組織で集中一元化される場合，または会社組織の一部となる場合があるほか，機能のトップへの「ドット・ライン」（副次的報告ライン）の報告系統を伴った形態となる場合がある。リスクと統制に係る機能は，経営者が事業活動に係る統制を維持する方法の中核となっている。

リスクと統制の担当者の責任には，既存の不正リスクと新規の不正リスクの識別，関連リスクの管理に向けた経営者によるプロセス整備の支援，組織全体への当該プロセスの伝達と教育およびその有効性に係る評価と報告が含まれる。最高リスク管理／統制責任者は，業務上の重要な不正リスクと，それが組織が制定した不正リスク許容度の範囲内で管理されていることに関して，適切な防止・発見統制が実施されていることと合わせて上級経営者および取締役会へ報告する責任を負っている。

不正リスク管理　役割と責任

法務とコンプライアンスの担当者

　法律専門家の助言は，法令遵守のための有効な不正統制活動を定義し，訴訟リスクを低減する際に重要である。大規模で複雑な組織では，組織の不正リスク管理プログラムを堅持するため，不正統制活動の定義や評価において，専門分野に特化したコンプライアンス専門家は役に立つ。最高法務／コンプライアンス責任者は，法律，規制およびその他の要求事項がコンプライアンスの実行責任者に確実に理解され，伝達されるようにする責任を負う。

　企業経営者と法務およびコンプライアンス担当者との緊密な協働関係は，規制上の制裁や法的責任，および内部のコンプライアンス方針と手続への遵守違反といった不利な状況に対処する不正リスク管理の設計，適用および運用に関する盤石な基礎となる。中小規模の組織では，1人の専門家が法務とコンプライアンスの両方を担当する場合や，どちらか一方の役割が経営者による徹底した監督の下に外部委託される場合もある。

専門家

　監査委員会，内部監査と経営者に加えて，組織はまた，例えば，法律，コンプライアンス，調査，新興市場，人事，地域／文化，ITなどの，特別な領域の専門家を擁する場合がある。

　また，データ解析を不正リスクプログラムに統合している組織も，それらの適切な専門スキルを持つ担当者を抱えている。組織の規模と複雑性は，データ解析が不正リスク管理プログラムに統合される程度を判断する要素である。

　組織は，データ解析を不正リスクプログラムに統合する際，以下の3つの異なるスキルをどのように取り扱うか考慮する。

- 情報技術スキル
　　組織内の各種情報技術システムに精通し，分析のため必要な内部または外部のデータソースを取得し，評価することを支援する能力
- 業務領域知識スキル
　　分析すべき業務領域内の不正リスク領域に精通し，不正リスクに関する適切な質問を設計し，分析結果に適切に取り組み，解釈する能力
- データサイエンススキル
　　統計学，パターン認識，データベース設計，データ可視化，クエリー設計などの数学的で，ビジネス・インテリジェンス手法を含むデータから知見を抽出する能力

　通常，1人の担当者がこれらのスキルすべてを備えている訳ではないので，不正リスクグループは有用なスキルを内部で確保し，追加のデータ解析補助者を必要に応じて探すことが重要である。

すべての従業員

　不正の影響と防止の重要性を理解することは，組織の各人の責任であり，以下のものが含まれる：

- 組織の倫理的文化とその文化への組織全体によるコミットメントを理解すること
- 不正リスク管理フレームワークでの各人の役割を理解すること
- 不正リスク管理プログラムの重要性と不正がいかに組織の多くの前線において悪影響を与えるかを理解すること
- 調達や内部通報などの不正リスク管理方針や他の運営方針を読み，理解し，維持すること
- 必要に応じ，統制活動の設計や導入，モニタリング活動への参加により，不正リスク管理プログラムの改善プロセスに参加すること
- 各人の責任に関連する不正指標とリスク要素を理解し，情報源に応じ複数のルートを通じ潜在的不正指標を報告する必要性を理解すること
- 可能性のある不正事例をどのように，誰に報告するかを理解すること
- 組織は不正を起こす誰に対しても民事または刑事訴追する権利を有していることをはっきりと理解すること

組織と双方向のコミュニケーションを行うその他の関係者

　組織と取引がある顧客，販売業者，その他の取引業者は，不正リスクに対処するための重要な情報源である。例えば：

- 顧客は，出荷の遅れ，製品の品質不良，顧客の期待が満たされない点を会社に知らせることができる。これらは，不正行為の指標となるかもしれない。

不正リスク管理　役割と責任

- 納入業者は，組織の従業員による，通常考えにくい，異例な取引や行動に関する書類や情報を提供することができる。
- 供給業者となる可能性がある業者は，従業員によるキックバックの要求を上級経営者に伝えることができる。

経営者と外部関係者の間で共有されるこのような情報は，組織の不正リスク管理目標の達成において重要となる場合がある。組織は，その情報を受け取り，適時に適切な措置を講じる―すなわち，報告された特定の状況に対応するだけでなく，その問題の根本原因を調査し，是正する―ための仕組みを設けている。

顧客と納入業者に加えて，債権者など他の関係者が，組織の不正リスク管理目標の達成に係る示唆を提供する場合がある。例えば，銀行は，組織の特定の財務制限条項の遵守状況について報告を求め，業績評価指標，またはその他の適切と思われる目的や統制を提言する場合がある。

付録 C

中小規模の事業体に関する不正リスク管理の検討

出典：2013年版COSO内部統制の統合的フレームワーク付録C（中小規模の事業体に関する検討）[81]を改編。COSOの許諾済。

中小規模の事業体の特徴

「中小規模の」事業体とは何かについては，見解の分かれるところである。地域の家族経営の金物屋や街角のパン屋を典型的な小規模経営だと考える人もあれば[82]，寄付金によって年間数百万ドルを生み出す非営利事業体がそうだと考える人もいる。小さな町や郡の政府組織や小さな政府機関だったりもする。また別の人は，長い間革新系な製品を製造してきた公開会社で，現在は年間数億ドルの利益を生み，将来はフォーチュン誌の売上ランキングトップ500社の仲間入りをすることが期待されるような会社という意味から小規模の事業体とみなすこともある。見方によっては，これらのうちどれか，またはすべてが「中小規模の」事業体と考えられる場合がある。

COSOでは，収益，時価総額またはその他の要素の観点から中小規模の事業体の定義をしていない。それは規制当局またはその他の関係者の役割である。代わりに，「小規模」というよりも「中小規模」という用語により，これらの考え方が幅広い事業体に適用されることを示している。ここでは，以下の特徴の多くが当てはまる中小規模の事業体に着目している。

- 事業ラインの数と各事業で取り扱われる製品ラインの数が少ないこと
- マーケティングの焦点がチャネルまたは地域において集中していること
- 利益または権利の重要な持分をもつ経営者がリーダーシップを発揮していること
- 経営者の階層が少なく，各経営者が広範な管理を担っていること
- 取引処理システムの複雑性が低いこと
- 構成員が少なく，多くの人員が広範な職責任を担っていること
- 法務，人事，会計および内部監査のようなサポート・スタッフのポジションだけでなく，ラインにおける豊富な人的資源を維持する能力の制約

箇条書きの最後の項目にある豊富な人的資源を維持する能力の制約は，中小規模の事業体の規模の経済曲線がより低くなる原因となることが多い。常にとは限らないが，中小規模の事業体は，生産またはサービス提供の単位当たりコストが高くなる場合が多い。その一方で，多くの中小規模の事業体は，技術革新，（少数雇用の維持とパートタイム労働，変動給与制を用いた固定費の変動費化による）間接費の低減および製品，地域，複雑性に関する焦点の絞込みを通じた費用削減で，競争の優位に立っている。

規模の経済は，多くの場合，内部統制および不正リスク管理を直接支える機能を含む，間接部門に影響を与える要因である。例えば，1億ドル規模の事業体で内部監査機能を確立する場合，数十億ドル規模の事業体の場合よりも，必要とされる経済資源が全体に占める割合は大きくなる。確かに，大規模な事業体の内部監査機能は幅広い経験豊富な構成員を内部に抱えているのに比べ，中小規模の事業体の内部監査機能は，より小規模で，必要な能力を備えるために共同利用または外部委託に依存するかもしれない。たいていの場合，中小規模の事業体の費用は，大規模な事業体よりも相対的に高くなる。

上記の特徴は，どれもそれ自体が決定的なものではない。資産，収益，費用，構成員数その他のいかなる尺度で測定しようとも，規模というものがこれらの特徴に影響したり，その特徴から影響を受けたりすることは間違いなく，何をもって「中小規模」とするかに関する考え方を形成する。

---

81 COSO「内部統制の統合的フレームワーク」（2013年5月）

82 「2016年版ACFE 職業上の不正と濫用に関する国民への報告書」によると，中小規模の事業体企業（従業員100人未満として定義）は，報告された事例のうち約30％を占める職業上の不正の最も典型的な被害者となっている。さらに，中小規模企業と大規模企業（従業員10,000人以上）の損失額中央値が15万ドルで最も高い。両方の組織の損失中央値の絶対値は等しいが，「損失が中小規模組織に及ぼす影響は大規模組織に及ぼす影響より大きい点を考慮することは重要である」［参照：acfe.com/report-to-nations, page 32］

中小規模の事業体に関する不正リスク管理の検討

費用対効果の高い不正リスク管理の達成に向けた課題への対応

中小規模の事業体という特徴のために，費用対効果の高い不正リスク管理を目指すに当たり重要な課題が生じる傾向がある。中小規模の事業体の管理者は，ビジネスプロセスに統合された有効な内部統制および不正リスク管理をビジネスに必要で有益であると認めるのではなく，既存のビジネスプロセスに追加される管理上負担になるものとみなすことが多い。

中小規模の組織の不正リスク管理のもう１つの大きな課題としては「不正は他社のことで，自社では起こらない」という思込みである。同様に，中小規模の組織は，「うちでは誠実な人材しか採用しない。だから，社員を信じている」と考える傾向がある。

中小規模の事業体の中には，以下のものがある：

- 適切な職務分掌を達成するための十分な人材を得る
- 活動を支配する経営者の力と，業務目標が達成されたように見せるために，経営者によるプロセスの不適切な無効化を図る重要な機会を与えることとのバランスを図ること
- 取締役会とその委員会で役割を効果的に果たすために必要な専門知識を有する人材を採用すること
- 業務，報告，コンプライアンスおよびその他の分野における十分な経験と技能を有する人材を採用し，維持すること
- 内部統制と不正リスク管理に十分に着目させるために，事業経営から経営者の意識を向けさせること
- 技術的な経営資源に限りがある中で，情報技術を管理し，コンピューター情報システムに対する適切な全般統制と**アプリケーション統制**を維持すること
- データ解析の技術的な経営資源と技術リソースが限られていること

経営資源に制約があるにもかかわらず，中小規模の事業体は，通常，これらの課題に対応できており，合理的に費用対効果のある方法で有効な不正リスク管理を実施することに成功している。

費用対効果の考慮という観点から，１つのことが明らかである。不正の被害を受けた場合，その費用と影響が衝撃的となる点である。どのような規模の組織にとってもこのことは真実であるが，中小規模の組織は，大規模の組織よりも脆弱で不正の被害を受けやすく，中小規模の組織が受ける不正による損失は，大規模の組織が受ける損失に比例して大きくなる。不正の被害を受けた企業は，振り返ってみれば，より強力な不正リスク管理プロセスを導入しておくべきだったと認めるだろう。

職務分掌

多くの中小規模の事業体は，さまざまな機能を遂行する従業員数に限りがあり，場合によってはそれが不適切な職務分掌をもたらす。しかし，この状況を補うべく経営者が取ることのできる行動がある。以下の項目が適用可能な不正統制活動の種類である。

- **会計記録と未使用小切手の在庫へのアクセス統制**―会計記録へアクセスできる従業員には未使用小切手帳への直接のアクセスを許可しない。
- **銀行通帳（銀行取引明細書）へのアクセス統制**―金融機関に対し，銀行通帳（銀行取引明細書）を，小切手帳や会計記録へのアクセス権がない者に送るよう指示する。
- **銀行口座残高調整への統制**―小切手帳や会計記録へのアクセス権を持たない者がその残高調整を担当する。
- **取引明細書の点検**―管理職が定期的，適宜に取引明細のシステムレポートを点検する。
- **選別した取引内容の点検**―管理職に取引内容を選択させ，その証明書類を確認する。
- **定期的な資産へのチェック**―管理職に定期的な有形資産・備品，その他の資産の棚卸をさせ，会計記録と比較確認をさせる。
- **残高調整の実施**―管理職に現金，口座残高，売掛金勘定，買掛金勘定などの残高調整を不定期的に確認させるかあるいは単独でそれらを実施させる。

職務分掌は，それ自体が目的ではなく，取引を処理する際に固有リスクを低減するための手段である。職務分掌に限りがある事業体では，経営者は，リスクに対処する不正統制活動を整備または評価する際，他の統制がこれらのリスクに十分に

中小規模の事業体に関する不正リスク管理の検討

対処するものであり，不正リスクの低減に十分に適用されているかを検討すべきである。

経営者による無効化

多くの中小規模の事業体は，多大な自由裁量を行使し，他の構成員に対して個人的に指示を与えるような，創業者またはリーダーに支配されている。この立場は，事業体の成長およびその他の目的の達成を可能にする鍵となる場合があるほか，有効な内部統制と不正リスク管理に大きく貢献する可能性もある業務，プロセス，方針と手続，契約上の義務，およびビジネスリスクといった事業体のさまざまな側面に関する深い知識があるこのようなリーダーは，システムで作成される報告書に期待されることと，必要に応じてフォローアップすることを知る立場にある。しかし，このような知識と権限の集中には，このようなリーダーは，統制を無効化できるという一般的なマイナス面もある。

経営者による無効化のリスクを低減するのに役立つ，基本的ではあるが重要な項目がいくつかある。それは，以下のとおりである：

- 誠実性と倫理観が高く尊重され，組織全体に組み込まれ，日々実践されているような企業文化を維持すること。それは，このような価値観が適切に行動に反映された個人の採用，報酬，昇進により，裏づけられ，強化され得る。
- 自分が責任を持つ可能性がある階層に関係なく，構成員がどのような不適切な行為をも報告しやすいと感じられる内部通報制度を適用する。重要なことは，通報者の匿名性が保たれ，また，報告された内容が完全に調査され，適切に，報復がないように進められるという信頼である。状況によっては，問題を取締役会または監査委員会へ直接報告できることが重要である。
- 事業体およびサブ・ユニットレベルにおける不正行為または機能不全の状況を発見するための，有効な内部監査機能をおくこと。関連情報への素早いアクセスならびに上級経営者および取締役会または監査委員会に直接伝達できることは重要な要因である。
- 経営者による無効化の発生を防止または発見する重要な役割を担う責任を真摯に受けとめる適格な取締役会メンバーを惹きつけ，維持すること。

このような実務により，中小規模の事業体環境では，費用対効果の高い内部統制と不正リスク管理という独自のメリットを享受しながら，不正行為のリスクが低減され，リーダーシップの説明責任が促進されるのである[83]。

取締役会

上記の説明では，監督責任をしっかりと実行するために必要な専門知識をもった取締役会の必要性が強調されている。適切な知識，注意および意思疎通により，取締役会は経営者による不適切な無効化の効果を相殺する有効な手段を提供する立場にある。一般的に中小規模の事業体では，業務がそれほど複雑ではなく，取締役会がその内容に関して深い知識をもっているだけでなく，広範囲にわたる構成員とより密接に意思疎通を行っている。

しかしながら，多くの中小規模の事業体では，望まれる能力と経験を有する独立取締役を惹きつけることが非常に難しいと思われる。ふさわしい取締役を確保するに当たっての主要な問題には，事業体とその人員に関する知識が不十分であること，取締役会の責任に見合った報酬を事業体が支払う能力に限界があること，最高経営責任者がガバナンス責任を適切に共有することに慣れていないかその意思がないこと，あるいは，個人的な責任を負う可能性に係る懸念などがある。

事業体の中には，このような望ましい取締役候補の問題に取り組み，財務や会計のような貴重なまたは必要な専門知識に関して範囲を拡大して探しているところもある。このようにして，中小規模の事業体では，上級経営者を適切に監督するだけでなく，付加価値のある助言を提供する取締役会を構築することができる。

不正通報（内部通報）制度

つい最近までは内部通報ホットラインを維持運

---

[83] Management Override: the Achilles' Heel of Fraud Preventionは，特に経営者による無効化に関して取締役会のメンバーが経営の監督責任を理解・実行するのを担保するために有益で実用的な情報が含まれている。

中小規模の事業体に関する不正リスク管理の検討

営するのは比較的，費用がかかり，中小規模の事業体の大半の資力の上限をはるかに超えることが多かった。今は，中小規模の事業体でもわずかな費用でサード・パーティ（訳注：コンピューター本体のメーカーとは関係がない，独立したハードウェアやソフトウェアのメーカー）のウェブベース・システムを利用できる。これは費用だけでなく，通報者の匿名性を保証するという点でも有利で，通報者は，自分の身元が明らかになる恐れなく，通報時の質問票やフォローアップのための質問に匿名で回答できる。しかしながら，中小規模の事業体は，このようなサービスを受ける前に，配慮しなくてはいけない。機密情報が完全に保護されるかを確認するため，そのサービスの情報セキュリティ統制を慎重に検証しなければならない。

内部通報制度の実施という強力な抑止力は，サード・パーティサービスの費用以上の価値を持つ。

情報技術

本ガイドで議論されているとおり，データ解析は，最も強力かつ効果的な不正リスクの管理手法である。多くの中小規模の事業体は，データ分析アプリケーションを統制された方法で選択，開発，実装するために必要な広範囲にわたる技術的なリソースを持ち合わせていない。そのため，これらの中小規模の事業体は，不正リスク管理に関するニーズを満たす代替手段を検討している。

中小規模の事業体には，現行のデータ解析ソフトの能力を理解することがまずは重要となる。ほとんどのアプリケーションソフトパッケージは，定期的に作成し，確認できるさまざまな標準仕様でのレポート機能を持つ。

不審なデータ入力を識別するために，（金額，日付，従業員番号，証券番号などにより）ファイルをソートし，最上位・最下位の記録を確認するなどの，エクセルを利用した簡単であるが効果的なテストをすることが可能である。データは，期間や場所により抽出することができ，エクセルは異常を検知するためのトレンド分析を提供できる。フィルター（機能）は，不審な入力を識別するのに役立つ。データは営業担当者，レジ係ごとに分類され，フィルターは，返品やデータの無効化などを識別するのに利用できる。

中小規模の事業体企業は，リスクの領域に焦点を当てる特定の検証を行うためにコンサルタントを雇うかまたは外部の監査人へ依頼することや，そのような領域をモニタリングするための特殊なレポートを開発させることが可能である。加えて商用開発されたデータ分析パッケージでも一連のデータ分析のテストを実行するのに非常に効果的である。これらのプログラムはメニュー方式で使いやすいことが多く，最低限の研修を受け，経験を持つ人員でも企業不正リスク管理の一部として検証を実施することが可能になる。

モニタリング活動

事業を経営する経営者により定期的に実施されるモニタリング活動は，他の不正リスク管理の原則が存在し，機能していることに関する情報を提供し得る。多くの中小規模の事業体の経営者は，モニタリング活動を定期的に実施するが，常に不正リスク管理と内部統制の有効性に貢献できているわけではない。これらの活動は，通常は手作業により，時にはコンピュータ・ソフトウェアに依存して行われるが，不正リスク管理プロセスの設計，適用および運用ならびに不正リスク管理プログラムの有効性の評価において，十分に考慮されるべきである。

費用対効果の高い不正リスク管理の達成における中小規模の事業体の優位性

多くの中小規模に事業体では，組織や業務が複雑でないという事実により，これまで述べてきた中小規模の事業体の課題は大きく低減されている。これにより不正リスク評価の実施は，より容易になる。中小規模の事業体が全業務領域の知識を持った人間の小規模なチームが単独でリスク評価を実施できるのに比べ，より大規模で複雑な企業では，全業務領域を取り扱うために複数のリスク評価チームを編成しなくてはならない。

大規模で複雑な企業では，重要な不正リスクが看過される可能性が高いだろう。一方，中小規模の事業体では，すべての重要な不正リスクが識別され，低減されるという保証が得ることが可能である。

付録 D

参照文献

A.B.C.'s of Behavioral Forensics: Applying Psychology to Financial Fraud Prevention and Detection published by John Wiley & Sons (2013) with Sridhar Ramamoorti, David E. Morrison, III, Joseph W. Koletar.

Abdolmohammadi, M. 2012. Chief audit executives' assessment of internal auditors' performance attributes by professional rank and cultural cluster. *Behavioral Research in Accounting 24* (1): 1–23.

ACFE. *The CFE Credential.* acfe.com/cfe-credential.aspx

ACFE, *The Fraud Tree.* acfe.com/fraud-tree.aspx

ACFE. *Fraud Examiners Manual,* Association of Certified Fraud Examiners, 2016.

ACFE. Report to the Nations on Occupational Fraud and Abuse 2012 Global Fraud Study. Association of Certified Fraud Examiners, Inc., 2012.
acfe.com/uploadedFiles/ACFE_Website/Content/rttn/2012-report-to-nations.pdf

ACFE. Report to the Nations on Occupational Fraud and Abuse: 2016 Global Fraud Study. Association of Certified Fraud Examiners, Inc., 2016. acfe.com/report-to-nations

ACFE, AIPCA, and The IIA. *Managing the Business Risk of Fraud: A Practical Guide.* 2011.
aicpa.org/interestareas/forensicandvaluation/resources/practaidsguidance/downloadabledocuments/managing_business_risk_fraud.pdf

AICPA, (2015). *Certified in Financial Forensics (CFF) Credential Overview.* Retrieved From
aicpa.org/InterestAreas/ForensicAndValuation/Membership/Pages/Overview%20Certified%20in%20Financial%20Forensics%20Credential.aspx

AICPA, (2005, 2016). *Management Override of Internal Controls: The Achilles Heel of Fraud Prevention.* Retrieved from
aicpa.org/forthepublic/auditcommitteeeffectiveness/downloadabledocuments/achilles_heel.pdf

AICPA, (2008). *Managing the Business Risk of Fraud: A Practical Guide, a Joint publication of the IIA, AICPA, and ACFE.* Retrieved from:
aicpa.org/_catalogs/masterpage/Search.aspx?S=managing+business+risk+of+fraud

AICPA, (2015), Standards and Ethics, *American Institute of CPAs.* Retrived from
aicpa.org/interestareas/tax/resources/standardsethics/pages/defaultold.aspx

AICPA. 2002. *SAS 99: Consideration of Fraud in a Financial Statement Audit.* New York, NY: AICPA.

AICPA, (2009). *The Guide to Investing Business Fraud. American* Institute of CPAs.

Ahmed, Mohammed and Donna Epps. Fraud, Bribery and Corruption: Protecting Reputation and Value. Deloitte Development LLC, 2011.

Amiram, Dan; Bozanic, Zahn; and Rouen, Ethan, Financial statement errors: evidence from the distributional properties of financial statement numbers, Springer Science+Business Media New York 2015.

Anti-Fraud Collaboration. Closing the Expectation Gap in Deterring and Detecting Financial Statement Fraud: A Roundtable Summary. 2013.
na.theiia.org/standards-guidance/Public%20Documents/Anti-Fraud%20Collaboration%20 Report.pdf

Anti-Fraud Collaboration. How to Improve Your Whistleblower Program and Address
Impediments to Reporting. Webcast originally aired July 1, 2014.
antifraudcollaboration.org

Approaches for Establishing Fraud Risk Assessment Programs and Conducting Fraud Audit Risk Assessments within the Department of Defense. (2014, July 17).
Retrieved December 14, 2015, from **dodig.mil/pubs/documents/DODIG-2014-094.pdf**

Askelson, Ken, et. al. Global Technology Audit Guide 13: Fraud Prevention and Detection in an Automated World. The Institute of Internal Auditors, 2009.
theiia.org/bookstore/product/global-technology-audit-guide-gtag-13-fraud-prevention-anddetection-in-an-automated-world-download-pdf-1464.cfm

Audit Committee Institute. 2010 International Audit Committee Member Survey. KPMG International, 2010.
kpmg.com/FR/fr/IssuesAndInsights/ArticlesPublications/Documents/2010-ACI-Etudeinternationale. pdf

Bailey, C. D., C. M. Daily, and T. J. Phillips. 2011. Auditors' levels of dispositional need forclosure and effects on hypothesis generation and confidence. *Behavioral Research in Accounting* 23 (2): 27–50.

Ballou, Brian, Dan L. Heitger and Dale Stoel. How Boards of Directors Perceive Risk Management Information. Management Accounting Quarterly 12, no. 4 (2011): 14 – 22.
imanet.org/PDFs/Public/MAQ/2011_q3/MAQ_summer_2011_ballou.pdf

Bart, David P. and Scott Peltz. The Threat Within: Employee Fraud Detection and Prevention RSM

Basilico, Elisabetta and Hugh Grove. Major Financial Reporting Frauds of the 21st Century: Corporate Governanceand Risk Lessons Learned. *Journal of Forensic & Investigative Accounting 3, no. 2* (2011): 191 -226.
bus.lsu.edu/accounting/faculty/lcrumbley/jfi a/Articles/FullText/2011_v3n2a7.pdf

BDO Consulting. Doing Business Abroad: Spotlight on UK Bribery Act. BDO, 2011. BDO Seidman, LLP. BDO Consulting: The New UK Bribery Act—What does It Really Mean?.

BDO Seidman. Effective Audit Committees in the Ever Changing Marketplace. A sense, 2010.
bdo.com/insights/assurance/client-advisories/effective-audit-committees-guide

参照文献

Belski, W., Brovosky, J. & K. A. Richmond, (2003, reprinted in 2007). A few bad apples in the bunch? A post-Enron examination of the business student's perception of the prestige of the accounting profession. *New Accountant,* 704: 12-15.

Bierstaker, J., and A. Wright. 2001. The effects of fee pressure and partner pressure on audit planning decisions. *Advances in Accounting* 18: 25–46.

Bierstaker, J., and A. Wright. 2005. The effect of partner preferences on the development of risk- adjusted program plans. *Advances in Accounting* 21: 1–23.

Brazel, Joseph, Keith Jones, and Mark Zimbelman. Using Non-financial Measures to Assess Fraud Risk. The IIA, 2008.
theiia.org/bookstore/product/using-nonfinancial-measures-to-assess-fraud-risk-1374.cfm

Brazel, J., T. Carpenter, G. Jenkins. 2010. Auditors' use of brainstorming in the consideration of Fraud: Reports from the field. *The Accounting Review* 85 (4): 1273–1301.

Burnaby, P., M. Howe, and B. W. Muehlmann. 2011. Detecting fraud in the organization: An internal audit perspective. *Journal of Forensic & Investigative Accounting* 3 (1): 195–233.

Carpenter, T. D., C. Durtschi, L. M. Gaynor. 2011. The incremental benefits of a forensic accounting course on skepticism and fraud-related judgments. *Issues in Accounting Education* 26 (1): 1–21.

Carpenter, T. D., and J. L. Reimers. 2013. Professional skepticism: The effects of a partner's influence and the level of fraud indicators on auditors' fraud judgments and actions. *Behavioral Research in Accounting* 25 (2): 45–69.

Carpenter, Tina and Jane L. Reimers. Professional Skepticism: The Effects of a Partner's Influence and the Presence of Fraud on Auditors' Fraud Judgments and Actions. SSRN, September 1, 2009. **ssrn.com/abstract=1068942**

Center for Audit Quality. (2014). *The Fraud-Resistant Organization: Tools, Traits and Techniques to Deter and Detect Fraud, the Anti-Fraud Collaboration.* Retrieved From:
thecaq.org/docs/anti-fraud-collaboration-report/the-fraud-resistant-organization.pdf?sfvrsn=4

Center for Audit Quality. Deterring and Detecting Financial Reporting Fraud: A Platform for Action. 2010.
thecaq.org/docs/reports-and-publications/deterring-and-detecting-financial-reporting-frauda-platform-for-action.pdf?sfvrsn=0

Chambers, R. 2014. When internal auditors dissent: The value of pushing back. *Internal Auditor.* December 8. Available at:
iaonline.theiia.org/blogs/chambers/2014/Pages/When-Internal-Auditors-Dissent-The-Value-of-Pushing-Back.aspx

Choe Sang-Hun. Help Wanted: Korean Busybodies with Cameras, *The New York Times,* September 28, 2011, A-6. CIMA. Fraud Risk Management: a Guide to Good Practice. London: CIMA, 2009.
cimaglobal.com/documents/importeddocuments/cid_techguide_fraud_risk_management_feb09.pdf.pdf

Choo, F. and K. Tan. 2000. Instruction, skepticism, and accounting students' ability to detect frauds in auditing. *The Journal of Business Education* 1 (Fall): 72–87.

Coderre, David, (2009). Internal Audit: Efficiency Through Automation. Wiley. Retrieved from
wiley.com/WileyCDA/Section/idWILEY2_SEARCH_RESULT.html?query=internal%20 audit%3A%20efficiency%20 through%20automation

Coderre, David, (2009). Fraud Analysis Techniques Using ACL. Wiley. Retrieved from
wiley.com/WileyCDA/WileyTitle/productCd-0470392444.html

Coderre, David, (2009). Computer Aided Fraud Prevention and Detection: A Step by Step Guide. Wiley. Retrieved from
wiley.com/WileyCDA/WileyTitle/productCd-0470392436.html

Cohen, J. R., D. W. Dalton, and N. L. Harp. 2014. The effect of professional skepticism on job attitudes and turnover intentions within the audit profession. Working paper, Boston College.

Cohen, J. R., G. Krishnamoorthy, and A. M. Wright. 2007. The impact of roles of the board on auditors' risk assessments and program planning decisions. Auditing: *A Journal of Practice & Theory* 26 (1): 91–112.

Committee of Sponsoring Organizations of the Treadway Commission. Internal Control – Integrated Framework. 2013. **COSO.org/IC.htm**

Commonwealth fraud control guidelines. (2011). Retrieved December 14, 2015, from
ag.gov.au/Publications/Documents/CommonwealthFraudControlGuidelinesMay2002/Commonwealth Fraud Control Guidelines March 2011.pdf

Corporate Executive Board. Research Reveals That Integrity Drives Corporate Performance:Companies With Weak Ethical Cultures Experience 10x More Misconduct Than Those With Strong Ones. Press Release, September, 2010.
news.executiveboard.com/index.php?s=23330&item=50990

Cotton, D. L. 2000. Dissecting fraud. Disclosures, Virginia Society of CPAs.
cottoncpa.com/wp-content/uploads/2014/08/Dissecting-Fraud-2000.pdf

Cotton, D. L. 2007. Eleven sad words about fraud—but help is on the way. Disclosures, Virginia Society of CPAs.
cottoncpa.com/wp-content/uploads/2014/08/Eleven-Sad-Words-About-Fraud.pdf

Counterparty Risk Management Policy Group. Containing Systemic Risk: The Road to Reform the Report of the CRMPG III. Counterparty Risk Management Policy Group, 2008.
crmpolicygroup.org/docs/CRMPG-III.pdf

Cushing, B. E. 2000. Economic analysis of skepticism in an audit setting. In *14th Symposium on Auditing Research,* eds. I. Solomon and M.E. Peecher, 1–3. University of Illinois at Urbana-Champaign: Office of Accounting Research.

参照文献

DeZoort, T., and P. Harrison. 2008. An evaluation of internal auditor responsibility for fraud detection. Altamonte Springs, FL: Institute of Internal Auditors Research Foundation.

Deloitte & Touche. Audit Committee Resource Guide. Deloitte Development LLC, 2011.
iasplus.com/de/binary/usa/1004auditcommitteeguide.pdf

Deloitte Forensic Center. Anti-Corruption Practices Survey 2011: Cloudy With a Chance of Prosecution? Deloitte Development LLC, 2011.
unpan1.un.org/intradoc/groups/public/documents/apcity/unpan047888.pdf

Deloitte Forensic Center. Ten Things About Bankruptcy and Fraud a Review of Bankruptcy Filing. Deloitte Development LLC, 2008.
bankruptcyfraud.typepad.com/Deloitte_Report.pdf

Dienhart, John, et al. Enterprise Risk Management: Why the Ethics and Compliance Function Adds Value. The ERC Fellow Research Series, 2010.
ethics.org/files/u5/ERM.pdf

Domzalsk, Patricia T. Cooking the Fraud Triangle: A Recipe for Disaster. Financialexecutives.org.
financialexecutives.org/eweb/upload/chapter/Philadelphia/Cooking%20the%20Fraud%20 Triangle%20-%20A%20 Recipe%20for%20Disaster.pdf

Donnelly, D. P., J. J. Quirin, and D. O'Bryan. 2003. Auditor acceptance of dysfunctional audit behavior: An explanatory model using auditors' personal characteristics. *Behavioral Research in Accounting* 15: 87–110

ERC. 2011 National Business Ethics Survey. Ethics Resource Center, 2012.
ethics.org/research/eci-reext item.search/nbes

ERC. 2013 National Business Ethics Survey. Ethics Resource Center, 2014.
ethics.org/research/eci-reext item.search/nbes

Ethics Fellows Program. Too Big To Regulate? Preventing Misconduct in the Private Sector. Ethics Resource Center, 2010.

EY. Global Bribery and Corruption Fraud Risks. 5: Insights for Executives to Cover, 2011. EY. European Fraud Survey 2011. EYGM Limited, 2011.EY. Growing Beyond: A Place for Integrity 12th Global Fraud Survey. EYGM Limited, 2013.
ey.com/Publication/vwLUAssets/Global-Fraud-Survey-a-place-for-integrity-12th-Global-Fraud-Survey/$FILE/EY-12th-GLOBAL-FRAUD-SURVEY.pdf

EY. Overcoming Compliance Fatigue Reinforcing the Commitment to Ethical Growth 13th Global Fraud Survey.EYGM Limited,
ey.com/Publication/vwLUAssets/Overcoming_compliance_fatigue/$FILE/13th%20GLOBAL% 20FRAUD%20SURVEY%20FINAL%20low%20res.pdf

EY. Navigating Today's Complex Business Risks, Europe, Middle East, India and Africa Fraud Survey 2013. EYGM Limited, 2013.
ey.com/Publication/vwLUAssets/Navigating_todays_complex_business_risks/$FILE/Navigating_todays_complex_business_risks.pdf

Fay, R., and N. R. Montague. 2015. I'm not biased, am I? *Journal of Accountancy.* February 1. Available at:
journalofaccountancy.com/issues/2015/feb/auditing-judgment-bias.html

Flood, Brian. Addressing the Risks of Fraud and Misconduct. (Presentation at the Internal Auditor's Association Conference, Austin, TX, December 1, 2010.)

Fraud. (2012, April 1). The Scottish Government. Retrieved December 14, 2015, from
gov.scot/Topics/Government/Finance/spfm/fraud

Fraud and the Government Internal Auditor. (2012). Retrieved December 14, 2015, from
gov.uk/government/uploads/system/uploads/attachment_data/file/207217/Fraud_and_the_Government_Internal_Auditor.pdf

Fraud Risk Assessment and Effective and Proportionate Anti-Fraud Measures. (2014, June 1). Retrieved December 14, 2015, from
ec.europa.eu/sfc/sites/sfc2014/files/sfc-files/guidance_fraud_risk_assessment.pdf

Fraud Risk Assessment. (n.d.). Retrieved December 14, 2015, from
nd.gov/fiscal/docs/fraudriskdocumentwithappendix.pdf

Fullerton, R. R., and C. Durtschi. 2004. The effect of professional skepticism on the fraud detection skills of internal auditors. Working paper, Utah State University.

Gazzaway, Trent, et al. Guidance on Monitoring Internal Control Systems. Internal Control — Integrated Framework, 1-4. The Committee of Sponsoring Organizations of the Treadway Commission, 2009.
COSO.org/documents/COSO_Guidance_On_Monitoring_Intro_online1.pdf

Girgenti, Richard and Timothy Hedley. Managing the Risk of Fraud and Misconduct; Meeting the Challenges of a Global, Regulated, and Digital Environment. New York: McGraw Hill, 2011.

Glover, Steven M., KPMG LLP and Douglas F. Prawitt. Enhancing Board Oversight Avoiding Judgment Traps and Biases. The Committee of Sponsoring Organizations of the Treadway Commission, 2009
COSO.org/documents/COSO-EnhancingBoardOversight_r8_Web-ready%20(2).pdf

Glover, Steven M. and Douglas F. Prawitt. Enhancing Auditor Professional Skepticism. Global Public Policy Committee. 2013.
thecaq.org/docs/research/skepticismreport.pdf

Gramling, A. A., and P. M. Myers. 2003. Internal auditors' assessment of fraud warning signs: Implications for external auditors. *The CPA Journal* (June): 19–24.

Grant Thornton. "Enterprise Risk Management: Creating Value in a Volatile Economy." Corporate Governor, Summer, 2009.
grantthornton.com/staticfiles/GTCom/Advisory/CorporateGovernor/CGwhitepaper_ERM_FINAL.pdf

Grant Thornton. Managing Fraud Risk: The Audit Committee Perspective. The Audit Committee Guide Series.
grantthornton.com/~/media/content-page-files/audit/pdfs/ACH-guides/ACH_Guides_Managing_Fraud_Risk_.ashx

参照文献

Grant Thornton. Monitoring the System of Internal Control. The Audit Committee Guide Series.
boardoptions.com/monitoringinternalcontrol.pdf

Grant Thornton. Overseeing the Internal Audit. The Audit Committee Guide Series.
grantthornton.com/staticfiles/GTCom/Audit/ Assurancepublications/Audit%20committee%20guides/ ACH_Guides_Overseeing_Internal_Audit_WEB.pdf

Gul, F. A. 1984. The joint and moderating role of personality and cognitive style on decision making. *The Accounting Review* 59 (2): 264–277.

Guthrie, C. P., C. S. Norman, and J. M. Rose. 2012. Chief Audit Executives' Evaluations of Whistle-Blowing Allegations. *Behavioral Research in Accounting* 24 (2): 87–99.

Hammersley, J., E. M. Bamber, and T. Carpenter. 2010. The influence of documentation specificity and priming on auditors' fraud risk assessments and evidence evaluation decisions. *The Accounting Review* 85 (2): 547–571.

Harden, W., Biggart, T. & Richmond, K. A. (2003). Jobs and growth tax relief reconciliation act of 2003: A financial professional's overview. *The Journal of Financial Service Professionals*, 57 (5): 36-44.

Hartman, L. P., Elm, D. R. , Radin, T. J. , & Pope, K. R. (2009). Translating corporate culture around the world: A cross-cultural analysis of whistleblowing as an example of how to say and do the right thing. *Politeia: Corporate and Stakeholder Responsibility Theory and Practice*, 105 (93): 255-272.

Hayes, A. F. 2013. *Mediation, Moderation, and Conditional Process Analysis: A Regression based Approach.* New York, NY: The Guilford Press.

Hendrickson, Justin. Whose Job is it? Deciphering Roles and Responsibilities in Enterprise Risk Management. Corporate Governor, Winter, 2011.
internalaudits.duke.edu/documents/articles_archive/ CorporateGovernor7_25_11.pdf

Hernandez, J. R., and T. Groot. 2007. How trust underpins auditor fraud risk assessments. Working paper, Free University of Amsterdam.

Hoffman, V., and M. F. Zimbelman. 2009. Do strategic reasoning and brainstorming help auditors change their standard audit procedures in response to fraud risk? *The Accounting Review* 84 (3): 811–837.

Hogan, C. E., Z. Rezaee, R. A. Riley, Jr., and U. K. Velury. 2008. Financial statement fraud:Insights from the academic literature. *Auditing: A Journal of Practice & Theory* 27 (2):231–252.

Howell, Joseph and Thomas Ray. 2015. How to Thrive in the New Era of Professional Skepticism White Paper.
workiva.com/sites/default/files/SOX-eBook-Auditor-Skepticism-Implications-for-Financial-Management.pdf

Hundt, Reed, et. al. Toward a Single Global Digital Economy: The First Report of The Aspen Institute Idea Project. The Aspen Institute, 2012.
aspeninstitute.org/publications/toward-single-global-digital-economy-first-report-aspeninstitute-idea-project

Hurtt, R. K. 2010. Development of a scale to measure professional skepticism. *Auditing: A Journal of Practice & Theory* 29 (1): 149–171.

Hurtt, R. K., H. Brown-Liburd, C. E. Earley, and G. Krishnamoorthy. 2013. Research on auditor professional skepticism: Literature synthesis and opportunities for future research. *Auditing: A Journal of Practice & Theory* 32 (Supplement 1): 45–97.

Hurtt, R. K., H. M. Eining, and D. Plumlee. 2012. Linking professional skepticism to auditors' behaviors. Working paper, Baylor University, and University of Utah.

Institute of Internal Auditors. 2009. *International Professional Practices Framework* – Practice Guide: Internal Auditing and Fraud. Altamonte Springs, FL: IIA. Available at:
na.theiia.org/standards-guidance/recommended-guidance/ practice-guides/Pages/Internal-Auditing-and-Fraud-Practice-Guide.aspx

Institute of Internal Auditors. 2012. *International Standards for the Professional Practice of Internal Auditing (Standards).* Altamonte Springs, FL: IIA. Available at: **theiia.org**

International Federation of Accountants (IFAC). 2006. *Handbook of International Auditing, Assurance, and Ethics Pronouncements.* New York, NY: International Federation of Accountants.

Jordan, Bailey and Warren Stippich. Is ERM Right For Your Organization? Corporate Governor, Winter, 2010.
insights.grantthornton.ca/i/103856/2

Kaden, Kevin J. Cross-Border Due Diligence: Addressing Local Complications? ViewPoints, no. 1 (2011): 6.

Kaplan, S., Pope, K. & Samuels, J. (2010). The Effect of Social Confrontation on Individuals' Internal Reporting Intentions of Fraud. *Behavioral Research in Accounting,* 22 (2): 51-67

Katz, Jeffrey M. Post-Acquisition Dispute Arbitration: Key Factors To Consider. ViewPoints, no.1 (2011): 7-9.

KPMG. The Audit Committee Journey Charting Gains, Gaps, and Oversight Priorities. KPMG International, 2008.
auditcommitteeinstitute.ie/documents/InternationalSurvey_Aug08.pdf

KPMG. The Audit Committee Journey Evolving Priorities, Practices, and Perspectives—A Global View. KPMG International, 2007.
auditcommitteeinstitute.ie/documents/InternationalSurvey_July07.pdf

KPMG. Fraud and Misconduct Survey 2010. KPMG LLP, 2010.
kpmg.com/AU/en/IssuesAndInsights/ArticlesPublications/ Fraud-Survey/Documents/Fraudand-Misconduct-Survey-2010. pdf

KPMG. Highlights from the 7th Annual Audit Committee Issues Conference. KPMG LLP, 2011.
kpmg.com/Global/en/IssuesAndInsights/ArticlesPublications/ Documents/audit-committeissues-conference-highlights-2011. pdf

参照文献

KPMG. Integrity Survey. KPMG LLP, 2013.
kpmg.com/CN/en/IssuesAndInsights/ArticlesPublications/Documents/Integrity-Survey-2013-O-201307.pdf

KPMG. Is Governance Keeping Pace? KPMG LLP, 2012.
kpmg.com/BM/en/IssuesAndInsights/ArticlesPublications/Documents/Advisory/IsGovernancekeepingpace.pdf

KPMG. KPMG Singapore Fraud Survey Report 2011. KPMG Services Pte. Ltd., 201
kpmg.com/SG/en/IssuesAndInsights/ArticlesPublications/Documents/kpmgSgFraudSurvey-Report2011.pdf

KPMG. Survey on Bribery and Corruption Impact on Economy and Business Environment. KPMG, 2011.
kpmg.com/Global/en/IssuesAndInsights/ArticlesPublications/Documents/bribery-corruption.pdf

KPMG. Who is The Typical Fraudster. KPMG LLP, 2011.
kpmg.com/US/en/IssuesAndInsights/ArticlesPublications/Documents/who-is-the-typicalfraudster.pdf

KPMG and NACD. The Audit Committee Journey Adapting to Uncertainty, Focusing on Transparency. KPMG LLP, 2010
auditcommitteeinstitute.ie/documents/aci-nacd-survey-2010.pdf

KPMG and NACD. The Audit Committee Journey — Recalibrating for the New Normal. KPMG LLP, 2009.
auditcommitteeinstitute.ie/documents/2009_ACI_NACD_AC_Member_Survey.pdf

KPMG and NACD. 2011 Public Company Audit Committee Member Survey – Highlights. KPMG, 2011.
kpmg.com/FR/fr/IssuesAndInsights/ArticlesPublications/Documents/Public-Company-Audit-Committee-Member-Survey-Highlights-2011.pdf

Kroll, et. al. 2013/2014 Global Fraud Report. New York: Kroll, 2013.
fraud.kroll.com/wp-content/uploads/2013/10/GlobalFraudReport_2013-14_WEB.pdf

Lackstrom, Carl. Preparing for Fraud: Performing Fraud Response Planning. RSM McGladrey Inc., November, 2006.

Lowe, D., Jordan, Pope, K. & Samuels, J. (2014) An Examination of Financial Sub-certification and Timing of Fraud Discovery on Employee Whistleblowing Reporting Intentions. Journal of Business Ethics, January 2014.

LRN Corporation. Executive Summary. Ethics & Compliance Alliance Risk Forecast Report 2012. LRN Corporation, 2012.
lon.lrn.com/operational-guidance-whitepapers/lrn-2012-ethics-compliance-alliance-ecarisk-forecast-report-execut

LRN Corporation. Ethics & Compliance Alliance Risk Forecast Report 2013.
pages.lrn.com/risk-forecast-report-2013

LRN Corporation. The Impact of Codes of Conduct on Corporate Culture: Measuring the Immeasurable. LRN Corporation, 2006.
hcca-info.org/portals/0/pdfs/resources/library/impactcodesconduct_lrn.pdf

LRN Corporation. The HOW Report: New Metrics for a New Reality. 2012.
pages.lrn.com/how-report

LRN Corporation. 2011–2013 Ethics & Compliance Leadership Survey Report. 2013.
pages.lrn.com/2013-ethics-compliance-leadership-survey-report

Maclay, Andrew, Glenn Pomerantz and Martina Rozumberkova. Will Your Anti-Corruption Program Pass the Test? ViewPoints, no. 1 (2011): 4-5.

Management's Responsibility for Internal Controls. (2010, October 1). Retrieved December 14, 2015, from
osc.state.ny.us/localgov/pubs/lgmg/managementsresponsibility.pdf

Managing the Risk of Fraud: Actions to Counter Fraud and Corruption. (n.d.). Retrieved December 14, 2015, from
westlothian.gov.uk/media/1628/Managing-the-Risk-of-Fraud/pdf/fraud-CIPFA.pdf

Managing the risk of procurement fraud. (n.d.). Retrieved December 14, 2015, from
local.gov.uk/documents/10180/6869714/Managing the risk of procurement fraud/82c90add-fc57-4654-b9ca-f29048e6428b

Marais, Petrus and Naomi Smit. Africa Fraud Barometer 2011 – Is Fraud in Africa on the Decrease? KPMG International, 2012.
kpmg.com/africa/en/issuesandinsights/articles-publications/press-releases/pages/africafraud-barometer.aspx

McGladrey. Audit Committee Guide for Financial Institutions. McGladrey LLP, 2013.
rsmus.com/what-we-do/industries/financial-institutions/audit-committee-guide-forfinancial-institutions.html

McGladrey and The IIA. Global Corruption Law Compliance Report – Insights from the Middle Market. McGladrey LLP, 2013.
mcgladrey.com/content/mcgladrey/en_US/what-we-do/services/financial-advisory/forensic-accounting-and-fraud-investigations/global-corruption-law-compliance-reportinsights-from-the-middle-market.html

McNeal, Andi. The Role of the Board in Fraud Risk Management. The Conference Board Inc., January, 2011. doi: DN-V3N21-11.
conference-board.org/retrievefile.cfm?filename=TCB-DN-V3N21111.pdf&type=subsite

NACD. Honing Skepticism. National Association of Corporate Directors, 2013.
nacdonline.org/files/NACD%20Directorship%20article%20-%20Honing%20Skepticism.pdf

NACD. Report of the NACD Blue Ribbon Commission on Director Professionalism. District of Columbia: National Association of Corporate Directors, 2011 edition.
nacdonline.org/Store/ProductDetail.cfm?ItemNumber=3721

NACD. Report of the NACD Blue Ribbon Commission on the Effective Lead Director. National Association of Corporate Directors, 2011.
nacdonline.org/Store/ProductDetail.cfm?ItemNumber=3934

参照文献

NACD. Report of the NACD Blue Ribbon Commission on Risk Governance. National Association of Corporate Directors, 2009. **nacdonline.org/Store/ProductDetail.cfm?ItemNumber=675**

NACD and the Anti-Fraud Collaboration. Skepticism Series to Combat Fraud. October 1, 2012, and continuing. **nacdonline.org/Education/skepticismwebinars.cfm?navItemNumber=3717**

Nelson, M. W. 2009. A model and literature review of professional skepticism in auditing. *Auditing: A Journal of Practice & Theory* 28 (2): 1–34.

Nolder, C., and K. Kadous. 2014. The way forward on professional skepticism: Conceptualizing professional skepticism as an attitude. Working paper, Suffolk University.

Norman, C. S., A. M. Rose, and J. M. Rose. 2010. Internal audit reporting lines, fraud risk decomposition, and assessments of fraud risk. ***Accounting, Organizations and Society* 35 (5): 546–557.**

Norman C. S., J. M. Rose, and I. S. Suh. 2011. The effects of disclosure type and audit committee expertise on Chief Audit Executives' tolerance for financial misstatements. *Accounting, Organizations and Society* 36 (2): 102–108.

Office of the Chief Accountant of the SEC. Study and Recommendations on Section 404(b) of the Sarbanes-Oxley Act of 2002 for Issuers with Public Float Between $75 and $250 Million. SEC, April 2011. **sec.gov/news/studies/2011/404bfloat-study.pdf**

Oversight Systems. The 2007 Oversight Systems Report on Corporate Fraud. Ethicsworld.org. Inc. **ethicsworld.org/ethicsandemployees/PDF%20links/Oversight_2007_Fraud_Survey.pdf**

Pergola, Carl W. An Integrated Approach To Anti-Corruption. Law 360. **law360.com/articles/269387/an-integrated-approach-to-anti-corruption**

Pergola, Carl W. Letter from the Executive Director. ViewPoints, no. 1 (2011): 1.

Pergola, Carl W. Simplicity in the Face of Complexity: An Integrated Approach to Anti-Corruption Initiatives. ViewPoints, no. 1 (2011): 2-3

Peytcheva, M. Professional skepticism and auditor cognitive performance in a hypothesistesting task. *Managerial Auditing Journal* 29 (1): 27–49.

Pomerantz, Glenn M., Brian J. Mich and Martina Rozumberkova. Doing Business in Russia: Navigating the Challenges of Corruption. Financier Worldwide Limited, February 2012. **bdoconsulting.com/documents/Feb_2012_POMERANTZ_MICH_ROZUMBERKOVA_Financier_Worldwide_Doing_Business_in_Russia.pdf**

Pope, K., & Lee, C. (2013). Could the Dodd-Frank Wall Street Reform and Consumer Protection Act of 2010 be Helpful in Reforming Corporate America? An Investigation on Financial Bounties and Whistle-Blowing Behaviors in the Private Sector. Journal Of Business Ethics, 112(4), 597-607. 2008 16th Annual Conference AEPP Honorable Mention-Best Paper Award

Pope, K. & Churyk, N. (2014) The Anatomy of A Whistleblowing Letter: A Descriptive Study. Journal of Forensic & Investigative Accounting, Vol. 6, Issue 1, January-June 2014.

Pope, K. R. & Ong, B. (2007). The CPA as the modern forensic accountant: Strategies for forming an effective forensic accounting team. *The CPA Journal,* 77 (4): 64-67.

Pope, K. R. & Smith, P. C. (2005). Machiavellian tendencies of nonprofit healthcare employees. *Journal of Health Care Finance*, 32 (2): 19-31.

Pope, K. R. & Vosicky, K. (2006). Managing the risks of commercial relationships, *Accounting Today,* 20 (20): 6.

Pope, K. R. (2006). Measuring the ethical propensities of accounting students: Mach IV versus DIT. *Journal of Academic Ethics,* 3 (2-4): 89-111.

Power, M. The apparatus of fraud risk. 2013. *Accounting, Organizations, and Society* 38:525–543.

Preacher, K. J., D. D. Rucker, and A. F. Hayes. 2007. Addressing moderated mediation hypotheses: Theory, methods, and prescriptions. *Multivariate Behavioral Research* 42 (1): 185–227.

Protiviti. 2010 Sarbanes-Oxley Compliance Survey Where U. S.-Listed Companies Stand:Reviewing Cost, Time, Effort and Processes. Protiviti, 2010. **protiviti.com/en-US/Documents/Surveys/2010-SOX-Compliance-Survey-Protiviti.pdf**

Protiviti. 2011 Sarbanes-Oxley Compliance Survey Where U. S.-Listed Companies Stand:Reviewing Cost, Time, Effort and Processes. Protiviti, 2011. **protiviti.com/en-US/Documents/Surveys/2011-SOX-Compliance-Survey-Protiviti.pdf**

Protiviti. 2012 Sarbanes-Oxley Compliance Survey Where U. S.-Listed Companies Stand:Reviewing Cost, Time, Effort and Processes. Protiviti, 2012. **protiviti.com/en-US/Documents/Surveys/2012-SOX-Compliance-Survey-Protiviti.pdf**

Public Company Accounting Oversight Board. Consideration of Fraud in a Financial Statement Audit. SAS No. 1, Section 316 (2002). **pcaobus.org/standards/auditing/pages/au316.aspx**

Public Company Accounting Oversight Board. Due Professional Care in the Performance of Work. SAS No. 1, Section 230 (2002). **pcaobus.org/Standards/Auditing/Pages/AU230.aspx#ps-pcaob_1c410f9b-5033-4f18-b865-af1307863bee**

PwC. Executive Summary. In Audit Committee Effectiveness: What Works Best, 4th Edition. The IIA ResearchFoundation, 2001. **theiia.org/bookstore/product/audit-committee-effectiveness-what-works-best-4thedition-1569.cfm#sthash.3nmX2fK2.dpuf**

PwC. Confronting Corruption: The Business Case for an Effective Anti-Corruption Program. PricewaterhouseCoopers LLP, 2008.

参照文献

pwc.com/en_TH/th/publications/assets/confronting_corruption_printers.pdf

PwC. Cybercrime: Protecting Against the Growing Threat. PricewaterhouseCoopers LLP, 2011.
pwc.com/bg/en/publications/assets/gecs-global-report-2011.pdf

PwC. Fighting Economic Crime in the Financial Services Sector. PricewaterhouseCoopers LLP, 2011.
pwc.com/en_GX/gx/economic-crime-survey/pdf/fighting-economic-crime-in-the-fi nancialservices-sector.pdf

PwC. The Global Economic Crime Survey Cybercrime in the Spotlight. November, 2011.
pwc.com/us/en/forensic-services/publications/assets/global-economic-crime-survey-ussupplement.pdf

Quadackers, L. 2007. The relationship between auditors' skeptical disposition and planning judgments in an analytical procedures task. Working paper, Vrije Universiteit, Amsterdam.

Quadackers, L., T. Groot, and A. Wright. 2014. Auditors' professional skepticism: Neutrality versus presumptive doubt. *Contemporary Accounting Research* 31 (3): 639–657.

Ratley, J., and R. Snell. 2014. Fraud at the top. *Internal Auditor* (October): 69–70.

Richmond, K. & Smith, P. C. (2007). Calls for greater accountability within the US nonprofit sector. *Academy of Accounting and Financial Studies Journal*, 11 (2): 75-87.

Richmond, K. A. & Smith, P. C. (2004). Ethical dilemmas in the nonprofit sector: The need for analysis of employee ethical behavior. *The Journal of Nonprofit Management*, 8 (1): 26-36.

Rollins, John. Addressing Financial Fraud in the Private Equity Industry. McGladrey LLP, 2014.
mcgladrey.com/content/dam/mcgladrey/pdf_download/wp_fas_addressing_financial_fraud.pdf

Schwartz, Ron. Procurement Fraud Investigative Techniques to Help Mitigate Risk. Deloitte Development LLC, 2010.

Schilit, Howard M. Financial Shenanigans: Detecting Accounting Gimmicks that Destroy Investments. CFA Institute Conference Proceedings Quarterly 27. no. 4 (2010): 67-74.
cfainstitute.org/learning/products/publications/cp/Pages/cp.v27.n4.1.aspx

Smith, P. C., McTier, K. A. & Pope, K. (2009). Nonprofit Employees' Machiavellian Propensities. *Financial Accountability & Management*, 25 (3): 335-352.

Steven E. Kaplan, Kelly Richmond Pope, Janet A. Samuels (2011) An Examination of the Effect of Inquiry and Auditor Type on Reporting Intentions for Fraud. Auditing: A Journal of Practice & Theory: November 2011, Vol. 30, No. 4, pp. 29-49.

Stippich, Warren. Conflict-of-Interest Internal Audit. CorporateGovernor, Winter, 2010.

Stippich, Warren and Mark Sullivan. Fraud in the Economic Recovery. CorporateGovernor, Spring, 2010.

The Conference Board of Canada. Enterprise Risk Management 2011: Taking ERM to the Next Level. (Paper presented at the meeting for The Conference Board of Canada ,Toronto, Canada, and December 5-6, 2011).
conferenceboard.ca/Libraries/CONF_PDFS_PUBLIC/11-0181.sflb

The IIA. All Hands on Deck: Partnering to Fight Fraud. Tone at the Top, no. 65 (2013).
na.theiia.org/periodicals/Public%20Documents/TaT_December_2013.pdf

The IIA. International Professional Practices Framework (IPPF). The IIA Research Foundation, 2013.
theiia.org/bookstore/product/international-professional-practice-framework-2011-1533.cfm

The IIA. Practice Advisory 1210.A2-2: Auditor's Responsibilities Relating to Fraud Investigation, Reporting, Resolution, and Communication. NJ IIA, last modified April 27, 2006.

The IIA. International Standards for the Professional Practice of Internal Auditing (Standards). The Institute of Internal Auditors, 2012.
na.theiia.org/standards-guidance/Public%20Documents/IPPF%202013%20English.pdf

The IIA. The Three Lines of Defense in Effective Risk Management Control. The Institute of Internal Auditors, 2013.
na.theiia.org/standards-guidance/Public%20Documents/PP%20The%20Three%20Lines%20of%20Defense%20in%20Effective%20Risk%20Management%20and%20Control.pdf

The IIA. Practice Advisory 1210. A2-1: Auditor's Responsibilities Risk to Fraud Risk Assessment, Prevention, and Detection. Njiia.org.

Turner, C. 2001. Accountability demands and the auditor's evidence search strategy: The influence of the reviewer preferences and the nature of the response (belief vs. action). *Journal of Accounting Research* 39 (3): 683–706.

Wells, J. T., *Corporate Fraud Handbook*, 4th Edition, John Wiley & Sons, 2013

Williams, Eric J. The Impact of Globalization on Internal Auditors: The Evolution of Internal Auditing. IIA, 2002. na.theiia.org/aboutus/Public%20Documents/Sawyer_Award_2002.pdf

Wilks, T. J., 2002. Predecisional distortion of evidence as a consequence of real-time audit review. The Accounting Review 77 (1): 51–71.

Wilks, T. J., and M. Zimbelman. 2004. Decomposition of fraud-risk assessments and auditors' sensitivity to fraud cues. *Contemporary Accounting Research* 21 (3): 719–745.

Woodford, Michael. Exposure: Inside the Olympus Scandal: How I Went from CEO to Whistleblower. acfe.com/exposure

Wright, M. E., and R. A. Davidson. 2000. The effect of auditor attestation and tolerance for ambiguity on commercial lending decisions. *Auditing: A Journal of Practice & Theory* 19 (2): 67-81.

付録E

データ解析と不正リスク管理

今日の組織には，データが至るところに存在する。勘定系経理システムからネットワーク・セキュリティ，電子メール，それにソーシャルメディアまで，データは現代の組織で，すべてを包括する屋台骨として存在している。このような状況で，企業内の複数の情報源から生じる複雑なデータセットを理解することは，不正リスク管理への対応，規制当局の要請への対応，不正調査の実施または不正の防止等の観点から非常に重要である。

データ解析の活用は，不正を防止，発見，調査する上で，極めて重要なツールとなる。「2016年版ACFEの国民への報告書」[84]は，プロアクティブなデータ解析の活用により，不正の継続期間は50%短縮され，不正の被害額は54%削減されたと報告している。加えて，次のように，データ解析は不正のトライアングルのすべての側面に対応している。

- **動機・プレッシャー**
  データ解析を使い，従業員に統制を無視しても問題ないと思わせるような管理業務や業務プロセスを識別できる。また，不正行為や過度の支出，その他の異常を示すと考えられるリスク要因を明らかにできる。
- **機会**
  データ解析を用い，主要な統制が存在し，それらが適正に機能していることを確認できる。これにより，不正発生を防止できる。
- **正当化**
  データ解析は，効果的な不正抑止である。自分が監視されていると知っている人間は，不正をはたらく可能性が低い。

不正リスク評価

データ解析の計画策定に当たり，まず組織は不正リスク評価を実施する（参照：本ガイド第2章）。その際に，不正リスクの識別と評価を支援するため，いくつかの技法やアプローチがある。ブレインストーミングに加え，組織は，不正リスク要因を精査し，重要な統制を識別し，その有効性を考慮し，正確性，適時性，権限などのビジネスプロセスを支援する重要なデータ項目を特定し，適切な防御があるかどうか判断する。

本付録は，これらの技法の応用と不正リスク評価への取組みの指針を提供し，解析手法の実用的な例をいくつか紹介する。本付録は，データ解析技法の適用方法や不正リスクへの対応について解説し，いくつかの解析技法の実用的な事例を紹介する。不正リスク要因の特定は，このプロセスに不可欠であり，組織のデータ解析のフレームワークに極めて重要である。

不正リスク要因の分析

組織は，不正リスク要因の特定のため，まず戦略を立案する。以下に示すような，単純なテンプレートの利用が，不正リスク要因やそれに対応する適確な解析方法を識別，評価することに役立つ。[85]

不正発見の技法は，トレンド分析や，検算の実行，異常値の検索のためにデータ分析を活用する。例えば，職務分掌に関する不正リスク評価では，誰が何の業務を担当しているかを特定するピボットテーブルを作成し，同一の人物が兼務すべきでない複数の職務（例えば，商品の受入れと請求書の入力）を遂行している事例を探す。

---

[84] 公認不正検査士協会（ACFE）公表「2016年版 職業上の不正と濫用に関する国民への報告書」
[85] 考慮すべき不正リスク要因のより包括的な見解についてはACFEの不正の体系図を参照。acfe.com/fraud-tree.aspx

データ解析と不正リスク管理

リスク要因	典型的な問題点	発見のための戦略
財務報告不正	・同業他社と比較し，業績指標が非現実的でないか？ ・収益，出荷，返品，値引の計上時期は，適切な報告期間と一致しているか？ ・費用の計上時期は，適切な報告期間と一致しているか？　金額の異常な増加，もしくは費用が資産化されていないか？	・収益分析を行う。これには，製造や売上額の傾向の評価，また賞与支給後の下方修正仕訳の有無を確認することも含まれる。 ・他の決算期との比較 ・上級経営者による記帳が示す，経営層による統制の無視 ・引当金額の設定や異常な額の変動
資産の不正流用 （電子的・物的資産）	・重要なデータへの不正アクセス ・第三者，または権限を持たない人物へのデータ漏洩 ・組織内で引き起こされたサイバー攻撃 ・物的資産の窃盗 ・架空の，あるいは水増しされた仕入先からの請求書 ・契約，入札の不正 ・幽霊社員 ・架空取引業者	・アクセス権や情報セキュリティのチェック ・ネットワーク・トラフィックとアクセス状況の分析 ・支払データのチェックとトレンド分析 ・経営者による統制の無効化がないかチェック ・隠れた関係や利益相反を特定するパターン・関連性分析
贈収賄と汚職	・従業員・納入業者間の利益相反 ・納入業者への支払を装った，キックバックや支払水増し ・過剰な，あるいは不自然な場所での飲食・出張・接待 ・第三者の販売業者や代理店への異例なマージン付与や支払	・従業員と納入業者の住所，電話番号等が一致しているか調べる ・不適切な支払がないか，買掛金や従業員への支払を分析する ・リスクが高い勘定科目を，総勘定元帳や補助簿で分析する ・サード・パーティ業者の登録やデュー・デリジェンスのプロセスを分析する

＊検討すべき不正リスク要因のより包括的な見解についてはACFEの不正の体系図（fraud tree）http://www.acfe.com/fraud-tree.aspxを参照。

データ解析フレームワーク

本ガイドは，データ解析について網羅的に検討することは意図していない。しかし，この付録で，有益なデータ解析のフレームワークを詳細に検討したい。有意義なデータ解析のフレームワークの構築には，5つの独立したフェーズがあり，フレームワークは，固有不正リスク，識別された統制上の弱点，不正の兆候の特定の各領域を評価できる。第3章で紹介したとおり，データ解析の5つのフェーズは，以下の図のように進む。

データ解析の設計	データ収集	データの体系化と計算	データ分析	分析結果，所見，修正
・業界・企業固有の知識を基にリスクを識別 ・リスクを適切なデータソースとマッピングし，可用性を評価 ・作業計画を策定し，解析と手順を定義 ・予定スケジュールと成果物を決定	・IT担当者と協力し，識別されたテストを関連するデータソースとマッピングする ・データの整合性と完全性を評価 ・データを抽出，変換/正常化し，解析プラットフォームへ取り込む ・当該データが完全かつ正確に取り込まれたことを確認	・解析作業計画を実行し必要な数字的手続を実施 ・受信データ，データの品質，ユーザーからのフィードバックを基に必要に応じてデータ解析を修正 ・テキスト・マイニング，統計的分析，パターン・関連性分析といった高度なデータ解析の統合を検討	・初期の解析結果を評価 ・可能であれば，スコアモデルを開発し，複数のリスク要因をもとに取引または事業体に優先順位をつける ・必要に応じてスコアモデルを調整し，関連性に沿って結果を絞り込む	・補足資料の要求および／または手に入り次第確認 ・サンプル抽出の決定または順位づけ／上申手続の判断 ・修正および／または調査計画を策定 ・必要に応じて結果を上申し，その処置を追跡

データ解析と不正リスク管理

この付録はこれらのフェーズについて詳細に考察する。付録Kも、読者が独自のデータ分析プログラムを検討できるように表形式の分析テストを提供する。

第1フェーズ：解析の設計

解析の設計に含まれるのは、リスクの識別、その識別されたリスクを入手可能なデータソースに結びつけること（マッピング）、解析手順の計画、およびスケジュールと成果物を定義することである。

業界と企業固有の知識に基づく不正の識別

あらゆる解析を成功させる鍵は、正しい質問で開始することである。初期段階で不正リスクを特定することが重要だが、その理由は、リスクが利用されるデータと技法を決定するのであって、逆ではないからだ。業界や企業に特有の不正リスクについての知識やプロジェクトチームの、経験などの人的要素は、リスク解析をすでに完了している不正リスク評価と合致させるために考慮すべき最重要の構成要素である。また、初期段階で正しく問題提起することに加え、不正対策のブレインストーミングの品質を保証することは、組織に有意義な解析結果をもたらす。

評価するためのテスト手法や対応するマッピングの決定と設計の際に有用な検討事項は、以下のとおりである。

- 業務プロセス：どの業務プロセスが高い不正リスクをはらんでいるか？ リスクが高いプロセスには、多くの場合、売上サイクル（受注から入金まで）と支払サイクル（購入から支払まで）が含まれる。他の高リスクのプロセスには、給与、引当金計上、旅費交通費、接待、棚卸資産が含まれる。
- 勘定科目：業務プロセスの中で、不審な勘定科目の組合せを示す、リスクが高い勘定科目はどれか？（例えば、借方に減価償却費、相殺する貸方に未払金。「**クッキージャー準備金**」）「雑費」、「管理費」または空白の科目名など曖昧で何でも収容可能な「包括的」記載が可能な科目は何か？
- 作成者：誰がその取引を入力し、承認したか？ 転記の分析や承認者レポートは、氏名別の支払件数、最小あるいは最大の科目、合計値、または統計的な外れ値を見ることにより、承認されていない転記や不適切な職掌分離を発見するのに役立つ。
- 時間軸：分析の期間はいつか？ 業務活動を経時的に調べることは、期末前後、週末、祝日、勤務時間外における活動の急激な増減を識別するのに役立つ。

リスクを適切なデータソースにマッピングし、データ可用性を評価する

当然のことであるが、データ解析の活用は、データへのアクセスを必要とする。ほとんどの場合、そのデータは組織内に存在するが、ソーシャルメディア、ニュース情報、インターネット上のイベント、公開情報などの外部データに傾くこともある。しかし、適切な関連を持つデータセットを特定し、そのデータ要件を定義し、必要とされるデータにアクセスするのは、常に容易とは限らない。このような考慮はすべての解析活動に適用できるが、特に、不正防止・発見・調査に関わる解析を行う際には、より一層当てはまる。加えて、データの整合性、解析の信頼性、結果の解釈は、たいへん重要である。

以下に示す図は、解析結果が事業目標にとって有意義であることを確保ために、的確な解析の設計に到達する手順の枠組みを示している。事業目標から始めることにより、その目標の達成を阻害する不正リスクに、解析を結びつけることができる。業務プロセスを確定した後、そのプロセスにおける統制の弱点を評価することが重要である。それにより、解析を関連する（業務プロセス上の）組織内外のデータソースにマッピングできる。活用できる解析手法を選択・開発するのは、このような要素を明確にして文書化して初めて可能になる。

データ解析と不正リスク管理

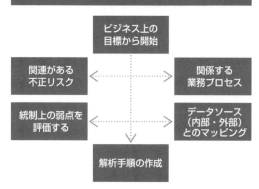

不正リスクが高い領域における統制を評価する[86]

簡単に述べると，単にデータソースでしかない「買掛金」全体の分析に注力するべきではない。分析は，不適切なあるいは不正な支払のリスク低減を目的とした「事業支出分析」と捉えるのがより良い。これを念頭に，買掛金勘定のみから得られるものから，利益相反に関する業者と従業員のマスターデータの検討，支払先の第三者の登録時のチェック手続を確認する，または否定的な報道やソーシャルメディア，第三者に関係する制裁など，不適切・不正支払に関する，より発展的な見方に焦点を移すことである。

作業計画を策定し，解析手順，スケジュール，成果物を定義する

解析の設計後，このフェーズの最終段階は，作業計画，手順，スケジュールの作成と，成果物の確認である。解析作業は，2～3週間だけで足りることが多い。あるいは，作業計画が，複数のデータソースを統合する，より大きな不正リスク評価，または監視の一部である場合，完了するのに数か月を要するだろう。現実的なタスク，リソース，日程の期待値を理解し設定することが重要である。それにより，経営層は，解析にかかるコストと，対象となる不正リスクの重要性を比較評価できる。

加えて，成果物の見本，事例の研究，報告やサニタイズされた（秘密にするべき情報を取り除いた），または仮説的データを利用した分析的ダッシュボードを経営陣または，将来のプロジェクトスポンサーに提供することも適切な期待値の設定を支援する上で有益である。このことは，実施予定のデータ分析作業へのリソースの割当てやプロジェクトスポンサーのコミットメントを得るために大きな役割を果たす。

第2フェーズ：データ収集

データ収集のフェーズに含まれるのはデータソースに予定されているテストをマッピングするためのIT部門の担当者との協働，データの完全性・整合性の確認，データの抽出とテストプラットフォームへの取込み，データが完全かつ正確に取り込まれたかの確認である。

適切なデータソースに識別したテストをマッピングするためのIT部門との協働

データ解析チームが解析方法を決定したら，必要なデータソースの管理者に，データの抽出やコピーを要求する。多くの場合，データ管理者は，組織のIT部門か，事業部門の担当者である。場合によっては，データ管理者は，外部のITサービス会社や，データホスティングプロバイダー，あるいは企業のサプライチェーンや顧客管理に関わる第三者が含まれる。

データの整合性・完全性の確認

解析チーム内に，データ構造やデータタイプについて詳しいメンバーがいると役立つ。適切なデータを抽出，検証し，分析プラットフォームに取り込むため，適切な依頼ができるからである。多くの組織では，別システムにデータをコピーしなくても済むように，安全な読取り専用モードでデータソースを利用できる。場合によっては，データ抽出作業を自動化し，定期的に最新のデータを得ることもできる。

データの抽出，変換，平準化と解析プラットフォームへの取込み

この段階での主な懸念点は，解析プラットフォームに取り込んだデータが完全性・正確性を維持することの保証である。このため，処理件数や文字数のコントロール・トータル値を使い，抜け漏れや変更がないことを担保しなければならない。

---

[86] David Coderre, *Computer-Aided Fraud Prevention and Detection: A Step-by-Step Guide* (New York: John Wiley and Sons, 2009)

データ解析と不正リスク管理

ミクロレベルでの保証があって初めて，マクロレベルでの調査作業に移行できる。

データが完全かつ正確にセットされたことの検証

データを受け取ったら，解析チームは以下の検証と品質チェックを行う。
- データのフォーマットは，要求どおりか。
- もし，フォーマットが要求と異なる場合は，金額，日付，時刻など他のフィールドや，テキストエンコーディング，区切り文字を確認する。
- コントロール・トータルとともに元データを手に入れ，その会計期間の試算表などの検証済・監査済データと照合する。
- データ期間がプロジェクトの対象期間と合致するか目視で確認する。
- 想定されたデータフィールドが，すべて存在するか確認する。
- 元データにある先頭と末尾のデータをチェックし，抽出時にデータの順番が変わっていないか等，一貫性を確認する。
- フィールドの最大桁数を調べ，データの切詰めが発生していないか目視で確認する。
- 妥当な場合（またはそのようなデータが合理的に入手できるならば），監査済み財務諸表や試算表から勘定ごとの合計値をたどる。
- 受け取ったファイルのデータトラックログを文書の一部として保管する。

第3フェーズ：データの体系化と計算

このフェーズでは，計画で定められた解析作業を実行し，新たな情報が現れれば，追加の作業，手続を検討する。

解析計画と必要な計算手続の実行

データ収集を経て，データを抽出，あるいは入手した後，データを集中管理されたプラットフォームへまとめて整理する。これは，多くの場合，1つのデータベースで，そこから，解析作業の計画に沿った一定の計算・演算の機能を実行できる。ビジネス・インテリジェンスやデータ解析ツールが改善され利用が容易になったため，ユーザーは，従来型の表計算やソフトやデータベースに比べて，解析作業のプラットフォームを構築する上ではるかに多くの選択肢を持っている。

受領データ，その品質，ユーザーのフィードバックに基づく，必要に応じた解析の修正

要求され，検証され，解析のためシステムに取り込まれたデータの制約事項が明らかになり，その結果，解析作業計画やテスト手順に変更を求められることがしばしばある。例えば，一部のデータフィールドが失われる，フリーテキスト形式の支払の記述欄が不完全または意味をなさない，また，あるデータが単純に存在しない，などである。また，解析すべき不正リスクの重大性に比べ，コストが膨大になるため入手できないこともある。

このような状況では，柔軟性が非常に重要である。テストの再設計，一定の前提を想定する，または，あるテストを完全に中止するなどの必要があるかもしれない。時には，利用可能なデータの80％を解析する方が，全く解析しないよりもましな場合がある。これらの状況では，これらの制約事項を文書に残し，変更についての合理的な説明も含めてプロジェクトスポンサーに誠実に伝達することが重要である。

高度な解析手法との統合を検討する

このフェーズでのプログラムで制御できる機能を，比較的単純なものから複雑なものまで以下に列挙する。
- データを高い値から低い値へ，あるいは逆に並べ替える。また，科目のタイプによりセグメント化・階層化する。
- 統計的に要約する。（最小値，最大値，平均値，中央値，合計など）
- 方針や職務分掌に関する問題点を識別するために，マッチング・結合・フィルター，その他の規則性に基づいたテストなど，一定のフィールドにカスタマイズされたクエリー（データベースへの検索要求）を実行する。
- 簡単なピボットテーブルを利用し，職掌分離の観点から，従業員が本来分離されるべき業務を担当していないか検証する。

データ解析と不正リスク管理

集計による統計と並べ替えを利用した事例

　経営陣は製品の対価として顧客が支払う価格に懸念を持っていたので、監査人は、製品別単価の最高値の最安値に対する比率を計算した。(1.0に近い比率は、顧客向けの価格にほとんどばらつきがないことを示すが、比率が大きい場合は、過度に高い金額を支払う顧客と不当に低い金額しか払っていない顧客が混在することを示す)

　分析は、比率が2.0かそれ以上の製品が複数あることを示した。

製品ライン	最大値	最小値	比率
製品1	266	127	2.09
製品2	266	286	1.01
製品3	68	34	2.00

　例えば、分析は、製品1と3は価格の最高と最低の間に大きな差異があるが（比率が2.0以上）、製品2は単価の差異が小さい（比率が1.01）ことを示した。この比率が1.5を超える製品の取引を精査し、適切な値づけが行われているか確認した。結果は、ある営業担当者がキックバックの見返りに価格を操作した不正を明らかにした。

- 通常の範囲から外れた処理を確認する。例えば、納入業者別の最高金額と2番目に高い金額の比率[87]、最高金額と最低金額の比率が、それぞれの納入業者の正常値から外れた請求書を示す。（納入業者ABC社の最も高い請求金額は123,400ドルであり、2番目は112.43ドル）。同様の分析は、職務内容別の給与、発注部署別の契約金額、小売業者別のクレジットカードの料金、車両別のガソリン代などを調べることができる。
- 頻繁な発生、丸まった数字、想定範囲外の取引など、統計的な異常値を特定する。
- キーワード検索、テキスト・マイニングを使う。非構造化データやテキスト・データは、現代の組織で、業務活動のコンテンツの大部分を占めている。不正対策目的の解析作業で、非構造化データは有効な情報源となる。仕訳記帳や、支払概要、従業員の出張、経費の詳細説明が含まれる。もっと対象を絞った捜査、あるいは高いリスクのモニタリングのためによく利用されるキーワードとテキスト・マイニングの手法は、次のデータソースを対象としている。例えば、電子メール、ソーシャルメディア、社内文書、プレゼンテーション資料、企業のネットワークやバックアップテープ、それに従業員個人のハードディスクである。キーワード検索とテキスト分析は、不正発見の一助として、テキスト情報から「不正の意図」その他の疑わしい言葉などの手がかりを、発見、整理、分析、提供するのを支援する。
- パターン分析や関連性分析を実施すると、大量の無関係と思えるデータの中から、手がかりや隠されたパターン、それに関連性を発見できる。構造化・非構造化両方のデータが、可視化やリンクづけの多様なフォーマットを利用する機会を提供してくれる。それにより、1つのデータソースを別のものに関連づけ、隠れた関係や、不正な銀行口座、架空取引先、その他の第三者を明らかにできる。
- 予測モデルや機械学習手法を使い、データ中の事実と機械学習技法を組み合わせ、将来や他の方法では知りえない事象について、予想を立てることができる。このアプローチに統計的モデルを取り入れることにより、異常値として識別された事象が、追加の調査を必要とするという確信を強め、また、分析の誤検知数を制限してくれる。

第4フェーズ：データ分析

　初回のテストを実施した後、チームは結果を検証し、優先づけを行い、さらに有意義な、または容易に評価できる結果を得るためにテストを改善すべきか検討する。

---

[87] David Coderre, *Computer-Aided Fraud Prevention and Detection: A Step-by-Step Guide* (New York: John Wiley and Sons, 2009)

| 付録E |

データ解析と不正リスク管理

初期解析結果の評価

テスト計画，データソース，アルゴリズムが揃ったならば，次のステップは，不正リスク作業計画に沿ってデータを解析することである。会計や不正対策の専門家にとって，従来型の解析の成果物は，表計算形式か，円グラフや折れ線グラフなど静的図表である。しかし，ビジネス・インテリジェンスや可視化の技術が大きく進歩した今日，ユーザーは，単純な行と列の利用を超えた形で，対話式にデータを扱うことができる。したがって，ユーザーは，複数の次元・角度からデータをより良く調べられる。

最近，全世界で実施されたEYフォレンジックデータ解析調査では，企業で不正対策を担当している665人の専門家にアンケート調査を実施した。それによると，4社に1社は，フォレンジックデータ解析活動のため，データ可視化やレポートツールを利用し，またソーシャルメディアも対象に含めている。さらに，約5社に1社は，統計的解析ツールを不正対策プログラムに取り入れている[88]。企業が不正の防止と発見の分野で，解析を高度化させているのは明らかである。

解析結果を検討する際，データの可視化は，特に異常値や傾向を見つけるために役立つ。以下の例が示すように，同じデータを，行と列に入っている場合と比較するとこのことは顕著である。

支払データの分析 スプレッドシートと双方向ダッシュボードの対比

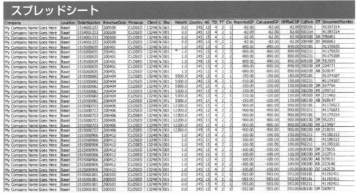

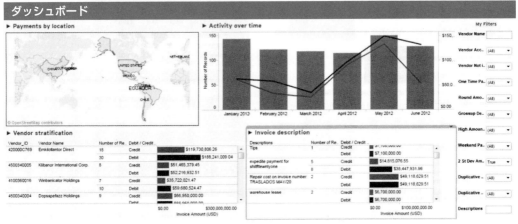

------

88 EY 2016 フォレンジックデータ解析についての調査 ey.com/fdaurvey

データ解析と不正リスク管理

作業モデルを開発し，複数のリスク属性をもとに，取引や対象組織の優先順位をつける

　企業はデータの中で不正リスク分野を探す際，リスク評点の技術を活用できる。リスクを点数化すると，データのより完全な評価を実施できる。それは，単にサンプル集団ではなく，母集団全体を調べること（100％テスト）ができ，どの取引またはそれらが関係するどの組織を優先すべきかを，体系的で反復可能なプロセスで決めることができる。例えば，承認済み取引業者一覧に載っていない業者への支払は，以下のいずれかに合致する業者への支払と同程度のリスクがあるとは言えない。

ⅰ）承認済み取引業者リストにない会社
ⅱ）制裁対象や警戒リストに掲載されている企業と一致する
ⅲ）支払額は，高額で切りのよい数字になっている
ⅳ）伝票のフリーテキスト欄に，要注意単語である「大量取引の円滑費用」と書かれている

　点数化を使えば，データ解析専門家は，関連する全取引を検査し，得点の高い順から低い方へデータを並べ替えることができる。これにより，ランダムではなく，より高いリスク領域からサンプルを選ぶことができる。リスク評点の結果を検討すると，高リスク取引がリストの上位に来るため，より的を絞って検証でき，また誤検知数を減らすことができる。リスクの点数化は，1つだけでなく複数のテスト閾値をもとに，リスクが高い従業員・仕入先・顧客・取引を選定するために，客観的で反復可能なプロセスを提供する。

結果の有益性を高めるため，必要に応じて結果を精査しプログラムを改善する

　最後に，解析チームは，解析結果の微調整を行う時間を確保する。異常値が発見され，問題点が表面化し，あるいはより深いデータの分析を必要とするパターンが現れるかもしれないからである。多くの場合，解析の結果，大量のアウトプットが発生する。時には，あまりにも大量であるため，容易にあるいは有意義に解析ができない場合もある。初期のアウトプットを調べ，解析チームは，無関係なものを除くフィルターを追加できることもある。加えて，新たなテストや手順を実行が要求されることもある。アドホックな要請や追加の仮説検証に対応できるよう，解析結果の取扱いやチーム活動に柔軟性を持たせることが大切である。

第5フェーズ：分析結果，所見，修正

　データ分析の結果が出たら，チームは次の分析を慎重に計画する。それは，サポート資料の入手，サンプリング方法についての決定，そして最終的に取引自体を調査し，不備があれば改善を要請し，結果を報告して，その後の行為を追跡することである。

関連書類を要求するおよび／または可能であれば検証する［第3見出しレベル］

　分析結果，所見，修正フェーズの目標は，解析結果を事業目的にとって有意義な実行可能な決定の形に整えることである。この実行可能な決定は，統制の弱点を改善するものかもしれないし，また別途調査を開始すること，あるいはビジネス上の結論を出すことかもしれない。ほとんどの場合，解析結果は，不正や違法行為の発生を「確認する」ものではない。むしろ，解析はユーザーに，異常な処理を特定するにはどこを見るべきかを示すだけである。本ガイドの第4章で論じたように評価された不正リスクについて最終的な結論を出すために面接調査や実証テストを伴うさらなる調査が実施される。追加の関連書類と他の証拠類は，結論を導き出すために必要になる。

サンプルの抽出または順位づけ／上申手続の決定

　ガバナンスの観点から，決まった順位づけや上申手続を持つのは，問題が見過ごされないか，適切にフォローアップされ，そして組織的に解決されるかを担保するのに役立つ。ここでは，案件管理ツールを活用し，ワークフローを管理して，作業を調査チーム（社内外の弁護士が含まれることがある）へ割り振ることができる。解析結果を適切に順位づけするため決まったプロセスが存在すると，些細な問題点が経営陣の負担にならず，かつ大きな問題が適切に認知され，対応されることに役立つ。

データ解析と不正リスク管理

改善および／または解析調査計画の策定

データ分析の結果は，疑わしい行為の範囲や広がりを確定するため，さらなる調査が必要な取引や状況を示す。また，個別プロセスや行為に関し，具体的な嫌疑がかけられたため，解析調査計画が必要になる場合がある。

不正の存在が疑われた場合，それがデータ分析の結果か，嫌疑がかけられた結果かにかかわらず，疑われた不正の重大性を確実に見極めるため，さらに詳細な不正調査計画を構築することが重要である。

不正調査を計画する上で，不正が疑われるすべての案件ついて，以下を文書化しておく。

- 調査の目的を明確にし，調査を行う理由を詳細に残す。
- 不正の兆候を定義する。データの中で，何が不正の兆候のように見えるのか記録する。
- 必要とされるデータソースを明らかにする。IT部門と業務プロセスのオーナーとともに，必要なデータの適切なソースを識別する。
- 必要なデータを入手し，保全する。どのフィールドが必須かを決定する。つまり，単年または複数年なのか，一事業部か複数の事業部か，データ入手する最善の方法，ファイル形式，データの転送方法，データの保全方法。
- データの整合性と完全性を検証する。データの信頼性の程度を確認し，整合性と完全性をどのように評価するか決める。
- 解析技法を文書に残す。実施されるテスト方法や，期待される結果とフォローアップ分析を記載する。

不正の疑いがある場合，疑いを示す情報源を確認し，他の情報源からの情報と比較することが重要である。分析を実施する際，前提や結果に疑問を呈しながら，さらに検証し，データを掘り下げる。

不正調査の解析計画は，解析作業を制約しない「生きた」ものであるべきである。計画は作業の体系と目的を示す。加えて，作業中の極めて有用な文書の元となり，分析と調査に理論的根拠があることを明確に示す。以下に示す事例で，簡単な解析調査の計画内容を示す。

解析調査の計画に，経営陣の承認を受けることは重要である。その際，場合によっては，組織の弁護士との協議が有益となることがある。

必要に応じ，発見事項を上位職に報告し，今後の処理を追跡する

最後に，問題点が識別され改善されるに当たり，それが組織内で適切に上位職に報告され，その後の処理が，分野別に経時的に追跡される。この過程は，コンプライアンスや法規制，法的な観点から役立つばかりではなく，外部調査がある場合に備えて，解析プロジェクトの主要業績評価指標（KPI）や投資の費用対効果を明らかにするのに役立つ。先に述べたように，これは，案件管理ツールが，実施された解析作業の結果として，重要な発見事項・回収状況・改善活動を組織が報告することを支援する例である。

最新動向：伝統的なデータ解析の枠組みを超えて

データ解析は，急激に変化している技術ツールである。この分野で最適な能力を維持するには，継続的な学習，教育訓練，関与が必要である。継続的監査やテキスト・マイニングは，先進的な組織でのデータ解析の利用例であり，将来待ち受けていることへの洞察を提供してくれる。

継続的監査は，継続的にあるいはリアルタイムで，データ解析を活用し，その結果，不正の可能性がある行為をより迅速に識別し，マネジメントや内部監査人に報告する。例えば，ベンフォードの法則[89]を使った分析は，経費報告や総勘定元帳の科目，給与賃金を調べ，さらなる分析が必要となるような，不自然な処理，金額，行動パターンを発見することができる。同様に，ある種の「兆候」を伴う取引を継続的に監視することで，より高いリスクの取引が発生した場合はすぐに調査を開始できる。

技術的ツールは，不正発見のすべての場面で，マネジメントの機能を強化する。データ分析，デ

---

[89] ベンフォードの法則によると，表形式データでは，桁や桁の組合せが一定の発生頻度で現れることが予想される。Mark J. Nigrini, *Digital Analysis Using Benford's Law* (Global Audit Publishers, 2000)

データ解析と不正リスク管理

ータ・マイニング，デジタル分析ツールを用いれば以下のことが可能になる。
- 人，組織，そして事象で隠された関係を識別する
- 疑わしい取引を識別する
- 内部統制の有効性を評価する
- 不正の脅威と不正への脆弱性を監視する
- 数千のまたは数百万の取引を考察し，分析する

監査人やコンサルティング会社は，彼らの不正発見作業の一環として技術的ツールを開発してきた。これらのツールは，仕訳記入を解析し，経営層による内部統制の無効化を低減する。また，このようなツールを使い，ユーザーID，入力日，そして，不自然な勘定科目の組合せなど，経営陣による統制の無効化のリスクを示す特定の属性を伴う取引を見つけ出すことができる。

不正の証拠は，時には電子メールや他のテキストベースの記録の中に発見されることもある。組織が，その従業員のあらゆるコミュニケーションを捕捉し，保持し，調査する能力は，近年の数多くの不正の発見につながった。単なるデータ保全が目的で不正発見を意図していなかったとしても，証拠を求める遡及的な調査が必要な場合に，データ収集のための厳格かつ定期的なデータのバックアップの利用によってこのような不正発見が可能である。

民事訴訟に関する米国連邦規則への最近の修正は，バックアップの保全について，今後の方針の決定に影響を及ぼすかもしれない。組織のリスク分析では，データ・バックアップのビジネス上の利益と，事前あるいは訴訟中の証拠保存についての法的義務の両方を考慮すべきである。

組織は成長し，技術は変化を必要とする。不正の機会も同様である。すべての不正や不法行為のスキームに，同じツールと技術で戦い続けるわけにはいかない。組織の業務プロセス統制，匿名通報制度，内部監査機能について，定期的に有効性を評価することは，有益である。

データ解析テストの事例

組織で，データ解析を，不正リスク評価や調査業務の計画に取り入れるのに役立てるため，テスト事例の一覧を，参考として，COSOとACFEのウェブサイトに掲載した（COSO.orgおよびacfe.com/fraudrisktools）。これらのテストは資産の不正流用，汚職，財務諸表不正にカテゴリー分けされ，フォレンジックデータ解析に取り組む際の一般的なガイダンスと，参考事例を提供している。

付録F-1

不正統制方針のフレームワーク（見本）

　この付録にある情報は，不正統制方針の原案を作成する際に考えておくべき重要な要素の骨子として提供されるものである。

1. **方針表明書**
   A．経営者による不正への許容度または不正についての姿勢に関する声明
   B．経営者の倫理的な商慣習に関するコミットメント

2. **定義**
   A．不正の定義
   B．その他の参考用語の定義

3. **不正統制戦略**
   A．役割と責任
   　ⅰ．取締役会
   　ⅱ．経営執行者または上級経営者
   　　a．不正統制担当役員
   　ⅲ．法務部
   　ⅳ．人事部
   　ⅴ．内部監査部
   　ⅵ．その他の経営陣および従業員
   B．経営者の不正リスク管理プログラムの要素
   　ⅰ．不正リスクガバナンス
   　ⅱ．不正リスク評価
   　ⅲ．不正の防止と発見
   　ⅳ．不正調査と是正処置
   　ⅴ．不正モニタリング
   C．業務行動規範およびその他の会社の方針との関係
   　（すなわち，従業員ハンドブック，利益相反，海外腐敗行為防止法（FCPA）／不正防止コンプライアンス方針，費用の精算など）

4. **不正リスク評価**
   A．不正リスク評価の目的
   B．不正リスク評価の方法
   C．不正リスク評価の参加者
   D．不正リスク評価結果に対する経営者の対応

5. **不正予防統制と不正発見統制**
   A．業務プロセス統制活動
   B．物理的アクセス統制活動
   C．論理的アクセス統制活動
   D．取引統制活動
   E．テクノロジーによる統制活動
   F．利益相反
   G．人事手続
   　ⅰ．雇用前審査
   　ⅱ．定期的審査活動
   　ⅲ．報酬と成果測定
   　ⅳ．研修
   　ⅴ．退職者面接
   H．職務分掌
   I．権限と責任範囲
   J．不正発見手続
   　ⅰ．データ解析
   　ⅱ．内部通報制度

6. **不正の報告**
   A．経営者と従業員への報告要件
   　ⅰ．報告すべき問題点の種類の例
   B．懸念事項，苦情，違反行為を報告するための手段
   　ⅰ．ホットライン
   　ⅱ．ウェブサイト
   　ⅲ．電子メール（"Eメール"）アドレス
   　ⅳ．取締役会または指定された社員への投書
   　ⅴ．階層的指揮命令系統
   　ⅵ．門戸開放方針（オープン・ドア・ポリシー）
   C．匿名による報告 対 報告の秘密保持
   D．不正の懸念，苦情，違反行為を報告した個人に対する報復の禁止または内部告発者保護の表明
   E．第三者による報告

7. **不正調査手続**
   A．報告の評価
   B．報告の上申
   C．報告の保存
   D．調査要員
   E．調査手順

不正統制方針のフレームワーク（見本）

  F．調査結果の伝達
  G．懲戒処分
  H．是正処置
  I．回復と補償
  J．調査成果の評価

8．不正モニタリング活動
  A．不正モニタリング評価の領域
  B．不正モニタリング評価活動の範囲と頻度
  C．不正モニタリング評価基準
  D．不正モニタリング評価活動に関する情報源
  　（または"データ入力"）
  E．不正モニタリング評価活動結果の伝達

付録 F - 2

不正リスク管理　ハイレベル評価

このチェックリストは，組織が不正リスクのガバナンス方針について最初のハイレベル評価を行う際に使用される。

番号	質問	回答	
1	われわれの組織の取締役会または指定された委員会は，われわれの不正リスク管理プログラムの監督を積極的に行い，さらに，以下のことを行う。 a．文書化された企業行動規範をレビューし，承認する。 b．不正統制方針をレビューし，承認する。 c．不正リスク評価活動をレビューする。 d．不正および違法行為に関する調査実施の適時の通知を要求する。 e．調査の状況，その結果としての改善や是正処置についての最新情報を受領する。 f．倫理と不正に関する研修活動の最新情報を受領する。 g．不正の防止と発見についての統制手続とともに，不正リスク管理プログラムの有効性に関して定期的な報告を受ける。	はい	いいえ
2	われわれの組織には文書化された企業行動規範がある。	はい	いいえ
3	われわれの組織には文書化された不正統制方針がある。	はい	いいえ
4	われわれの企業行動規範と不正統制方針は，それぞれその業務に責任を持つプロセス・オーナーによって管理されている。	はい	いいえ
5	われわれの組織の全員は，毎年，その企業行動規範と不正統制方針を読んで確認し，既知のあらゆる利益相反またはその他の規範違反事案を開示する。	はい	いいえ
6	われわれは，不正の防止と発見のため文書化された内部統制活動を盛り込んだ不正リスク管理プログラムを立てている。	はい	いいえ
7	われわれの組織は，不正および違法行為に起因するリスクを識別し，分析し，優先順位をつけて対応するための不正リスク評価を毎年行っている。	はい	いいえ
8	われわれは取締役会メンバーと社員に，企業行動規範と不正統制方針に関する研修を毎年行っている。	はい	いいえ
9	われわれは，倫理に関する測定基準を業績評価プロセスの中に取り入れている。	はい	いいえ
10	われわれは，懸念事項と苦情を報告し，倫理的問題について助言を受けるため，以下に示す方法を1つ以上持っている。 a．ホットライン（年中無休で利用可能） b．ウェブサイト c．電子メール（"Eメール"）アドレス d．取締役会または指定された社員への投書 e．階層的指揮命令系統 f．門戸開放方針（オープン・ドア・ポリシー）	はい	いいえ
11	われわれの方針は，決して内部告発者に報復するものではなく，すべての社員にこの方針の要件に責任を持たせるものである。	はい	いいえ
12	われわれは問題点の適切な対応方法を選別することにより，不正行為の申立てに適時に対処する。 a．即時対応（数時間以内） b．迅速な対応（数日以内） c．保留可能　低優先順位または優先する必要なし	はい	いいえ
13	われわれはすべての申立てを迅速に調査し，問題点の深刻さに応じて結果報告を行う。 a．取締役会 b．規制当局／法執行機関への通告 c．刑事訴追 d．民事訴訟 e．解雇 f．処置不要	はい	いいえ

不正リスク管理　ハイレベル評価		
番号	質問	回答
14	われわれは調査の結果としてのすべての改善／是正処置を確実に遂行する。 　a．資産回復 　b．保険求償 　c．内部統制手続 　d．研修 　e．配置転換 　f．保護観察 　g．損害賠償 　h．処置不要	はい　いいえ
15	われわれは不正リスク管理プログラムを定期的に見直し，われわれの不正リスクの態様に合致するように調整を行う。	はい　いいえ

注：これらの質問に対する回答はすべて「はい」でなければならない。もしいずれかの質問に「いいえ」という回答があった場合は，組織の統制環境に弱点がある可能性を示している。

付録F-3

不正統制方針と責任のマトリックス（見本）

このマトリックス見本は，組織内で定義された不正リスクガバナンスの責任を要約し，可視化するためのツールとして使われる。以下の記入はあくまで例示である。

求められる行動	取締役会	経営執行者	中間／ライン執行管理部門	リスク管理部門	法務部門	内部監査部門	財務／会計部門	不正調査(FIU*)／セキュリティ対策チーム	人材／従業員関係	広報	IT	事業部(BU**)／ライン職員
1. 不正リスク管理の監督	P											
2. 行動規範／不正統制方針		P										
3. 不正予防統制手続（業務プロセス・レベル）		P	SR	S	S	S	S	S	S	S	S	S
4. 不正リスク評価		P	S	S	S	S	S	S	S	S	S	S
5. 不正発見統制手続（業務プロセス・レベル）		P	SR	S	S	S	S	S	S	S		S
6. 不正関連教育／訓練と意識向上活動		S			S	S		P	SR			
7. ホットライン／倫理相談窓口					P	S		S	S			
8. 懸念事項／苦情／違反事件の報告	SR	SR	SR	SR	SR	SR	SR	SR	SR	SR	SR	SR
9. 報告された事件の評価					P	S		SR	S		S	
10. 不正行為／違法行為の調査	S				SR	S		P	S		S	
11. 内部通報のフォローアップ					SR			P				
12. 法執行機関への通報					S			P				
13. 規制による自己開示	S	P			SR							
14. 民事訴訟					P		S					
15. 資産回復							P					
16. 回復監視						P	S					
17. 懲戒処分			SR		S				SR			
18. 改善／是正処置		S	SR	S	S	SR	S	SR	S		S	
19. 不正防止／発見の提案	S	S	S	S	S	SR	S	SR	S	S	S	S
20. 広報／プレスリリース		S		S						P		
21. 事前不正監査					P	S						
22. 内部統制点検						P						
23. 事例分析						S	P					
24. 不正リスク報告	P	S	S	S	S	S	S	SR	S		S	
25. 不正リスク管理フレームワークの評価		SR				P						

P：一次的責任　S：二次的責任　SR：共同責任　*FIU：不正調査チーム　**BU：事業部

付録 F - 4

不正リスク管理方針（見本）

　この方針（見本）は，特定の組織のニーズを満たすように適応させ，その構造に合致するよう修正することができる。

1．方針表明書

　ABC社（「会社」）は，世界的に事業を展開するに当たって，倫理的な業務の実践を確約する。経営陣は，社員個人の行為であろうと，その代理として働く者の行為であろうと，状況を問わず，不正・違法行為を容認しない。

　不正リスク管理方針（「方針」）は，会社内の不正・違法行為の防止や発見のための内部統制に関わる管理の枠組み（「不正リスク管理プログラム」と総称する）ならびに内部調査の実施に関する手順を定める。

　この方針は，職員，取締役会（「ボード」），経営者および会社とビジネス関係を有する第三者が関与する，あらゆる不正・違法行為およびその疑いに対して適用される。職員は誰でも，解雇や報復を懸念することなく，善意に基づいて懸念や違反の可能性を報告できる。調査は，疑いのある職員または第三者の勤続年数，地位や役職または会社との関係に関係なく行われる。必要に応じて，法務部門，経営者および取締役会と連携しながら，問題の処理，起訴の判断または規制当局や法執行機関への報告が行われる。

2．定義

　不正とは，他人を欺くために仕組まれた作為または不作為であって，会社に損失を与えおよび／または不正実行犯たる加害者への利得をもたらす行為と定義される。経営幹部は，特定の責任領域内で発生する可能性がある不正の種類に精通し，会社内で不正の疑いまたは不正の事実がある場合は必ず報告することが期待される。

　不正行為とは，会社の方針および手続ならびに会社が遵守する必要がある適用法規制へのあらゆる意図的な違反または違反の疑いと定義される。

　報復とは，ある個人が会社に不正行為に関する誠意に基づく報告をしたこと，または割り当てられた調査業務に協力したことを理由に，その個人に対する直接的または間接的な有害行為を推奨，強要または実施することと定義される。

3．不正統制戦略

A．役割と責任

　すべての職員は，その職階に関わらず，不正や違法行為を抑止し，会社をそれらから守る責任を負う。特定の経営者や職員は，固有の不正防止管理責務が課せられる。詳細については，職務明細書，部門の趣意書，会社のその他の方針に定義されている。次のセクションは，会社の不正リスク管理プログラムにおける，取締役会および監査委員会，経営者，法務部門，人事部門，従業員の役割と責任を示している。

取締役会と監査委員会

　会社としての適切な姿勢を定めるため，取締役会は，以下を通して経営者に効果的な不正リスク管理プログラムを設計させる責任を負う。
- 会社に影響を与える可能性のある不正および腐敗リスクについて理解し，協議する。
- 取締役会の独立した処理や実務を確立する。
- 最高経営責任者の職務明細を作成し，評価や後継者計画プロセスを監督する。
- 経営者の不正リスク管理方針のほか，不正リスクの低減を支援するために会社で策定され適用される

不正リスク管理方針（見本）

　その他の方針や手続を定期的に見直す。
- 不正リスクが経営陣の戦略的目標とリスク評価活動の一部として考慮されるよう促す。
- 経営者の不正リスク評価活動を監督する。
- 経営者が内部統制を無効化することなどを含めた経営者による不正リスクを評価し，内部統制が経営者による不正を抑止，防止，発見するよう設計され，機能しているかを確認する。
- 不正リスク，方針および統制活動に関する経営者の報告書を監視する。
- 内部監査部門の年間計画を支援し，当該部門が情報，データ，および従業員にアクセスできることを確実にする。
- 内部監査部門が取締役会やその内部監査委員会に制限なく接触できることを確保する。
- すべての従業員が取締役会，監査委員会，および内部監査部門に接触できることを確保する。
- 監査委員会が不正の抑止，防止，および発見に集中できるよう権限を与える。
- 組織内で発生する不正の事例について，特に上位の幹部や重大な内部統制の問題が明らかになっている従業員が関与する事例についての情報を十分に収集する。
- 経営者が不正リスク管理活動の遂行に十分なリソースを割り当てることを確実にする。
- 必要に応じて，外部の顧問や弁護士を雇用する。

経営者

　経営者は，以下を含め，会社の不正リスク管理プログラムの設計と実施に対して全責任を負う。
- 会社の戦略的目標やリスク評価活動において，不正行為に関する対応がなされるよう努める。
- 会社の不正リスク管理プログラムの調整と実施，ならびに不正リスク問題について取締役会に報告することに全責任を負う不正対策責任者を任命する。
- 不正防止統制活動や，それらのプロセスや管理が適切に実施されているかを検証する記録の維持に対して責任を負う従業員を特定し，任命する。
- 不正の抑止，防止および発見のための，明確かつ先見性のあるプロセスや統制活動を実施する。
- 各事業単位で不正を予防，発見するために設計された内部統制を実施する。
- 行動規範，不正統制方針，内部通報および報復禁止方針，利益相反に関する方針と開示フォーム，腐敗防止コンプライアンス方針，およびその他の社内方針の理解と遵守を促進する研修や啓発活動を展開する。
- 不正・違法行為の報告のための門戸開放政策（オープン・ドア・ポリシー）やその他の仕組みを維持する。
- 任せられた場合には，懲戒処分や是正措置が無事に遂行されるよう監視する。

法務部門

　法務部門は，以下を含め，不正リスク管理プログラムの法的影響に関して経営者に助言を行う。
- 会社の主要な方針および手順の作成に参加する。
- 不正・違法行為に関する訴えの上申，評価，調査および解決について相談に乗る。
- 上級経営者や監査委員会ならびに必要に応じて規制当局や法執行機関への調査に関する情報の流れに関与する。
- 不正行為が原因で失われた資産の回復を支援する。
- 不正行為を伴う問題に関する事案管理活動を分析する。
- 訴訟やその他の資産回復努力に関して，監査委員会と定期的に情報をやり取りする。
- 割り当てられた不正防止および発見統制活動を管理する。
- 倫理関連の問題に関する質問に答える。

不正リスク管理方針（見本）

- 経営者の不正リスク評価活動ならびに不正リスク啓発活動や研修活動に参加する。
- 新しい法的要件や規制要件の実施，追跡，連絡を行う。

人事部門

人事部門は，以下を含め，新人研修，研修，カウンセリング，問題解決活動やプロセスを通じた主要な不正防止統制活動の遂行により，経営者や従業員を支援する。

- 従業員候補者を審査し，従業員の素行調査を定期的に更新する。
- 行動規範，不正管理方針，内部通報および報復禁止方針，利益相反に関する方針と開示フォーム，腐敗防止コンプライアンス方針といった会社の主要な方針を毎年見直し，確認することを含め，新入社員オリエンテーションやその他の従業員研修を推進する。
- 従業員満足度および不正防止意識調査を実施し，結果の分析と報告を行う。
- 経営者と従業員によって報告された，不正行為の疑いに関する問題をエスカレーションする（上司に判断を仰ぐ）。
- 経営者の不正リスク評価活動に参加する。
- 従業員の雇用と退職に関する情報を経営者と内部監査部門に提供する。
- 退職願を確認し，退職時面接を実施することで，不正行為に関わる潜在的な懸念事項または苦情を識別し，上申する。
- 必要に応じて，内部調査活動を支援する。
- 懲戒処分や是正措置が取られた場合，モニタリングを行う。

内部監査

内部監査部門は，以下を含め，経営者の不正防止統制の設計と運用効果に関して，独立した客観的な保証を提供する。

- 会社の不正リスク管理プログラムを詳細に審査することで，不正発生の可能性と，会社の不正リスク管理方法について評価する。
- 会社の経営のさまざまな部分における潜在的な危険度やリスクの程度に応じて統制の効果を分析し，評価することで，不正の抑止と防止を支援する。
- 経営者が不正リスク評価を通じて，ビジネスリスクとしてリスクのエクスポージャーを検討し，不正の可能性を識別するよう促す。
- 不正リスク評価プロセス，報告メカニズムおよび調査によって得た不正に関する情報を，年次内部監査計画に組み込む。
- 経営者の不正リスク低減対策の適切性に関する情報を監査委員会に伝え，会社が不正防止の文化を推進できるよう促す。
- 調査を支援し，状況を監査委員会に報告する。

従業員

不正に対して強力な統制を行うことは，組織内の全員の責任である。会社の社員は全員職階を問わず以下のことを行う。

- 不正の基本を理解し，危険信号に気づき，自分の責任領域内で発生しそうな不正のタイプに精通し，不正の兆候が現れたら警戒態勢をとる。
- 内部統制の枠組みにおける自分の役割を理解する。従業員は，自分たちの業務手順がいかに不正リスクを管理するために設計されているか，およびコンプライアンス違反は不正発生の機会を生み，不正が発生し，放置される原因となることを理解する必要がある。

不正リスク管理方針（見本）

- 不正行為を低減するために設計された会社の方針や手続（不正管理方針，行動規範，内部通報および報復禁止方針，利害の衝突に関する方針と開示フォーム，腐敗防止コンプライアンス方針など）を読み，理解し，確認する。
- 必要に応じて，強力な統制環境づくりや不正管理活動の計画と実施のプロセス，および監視活動に参加する。
- 不正の懸念，疑い，または発生について報告する。
- 調査に協力する。

B．不正リスク管理プログラム

会社の不正リスク管理プログラム（「プログラム」）は，不正対策責任者である＿＿＿＿＿＿＿＿＿＿＿＿＿＿＿＿＿＿＿＿＿によって管理される。この者は，不正リスクに関する問題について，取締役会に報告する。本プログラムは，ガバナンス，リスク評価，不正の予防と発見，調査と是正措置およびモニタリングの概念を反映している。

本プログラムの各構成要素は，経営者の不正リスク評価時に識別される潜在的な不正・違法行為を低減するよう設計されている。各構成要素は本方針の中で文書化されており，会社の経営に内在する不正リスクの性質の進化に合わせて，定期的に更新される。

C．行動規範や会社の他の方針との関係

取締役会と経営者は，会社を世界的に経営する中で最高水準の倫理的なビジネス手法を培い，推進するために策定された他の企業方針を補足するものとして，不正統制方針を採用した。すべての職階の社員は，会社が事業を行う法域の法律，規則および規制に準拠するよう設計された行動規範やその他の方針に沿ってビジネス活動を行う責任を負う。従うべき方針の例を以下に示す。

- 行動規範
- 内部通報および報復禁止方針
- 利益相反に関する方針と開示フォーム
- 腐敗防止コンプライアンス方針

各方針は，会社イントラネット＿＿＿＿＿＿＿＿を通じて従業員に提供されている。会社のこれらの方針は，会社のインターネットサイトを通じて入手できるほか，特定の第三者に契約プロセスの一部として提供されている。

4．不正リスク評価

会社は，不正行為を適時に防止し，発見することを確約している。経営者は，内部監査部門の補佐を受けながら，会社の操業地域すべてにおいて，主要な不正リスクの識別，分析および対応を行う目的で，年次不正リスク評価を実施している。

不正リスク評価プロセスでは，機会，動機とプレッシャー，態度や正当化といった不正を誘引する主要な要素を考慮に入れる。また，汚職，資産の不正流用，虚偽の報告および経営者による内部統制の無効化などの4つの主要な不正タイプについても取り上げる。リスク評価の方法論は，一般的な不正シナリオを使用して組織やプロセスレベルの不正リスクを識別すること，会社内のさまざまな部門，地理的場所，および専門レベルから選抜された経営者や従業員への一連の聞き取り調査を通じて，固有リスクや残存リスクの影響度や発生可能性を優先順位づけすること，不正リスクを内部統制にマッピングすること，経営者の不正予防統制活動に関連する潜在的なギャップや改善の機会を識別することから構成される。経営者の不正リスク評価の結果は，行動計画に反映され，内部監査部門の年次計画に組み込まれ，取締役会と共有される。

不正リスク管理方針（見本）

5．不正の予防統制および発見統制

　経営者は，会社のさまざまなレベルで発生する不正に対する予防統制活動と発見統制活動を組み合わせることで，不正・違法行為の発生を低減し，事業活動の不正リスク事象を適時に発見できるよう努めている。

　会社のハイレベルの予防不正統制活動の概要は，以下のとおりである。

- 権限や責任の制限ならびに従業員の素行調査，研修，従業員へのアンケートおよび退職時面接といった人事手続を含む，ビジネスプロセス統制活動。
- 会社の施設への入場許可や，在庫等の資産を使用する権限に対処する，物理的なアクセス管理活動。
- 機密情報へのアクセス権限に対処する論理的アクセス管理活動。
- 調達手続や管理職による承認要件に対処する取引管理活動。
- 第三者に対する電子的な適格性審査活動や，会社のリスクを高めるような，または会社の所定の方針要件に準拠しないような特定の支払を自動的に制限することを含む，技術的管理活動。

　会社のハイレベルの発見不正統制活動の概要は，以下のとおりである。

- 特定のタイプの支払や取引を継続的に監視するために財務部門や会計部門が用いるデータ解析（公然と内密の両方）ならびに内部監査部門が業務監査や財務監査で用いるデータ解析。
- 会社の事業活動全体で潜在的な不正行為に関する懸念，苦情および情報を受領，保持および処理するために取締役会が策定し，経営者が実施しているさまざまな自動・手動の報告の仕組み。

6．不正に関する報告

　会社は，「率直に話す」文化を有しており，不正行為に関わる事案はすべて報告するよう，従業員，経営者および取締役会に求めている。会社は，不正行為に関する懸念事項，苦情および情報を受け付ける倫理ホットライン（＿＿＿＿＿＿＿＿＿＿）と，それに対応するインターネットサイト（＿＿＿＿＿＿＿＿＿＿）を設けている。1日24時間，年中無休で利用可能で，＿＿＿＿＿＿＿＿＿＿，＿＿＿＿＿＿＿＿＿＿，＿＿＿＿＿＿＿＿＿＿，＿＿＿＿＿＿＿＿＿＿語に対応している。従業員その他の者は，次の方法でも不正・違法行為を報告できる。

- 取締役会，法務部門または不正対策責任者＿＿＿＿＿＿＿＿＿＿に手紙を送る。
- 不正対策責任者＿＿＿＿＿＿＿＿＿＿に電子メール（以下「Eメール」）を送る。
- 上司に問題を相談する。
- 人事部門や法務部門の従業員に直接かつ率直に話をする。

　さらに第三者も，会社に影響する不正行為について，倫理ホットラインやインターネットを通じて，または取締役会，法務部門，または不正対策責任者への連絡によって報告することが推奨される。このような不正の報告に関する第三者向け情報は，会社のウェブサイト＿＿＿＿＿＿＿＿＿＿で公開されているほか，第三者に対しては契約締結時に提供される。

　倫理ホットライン，インターネットサイト，または書簡を通じた不正行為の報告は，匿名で行うことができる。実名で行われた場合，秘密は可能な最大限の配慮をもって保持される。会社は，報復のない職場環境を推進しており，報復が発生した場合は迅速かつ適切な措置を講じる。不正行為の報告に関するさらなる情報については，会社の内部通報および報復禁止方針を参照すること。

7．不正調査手続

　報告が受理されると，会社の法務部門は，不正対策責任者と連携しながら，取締役会によって策定された手順と，会社の行動規範，内部通報および報復禁止方針の定めに従い，訴えの性質と措置を判断するためその事案を評価する。不正行為の報告を受領した管理職や人事部門および法務部門の従業員は，直ちに倫理ホットラインを通じてその旨を報告する必要がある。法務部門は，会社の事例管理ログに，

不正リスク管理方針（見本）

報告とその件に対する措置についての情報を記録する。

調査を行うことが妥当である場合，法務部門は以下の手順を踏む。

- 調査を実施するため，社内リソースを配置するとともに，外部顧問または弁護士を雇用する必要があるかどうかを取締役会と相談する。
- 規制当局，法執行機関，および会社の外部監査人や保険会社といったその他の第三者への通知が必要かどうかを検討する。
- データプライバシーと調査を行う地域の司法管轄内で適用される他の関連法や規制を考慮しながら，文書の保管とデータシステムのセキュリティ保護について従業員に通達する。
- 調査業務計画を作成する。
- 機密性と匿名性ならびに証拠を保護しながら調査を実施する。
- 取締役会，不正対策責任者，その他（経営者，外部監査人など）に調査の結果を報告する。
- 報告書，文書，書類，その他の情報の保持に関する方針に従う。
- 不正対策責任者および人事部門や内部監査部門と連携しながら，原因を評価し，救済策や是正措置を開始する。
- 調査中に確認された事実に基づいて，不正対策責任者および人事部門や内部監査部門と連携しながら，懲戒処分，解雇，資産の回復，賠償手続を開始する。
- 問題，苦情，または違反の報告者に連絡を取り，適切な場合，調査結果を大まかに伝え，調査プロセスに関する意見を聞く。
- 調査の成果を評価して将来の調査手順を改善するため，事例分析を行う。

調査チームは，会社のすべての記録と施設（所有または賃貸に関わらず）に無制限にアクセスできる。調査結果は，それを知る正当な必要性がある者以外に開示または口外されることはない。調査の成果指標はその時々で変わることがあるが，問題の評価と解決に要した平均日数，内部リソースの稼働時間，外部支援に関連する費用，救済および是正措置の種類ならびに個人，部門，または地理的場所で問題が繰り返された回数などが挙げられる。

8．不正モニタリング活動

不正リスク管理プログラム内の構成要素の策定は経営者による年次リスク評価中に行われるが，不正リスク事例が発生した場合は前倒しして行われる。関連する不正防止統制の運用効果は，経営者によるサーベインズ・オックスリー法（以下「SOX法」）コンプライアンス活動の一環として毎年検証される。

内部監査部門は定期的に，権威あるガイダンスと主要な手法を用いて，不正リスク管理プログラムの評価を別途独立して行う。内部監査部門は，その結果を取締役会や経営者に報告する。不正防止統制に何らかの欠陥，弱点，改善点がある場合，不正対策責任者は，適時にかつ効果的な方法で対処する責任を負う。加えて，内部監査活動は，年間を通じて実施される財務監査と経営監査の一環として，不正行為のリスクを検討する。

不正リスク管理方針（見本）

　本方針は，2年に1度以上の頻度で定期的に経営者によって評価され，会社の取締役会によって審査される。本方針に変更が生じた場合は，会社の従業員と関連する第三者に適時に伝達される。

承認者：＿＿＿＿＿＿＿＿＿＿＿＿＿＿＿＿＿＿＿＿＿＿＿＿＿＿＿＿＿＿＿
　　　　（最高経営責任者）　　　　　　　　　　日付

裁可者：＿＿＿＿＿＿＿＿＿＿＿＿＿＿＿＿＿＿＿＿＿＿＿＿＿＿＿＿＿＿＿
　　　　（取締役会，会長）　　　　　　　　　　日付

実施者：＿＿＿＿＿＿＿＿＿＿＿＿＿＿＿＿＿＿＿＿＿＿＿＿＿＿＿＿＿＿＿
　　　　（不正対策責任者）　　　　　　　　　　日付

付録F-5

不正リスク管理　調査（見本）

　この調査（見本）は，特定の組織の必要に応じて修正され，毎年一度全従業員または従業員の代表に対して実施される。

　内部統制は，業務，報告，法令遵守の分野において，その組織が経営戦略目標を達成できるように，経営者が開発してきたプロセスや手続である。

　「COSO 2013年版内部統制の統合的フレームワーク」によると，内部統制には5つの構成要素がある。それは，統制環境，リスク評価，統制活動，情報と伝達およびモニタリングである。

　公認不正検査士協会（ACFE）の調査によると，典型的な会社は不正によって収益の5％を毎年失っている。下記の調査は，経営者が不正を防止，発見するために適切な内部統制フレームワークを考案したかどうかを評価するものである。それは，組織の不正防止対策にそって内部統制の5つの構成要素に関連した一連の設問から構成される。また回答者が追加情報を記入するスペースも用意してある。

　回答の終了までの所要時間は10分程度である。回答者の機密性保護にあらゆる注意が払われている一方，集められた調査結果は要約され経営者に共有される。調査質問に対する公正な返答のほか，求められる唯一の情報は，回答者の地域，主要な勤務部門である。

あなたの住む地域を選択してください。

中央アフリカ	中米
東アフリカ	北米
西アフリカ	南米
南アフリカ	東欧
アジア	西欧
オーストラリア・オセアニア	中東

あなたの主たる勤務部門を選択してください。

経理／財務	調達／サプライチェーン／物流
顧客サービス	製造
人事／福利厚生	広報
IT	研究開発
法務／コンプライアンス	営業／事業開発
マーケティング	財務／税務

セクション1：統制環境
企業文化は労働環境の性質を定め，そこで働く人々の統制意識に影響を及ぼす。それは内部統制の他の構成要素の基本である。

1．経営者は高い倫理基準を実践している。	SA	A	D	SD	DK
2．経営者は組織に影響を及ぼす法律，規則や規制を遵守している。	SA	A	D	SD	DK
3．私の直属の上司は高い倫理基準を実践している。	SA	A	D	SD	DK
4．私の直属の上司は組織に影響を及ぼす法律，規則や規制を遵守している。	SA	A	D	SD	DK
5．私は高い倫理基準を実践している。	SA	A	D	SD	DK
6．私は組織に影響を及ぼす法律，規則や規制を遵守している。	SA	A	D	SD	DK
7．管理職と社員は，決定および，それを実行に移す際に，他者に対する倫理的配慮や効果，理解に気を使っている。	SA	A	D	SD	DK
8．経営者は，社員や顧客対応において一貫性，倫理的行為，公正，誠実であることの重要性を適切に強調している。	SA	A	D	SD	DK
9．私の直属の上司は，社員や顧客対応において一貫性，倫理的行為，公正，誠実であることの重要性を適切に強調している。	SA	A	D	SD	DK
10．経営者と社員間の相互信頼または開かれたコミュニケーションを可能にする環境は社内で確立されたものである。	SA	A	D	SD	DK
11．経営者の行動は，全社員が期待しているとおり，その組織の価値観，行動規範と首尾一貫している。	SA	A	D	SD	DK
12．個人的行動に関する基準は，定期的に従業員と管理職および／または上司との間で話し合われている。	SA	A	D	SD	DK
13．私は自分の職務を全うするために必要な資格，知識，技術を持ち，研修を受けている。	SA	A	D	SD	DK
14．私は，あらゆる犠牲を払ってでも仕事を完遂する不合理なプレッシャーをほとんど受けることはない。	SA	A	D	SD	DK
15．私の作業班の従業員は公平かつ正当に処遇されている。	SA	A	D	SD	DK

上記の質問に，もっとも当てはまる回答を○で囲んでください。
SA＝とてもそう思う　A＝そう思う　D＝そう思わない　SD＝まったくそう思わない　DK＝わからない

上記の質問のいずれかに「とてもそう思う」または「まったくそう思わない」と回答し，さらに詳細情報を提供したい場合は，以下の余白にご記入ください。

不正リスク管理　調査（見本）

セクション2：リスク評価
不正リスクをいかに管理するかを決定するために，組織は目標達成における潜在的不正リスクを識別，分析し優先順位をつけて対応する。

16.	私は自分の所属部門で起こる可能性のある不正の種類を理解している自信がある。	SA	A	D	SD	DK
17.	私は自分の所属部門で不正リスクに影響を与える要因を理解している自信がある。	SA	A	D	SD	DK
18.	私は積極的に経営者の不正リスク評価に参加している。	SA	A	D	SD	DK
19.	自分の所属部門内での不正リスクの発生可能性と影響度は，経営者の不正リスク評価の一部として考慮されている。	SA	A	D	SD	DK
20.	経営者の不正リスク評価の結果は，私の所属部門での内部統制活動に影響を与えている。	SA	A	D	SD	DK

上記の質問のいずれかに「とてもそう思う」または「まったくそう思わない」と回答し，さらなる詳細情報を提供したい場合は，以下の余白にご記入ください。
_____
_____

セクション3：統制活動
統制活動は，所属部門内での不正の防止と発見を確実にすることに役立つ方針および手続，予防手段である。

21.	私は自分の職務，職責に適用される方針および手続を意識し，かつ理解している。	SA	A	D	SD	DK
22.	適用される方針および手続は，内部統制フレームワークの網をくぐり抜けることをせずに，仕事を効率的に進めるものである。	SA	A	D	SD	DK
23.	私の作業班の方針および手続は合理的で首尾一貫している。	SA	A	D	SD	DK
24.	私は自分の所属部門が遂行した仕事に関わるあらゆる統制の目的を理解している。	SA	A	D	SD	DK
25.	統制の網をくぐり，組織に影響を及ぼす法律，規則や規定を破る社員はいずれ発見される。	SA	A	D	SD	DK
26.	統制の網をくぐり，組織に影響を及ぼす法律，規則や規制を破り，そしてそれが露見した社員には適切な措置が講じられる。	SA	A	D	SD	DK
27.	組織から（物理的資産，金銭，情報，時間を）横領した社員はいずれ発見される。	SA	A	D	SD	DK
28.	組織から横領し，それが露見した社員には適切な措置が講じられる。	SA	A	D	SD	DK
29.	われわれはコンピュータのパスワードを他者と共有しないようにしている。	SA	A	D	SD	DK
30.	（社会保障番号やクレジットカード番号などの）個人および機密情報保護のために十分な対策がとられている。	SA	A	D	SD	DK
31.	仕事の完遂には，下位レベルの職権を有する人員への権限の委任と上級レベルの人員の関与に適切なバランスが存在する。	SA	A	D	SD	DK
32.	管理職および上司は，社員1人分の仕事さえしていない。	SA	A	D	SD	DK

上記の質問に，もっとも当てはまる回答を○で囲んでください。
SA＝とてもそう思う　A＝そう思う　D＝そう思わない　SD＝まったくそう思わない　DK＝わからない

上記の質問のいずれかに「とてもそう思う」または「まったくそう思わない」と回答し，さらなる詳細情報を提供したい場合は，以下の余白にご記入ください。
_____
_____

不正リスク管理　調査（見本）

セクション４：情報と伝達
不正リスクの関連情報は，関係者が各々の責任を遂行するために，方式と時間枠に則って識別し，捕捉され，伝達されなければならない。

33.	私は自分の職責に関わるすべての法律，規制，方針および手続，ならびに応じてはならない逸脱について理解している。	SA	A	D	SD	DK
34.	不都合な情報を躊躇せずに伝えることができる雰囲気がある。	SA	A	D	SD	DK
35.	不正に関わる疑わしい誤用や不適切な行為があれば，それを報告する伝達ルートがある。	SA	A	D	SD	DK
36.	適時に不正行為を報告することが私の職務内容や責任に含まれていることを理解している。	SA	A	D	SD	DK
37.	不正や社員の不当行為をどこにどのように報告すべきか私は知っている。	SA	A	D	SD	DK
38.	私が上司に不正行為を報告すれば，その不正行為は治まると確信している。	SA	A	D	SD	DK
39.	不正行為の疑いを報告した社員は，報復されることなく保護されている。	SA	A	D	SD	DK
40.	私の直属の上司は，不正を防止し発見する役割についての私の義務と責任，経営者からの期待について私に通達している。	SA	A	D	SD	DK
41.	われわれの情報システムは，自分の所属部門内の不正を自動的に発見する能力を経営者に提供している。	SA	A	D	SD	DK
42.	組織の方針および手続に関する倫理や法令遵守について説く新入社員向けのオリエンテーションや社員向けの継続訓練などのプログラムがある。	SA	A	D	SD	DK

上記の質問のいずれかに「とてもそう思う」または「まったくそう思わない」と回答し，さらなる詳細情報を提供したい場合は，以下の余白にご記入ください。
_____
_____

セクション５：モニタリング
組織は，評価とフィードバックプロセスを通して，不正リスクを低減するための不正防止および発見統制の有効性を査定し伝達する。

43.	経営者は資産の悪用と損失を阻止し検知するためのプロセスを構築している。	SA	A	D	SD	DK
44.	社内における苦情やフィードバックは，潜在的な不正行為を特定するために適時かつ効果的な追跡調査を継続している。	SA	A	D	SD	DK
45.	顧客の苦情やフィードバックは，潜在的な不正行為を特定するために適時に検討されている。	SA	A	D	SD	DK
46.	私の所属部門の社員は，自分たちがすべきことで間違いやギャップが生じた場合，いかなる行動を取るべきか知っている。訳注4	SA	A	D	SD	DK
48.	非倫理的または不正行為に気付いた場合，いかなる行動を取るべきか私は知っている。	SA	A	D	SD	DK
49.	私の部署で使われているコンピュータ化されたデータ入力システムは，意図的に誤って分類または省略された情報を効果的に防止し検知している。	SA	A	D	SD	DK

上記の質問に，もっとも当てはまる回答を○で囲んでください。
SA＝とてもそう思う　**A**＝そう思う　**D**＝そう思わない　**SD**＝まったくそう思わない　**DK**＝わからない

上記の質問のいずれかに「とてもそう思う」または「まったくそう思わない」と回答し，さらなる詳細情報を提供したい場合は，以下の余白にご記入ください。
_____
_____

訳注4　原書では46と47が同一の質問となっているので47を削除した。

不正リスク管理　調査（見本）

セクション5：モニタリング
組織は，評価とフィードバックプロセスを通して，不正リスクを低減するための不正防止および発見統制の有効性を査定し伝達する。

50. 職場で不正行為が行われていると私は疑っている，または知っている。　　　　　　はい　　いいえ

上記の質問に「**はい**」と回答した場合，以下の項目に記入してください。

A．その不正行為について記述してください。
_____
_____
_____
_____
_____
_____

B．その行為を報告しましたか。　　　はい　いいえ

C．「いいえ」の場合，なぜ報告しなかったのですか。
_____
_____
_____
_____
_____
_____

D．「はい」の場合，どのような方法で，誰に報告しましたか。
_____
_____
_____
_____
_____
_____

E．あなたが報告した結果どうなりましたか。
_____
_____
_____
_____
_____
_____

不正を防止，発見するために設計された組織の内部統制に関わるあなたのフィードバックはたいへん有益なものです。貴重なお時間を割いて調査にご協力くださり，ありがとうございました。

【調査終了】

付録G

不正リスクにさらされやすい項目

以下に示す表は，ある組織が直面する可能性のある不正スキームのタイプを示している[90]。このリストはすべての不正を含むわけではなく，組織のどの領域が不正に対して脆弱かを識別するための最初の評価の出発点を示すものである。このリストは，リスク評価プロセスの起点として活用することもできる。

このリストを見直し，「われわれの組織でこのようなことが起こり得るか」と自問することで，評価チームは，潜在的不正リスクを包括的に理解するだろう。さらに注意が必要なのは，不正の行動に影響を与える業種や地域，文化的要素を識別することである。

以下による財務諸表の意図的な操作：

- **不適切な収益の報告**
  - ＞架空収益
  - ＞確認という監査手続における不正
  - ＞貸倒れを隠すための売掛金の日付の改ざんまたは更新
  - ＞販売促進割引の操作
- **不適切な見積調整**
  - ＞早すぎる収益認識
    - ・付帯契約
    - ・**預かり売上**
    - ・押し込み販売
    - ・循環取引
    - ・改ざんされた，または虚偽の出荷書類
    - ・セルスルーに関する合意
    - ・前払金
    - ・会計期間を締め切らないでおく
    - ・販売引当金の計上を怠る
    - ・工事進行基準の操作
    - ・完成までの見積原価の操作
  - ＞不適切な契約または収益の付与，費用の認識
    - ・生産物切替
    - ・虚偽または水増しされた請求
    - ・水増しされたまたは不当な注文の変更
    - ・虚偽のまたは根拠のない研究
    - ・偽造された労力（時間）の報告
    - ・費用の誤請求
- **不適切な費用の報告**
  - ＞費用の不適切な期間認識
  - ＞特別目的の変動持分事業体の不正使用
- **不適切な貸借対照表の記載（引当金を含む）**
  - ＞不適切な資産の評価
    - ・虚偽申告の棚卸資産数量
    - ・虚偽申告の棚卸資産金額
    - ・虚偽記載の売掛金
    - ・虚偽記載の合併・買収価額
    - ・無形項目の不適切な資産計上
    - ・減価償却方法の変更または操作
    - ・耐用年数や残存価額の変更または操作
    - ・減損認識を怠る
    - ・非現実的あるいは根拠のない見積り
  - ＞資産の不適切な分類
  - ＞投資価値の操作
  - ＞不適切な減価償却方法
  - ＞架空資産の記録
  - ＞負債と費用の隠蔽
    - ・記載漏れ，省略
    - ・売上戻り，値引，保証
    - ・費用の資産計上
    - ・非現実的または根拠のない見積り
    - ・租税債務
  - ＞不適切または不当な連結仕訳
  - ＞本支店間取引の操作
  - ＞偽造した関係当事者間取引
  - ＞特別目的の変動持分事業体の不正使用
- **不適切に改善および／または偽装された情報開示**
  - ＞負債の計上漏れ
  - ＞後発事象
  - ＞関係当事者間取引
  - ＞会計方針の変更
  - ＞経営者不正の発覚
  - ＞取引日付の遡及記載
  - ＞非現実的または根拠のない見積り
- **資産の不正流用の隠蔽**
- **未承認の収益・支出の隠蔽**
- **未承認の資産取得・処分・使用の隠蔽**

以下による有形資産の不正流用：

- **現金の窃盗**
  - ＞レジの不正操作　　＞スキミング
  - ＞ラッピング　　　　＞回収手続
  - ＞売上の過少申告　　＞受取小切手の窃盗
  - ＞白紙小切手による現金窃盗の穴埋め　＞勘定のラッピング
  - ＞売上勘定への虚偽記入　＞在庫の水増し
  - ＞レジからの現金窃盗　＞預金のラッピング
  - ＞未達預金
- **不正支出**
  - ＞虚偽の返金
  - ＞虚偽の取消
  - ＞少額の支出
  - ＞小切手の改ざん
  - ＞請求書の偽装
  - ＞会社資金での私的な購入
  - ＞虚偽の返品に対する現金支出
  - ＞架空または虚偽の納入業者，供給者，下請業者の捏造
  - ＞承認されていない場所への購入品，または在庫品の配達
  - ＞受けていないサービスへの支払
  - ＞委託販売の収入記録
  - ＞試験または評価目的の出荷商品の収入記録
- **給与の不正**
  - ＞架空従業員
  - ＞勤務時間と給与の偽装
  - ＞従業員名簿から退職者の削除を怠る
  - ＞休職者の記録を怠る
  - ＞歩合給の虚偽申告
- **経費精算**
  - ＞使途の虚偽表示　　＞精算金額の水増し
  - ＞架空経費の精算　　＞多重精算
- **融資**
  - ＞存在しない借手への融資　＞二重の担保設定
  - ＞虚偽の申請情報　　　　＞建設関連融資
- **不動産**
  - ＞鑑定価格
  - ＞不正な鑑定
- **電信送信**
  - ＞システムパスワードの漏洩　＞偽造された承認
  - ＞未承認口座への送金　　　　＞ATM
- **小切手およびクレジットカード不正**
  - ＞小切手の偽造　　　　＞小切手の窃盗
  - ＞支払指図の停止
  - ＞未承認のあるいは紛失したクレジットカード
  - ＞偽造クレジットカード　＞郵便窃盗
- **保険不正**
  - ＞配当小切手　　　　＞精算小切手
  - ＞保険料　　　　　　＞架空の保険金受取人
  - ＞虚偽の死亡保険金請求　＞引受時の虚偽陳述
  - ＞車両保険－偽装事故　　＞損害額の過大申告
  - ＞レンタカー不正
- **年金不正**
  - ＞利益計算における誇張された確定所得
  - ＞利益計算に使われずに何年間も過少報告された所得
  - ＞サービス購入のために報告された虚偽のサービス
  - ＞不適格者の登録
  - ＞有資格者の非登録
- **棚卸資産**
  - ＞在庫品の不正使用
  - ＞在庫品の窃盗
  - ＞現場にないまたは架空の在庫
  - ＞購入と受領の偽装
  - ＞虚偽の出荷
  - ＞棚卸資産減耗の隠蔽

---

[90] 「不正リスクにさらされやすい項目」のリストは，本来ACFE（公認不正検査士協会）が考案し，「企業不正リスク管理のための実務ガイド」に掲載されたものである。本ガイドへの収録に際してより詳細で最新の記述を加えている。

不正リスクにさらされやすい項目	
以下による無形資産の不正流用：	**汚職**

以下による無形資産の不正流用：

- 知的財産の盗用
  - ＞産業スパイ
  - ＞情報の消失
  - ＞のぞき見
  - ＞潜入
  - ＞情報提供者
  - ＞ゴミ・廃棄物あさり
  - ＞監視
- 顧客の信用の毀損
- 納入業者と癒着する関係
  - ＞独占的なビジネス機会

汚職

- （以下に対する）収賄と謝礼
  - ＞会社　　　＞個人　　　＞公務員
- 横領
  - ＞虚偽の会計仕訳　　＞未承認の（預金）引出し
  - ＞未承認の支払　　　＞銀行預金からの私的費用の支払
  - ＞現金の無記録引出し　＞物的資産の窃盗
  - ＞休眠口座からの資金移動
- 賄賂，不正なキックバック，謝礼の受取り
  - ＞不正入札
  - ＞不正なキックバック
    - ・取引の横流し
    - ・過大請求
  - ＞利益相反
    - ・購入
    - ・販売
    - ・取引の横流し
    - ・資源の不正な配分
    - ・納入業者との利害関係に関する情報開示
    - ・仕入先への出資
  - ＞違法な支払
    - ・贈答品
    - ・旅行
    - ・接待
    - ・融資
    - ・私用のクレジットカード代金の支払
    - ・公正価額以外での譲渡
    - ・優遇措置
- 海外腐敗行為防止法（FCPA）違反
  - ＞贈収賄禁止条項
  - ＞帳簿・記録違反
  - ＞内部統制の脆弱性
- マネーロンダリング
- 虚偽の供述
- 他者（顧客，納入業者）による不正の幇助・教唆

付録H

不正リスク評価　例

以下は例示のための表で，組織の不正リスク評価プロセスにおいて記載される可能性のあるいくつかのスキームにのみ焦点を当てている。実際の不正リスク評価は，特に大規模あるいは複雑な組織においてより広範囲かつ詳細な組織固有の表となることが多い。この不正リスク評価は，（A）財務報告（B）非財務報告（C）資産の不正流用（D）違法行為／汚職の4つのセクションで構成されている。レビューを容易にするために，各セクションのリスクは残存リスクの降順，その次に発生可能性と影響度の降順に並べられている。

1.識別された不正リスクとスキーム	2.発生可能性	3.影響度	4.関与する社員／部門	5.既存の不正統制活動	6.既存の統制活動の有効性	7.残存不正リスク	8.不正リスクへの対応
セクションA　財務報告							
FR1.不適切な仕訳記帳	中	高	事業部門長あるいは事業部門における財務・会計担当者および／またはCFO，本社の財務・会計担当者および上級経営陣（例：CEOおよびCOO）	連結について定められたプロセス 総勘定元帳へのシステム的なアクセス制御の確立 月次および四半期ごとの標準的仕訳記帳の記録の保持 標準的記帳内容と標準外記帳に対して2階層の承認を必要とするレビュープロセスの実施。特に，四半期および年度末の記帳に対し翌月に反対仕訳を入れるものに焦点を当てる。	内部監査による検証－発見事項あり 内部監査による検証－発見事項なし 管理者による検証	高－管理者による内部統制の無効化によって，誤った仕訳から財務諸表の虚偽記載につながるリスク	内部監査による仕訳記帳を母集団としたのデータ分析 • 通常にはない貸方／借方の組合せ • 重大な判断および見積りの影響を受ける勘定に対する入力遅延 • 通常の業務には組み込まれていない人物による仕訳記帳の入力および承認の傾向。例えば，より高い位の管理職，あるいは特別なまたは未承認のシステムアクセス権による仕訳記帳
FR2.収益の認識－譲歩条件付き補足文書／付帯契約。例えば，ディーラーや流通業者，小売業者に対する支払期限の延長，値引，代金の割戻し，通常はない販売／マーケティング支援費用	中	高	営業担当者，営業管理職 潜在的な可能性として，上級経営陣（例：CEOおよびCOO），法務および財務会計担当	収益認識の実務について営業担当者，財務担当者への年次研修を行う 追加的な契約上の合意事項に関して四半期ごとに営業担当者の署名入り認証を求める。 契約書の条項を修正するような合意事項が，口頭でも文書でも存在しないことを内部監査が顧客に確認する。 四半期末あるいは年度末近くに入力された取引に対して，発注書と出荷書類および現金の受領書を検証する。	適切と判断される研修 内部監査による検証－発見事項なし 強く効果的	高－管理者による内部統制の無効化によって，収益や純利益の重大な／重要な誤記載につながるリスク 中－研修への参加要請が厳しくないと低位の担当者による誤った収益の認識が例外的に現れる可能性がある。	営業担当者別の売上，返品，修正の非集計分析 すべての発注書，納品書と契約書に，組織の倫理と不正行為の報告方法についての文言を追加する 返済猶予や支払条件の変更を許可するような販売契約条項の修正をしていないことを営業担当者に年に一度確認させる。
FR3.収益の認識－顧客の注文を受領する前または顧客が依頼した納期より前に納品する	中	高	営業部門と出荷部門 潜在的な可能性として，上級経営陣（例：CEOおよびCOO）	販売注文と出荷書類とをシステム的に照合し，合致しない場合には例外レポートを出力	業務部門での検証－発見事項なし	中－管理者による内部統制の無効化によって，早期の出荷が行われ重要な売上の収益認識がされるリスク	内部監査がカットオフテストを増加する。
FR4.収益の認識－部分出荷	中	高	営業部門と出荷部門 潜在的な可能性として，上級経営陣（例：CEOおよびCOO）	システム出力される出荷書類をすべての出荷と手作業でチェック 販売注文と出荷書類とをシステム的に照合し，合致しない場合には例外レポートを出力 収益を認識する前に，顧客から部分出荷に対する承認を得る。	業務部門での検証－発見事項なし	中－管理者による内部統制の無視によって，部分出荷に対する顧客の承認がないにもかかわらず部分出荷し，収益を認識するリスク	内部監査がカットオフテストを増加する 部分出荷のパターンに対する分析テスト（例：同一営業担当者，同一顧客）

各項目の説明は149ページ参照

不正リスク評価　例

1. 識別された不正リスクとスキーム	2. 発生可能性	3. 影響度	4. 関与する社員/部門	5. 既存の不正統制活動	6. 既存の統制活動の有効性	7. 残存不正リスク	8. 不正リスクへの対応
セクションA　財務報告							
FR5. 収益の認識－期末の記帳が終わった後で、出荷したものの収益の認識をする（すなわち発送遅延）	中	高	出荷部門 潜在的には、営業管理職、数名の営業担当者、財務・会計担当者および上級経営陣（例：CEOおよびCOO）	請求業務と売上計上にリンクした統合出荷システム 請求記録と出荷記録との日次照合 手書きの請求書には管理者の承認が求められる。	内部監査による検証－発見事項なし 業務部門による検証－発見事項なし 内部監査による検証－発見事項なし	中－管理者による内部統制の無効化によって、会計期間終了後まで出荷されなかった販売品を記録する。	内部監査によるより頻繁なカットオフテスト 締め日後の出荷日を持つ商品を特定する分析
FR6. 収益の認識－翌期の売上を今期の収益として記録するために帳簿を締めない	中	高	財務・会計担当者および上級経営陣（例：CEOまたはCOO）および営業管理職 潜在的可能性として、営業担当者	月次決算の定められたプロセス 請求記録と出荷記録との日次照合 出荷、請求、収益認識について定められた手続 勘定の連結について定められた手続	内部監査による検証－発見事項なし 業務部門による検証－発見事項なし 内部監査による検証－発見事項なし 内部監査による検証－発見事項なし	中－管理者による内部統制の無効化によって、帳簿が締め切られないリスク	データ分析による仕訳入力遅延の発見と検証 内部監査による営業のカットオフテスト
FR7. 負債／経費の操作－外部業者の請求を記録しない	中	高	財務・会計担当者 潜在的な可能性として上級経営陣（例：CEOおよびCOO）	外部業者は一元管理を担当する経理部門にのみ請求書を送付するよう指示され、そこでは、受領時に買掛金システムに登録され、関連部門による承認がされるまで「承認待ち」の状態の仮勘定とされる。 確実に適切なカットオフを実施するのを手助けするため、期末に未処理となっている請求の性質／価格を部門長と経理部門が検査する。	内部監査による検証－マーケティング、コンサルティング、法律業務に関する請求書が部門長に送られ、彼らが後で承認するまで記録されない。	中－管理職による内部統制の無効化により、ある納入業者からの、または選ばれた取引や特定の期間（期末とは限らない）の請求書を処理しないことで、今期の負債／費用の認識が翌期に先送りされるリスク	内部監査は、誤った期間での記録の潜在的な可能性を特定するため、標準的な方法で処理されていない主要な請求書類を特定・検証するためのデータ分析を使用する。 経理部門は買掛金システムに記録されていない主要な請求書類を特定するため、四半期末ごとにマーケティングと法務部門の部門長およびCEOとともに検証する。
FR8. 収益の認識－サービスとサポートの収益といった二次的な収入源の操作	低	中	営業と財務会計部門 潜在的な可能性としては上級経営陣（例：CEOおよびCOO）	サービス／サポートによる収益の認識には、顧客との署名入りの契約書類を必要とする。	内部監査による検証－発見事項なし	中－管理者による内部統制の無視により、架空売上または二次的な収入源での収益認識の前倒し	内部監査は通常と異なる傾向や取引に対するデータ分析検証を実施する。
FR9. 収益の認識－販売契約の遡及	中	高	営業担当者、営業管理職 潜在的な可能性としては財務・会計担当者、法務および上級経営陣（例：CEOまたはCOO）	売上の会計処理に携わるすべての営業担当者、営業管理職および財務会計担当者に対する明確な収益認識の方針と研修 売上を収益として計上する前に、収益認識の条件を必ず満たす必要があること、および、経営陣に対する偽りなど重大な違反については解雇等、違反者は処分を受けることをCEOと営業担当の執行役員が明確かつ強い調子で示す。 統制の効いた販売契約管理システム コンプライアンスの徹底を支援するため営業管理職が営業契約システムの取引をモニタリングする。 各四半期末日前の2週間に計上された多額の売上は特に精査する。	内部監査による検証－発見事項なし	低	残存リスクが低いため、対応不要 既存の不正に対する統制は十分である。

各項目の説明は149ページ参照

不正リスク評価　例

1. 識別された不正リスクとスキーム	2. 発生可能性	3. 影響度	4. 関与する社員／部門	5. 既存の不正統制活動	6. 既存の統制活動の有効性	7. 残存不正リスク	8. 不正リスクへの対応
セクションA　財務報告							
FR10. 収益の認識－押込み販売	低	中	営業担当者と営業管理職 潜在的な可能性として、財務・会計部門、法務部門と上級経営陣（例：CEOまたはCOO）	営業担当役員は、3か月の利用を超えるか、あるいは100万ドルを超える売上に対しては、すべて書面による事前承認を必要とするという明確な方針を作成する。 営業管理職が、各営業担当者の売上を顧客ごとに確認する。 上級営業管理職が、地域／事業単位ごとの売上額を確認する。 財務会計部門が、予算と見込額とを比較するために売上高の分析的確認をする。	内部監査による検証－発見事項なし	低	残存リスクが低いため、対応不要 既存の不正に対する統制は十分である。
FR11. 開示－重大な事実、環境と事象の不適切あるいは不適正な開示	低	中	上級経営陣（例：CEOおよびCOO）、財務会計および法務部門	すべての適切な開示を徹底するため、CFOと会計責任者が上級経営陣や法務部門と協議する 外部の法的機関による定期的な確認、上級経営陣とCFO、会計責任者の書面による承認 取締役会の開示委員会による確認	内部監査による検証－発見事項なし	低－管理職による開示に関する内部統制の無効化により、治験での副作用や、主要な契約の獲得の失敗、または賠償が必要となる欠陥品の存在を適時に開示するのを妨げられるリスク	残存リスクが低いため、対応不要
FR.12 収益の認識－「請求済み未出荷売上」による契約の改ざん	低	低	営業と財務会計部門 潜在的な可能性として、上級経営陣（例：CEOおよびCOO）	固有リスクが低いため、統制不要	該当なし	低	残存リスクが低いため、対応不要
FR13. 収益の認識－循環取引	低	低	営業部門および財務会計部門 潜在的な可能性として、上級経営陣（例：CEOおよびCOO）	固有リスクが低いため、統制不要	該当なし	低	残存リスクが低いため対応不要
セクションB-非財務報告							
NF1. 品質－重大なテスト結果の改ざん	中	高	商品部門、外部業者と内部の品質管理担当者 潜在的な可能性として、影響のある顧客を担当する営業担当者および営業管理職と上級経営陣（例：CEOおよびCOO）	独立的なサンプル検証	重大ではないが、否定的な結果	高－おとり広告／共謀、キックバック、あるいは管理職による内部統制の無効化により、主要な契約条項に反していることが示されるのを避けるために、原材料、部品、あるいは最終の製品に対する重要なテスト結果を変更する	より多くのサンプルを使用した、より頻度の高い検証 すべての注文書、請求書類と契約書に、組織体の倫理と不正行為の報告方法についての文言を追加する。 品質の問題を理由とした返品の傾向を追跡する分析
NF2. 法令等遵守－環境、健康、安全に関する報告	低	高	事務部門長、製造、倉庫、人事、安全および環境、健康、安全部門の担当者 潜在的な可能性として、上級経営陣（例：CEOおよびCOO）および法務部門	プロセスに固有の不正に対する統制なし。全社的なコンプライアンスと倫理のプログラムや「率直に話す」方針や、報復からの保護を備えた内部通報プログラムに依拠する。	内部監査による検証－発見事項なし	中－共謀あるいは管理職による内部統制の無効化により、例えば、排出に関する法規制に対する重大な違反や、商品の安全性の欠陥のような、風評および財務的損害を伴う問題を隠蔽する。	毎年の従業員に対する調査において、フォローアップの質問を含める。

各項目の説明は149ページ参照

不正リスク評価 例

1. 識別された不正リスクとスキーム	2. 発生可能性	3. 影響度	4. 関与する社員/部門	5. 既存の不正統制活動	6. 既存の統制活動の有効性	7. 残存不正リスク	8. 不正リスクへの対応
セクションB－非財務報告							
NF3. 品質－従業員による認可テストの点数の改ざん	中	中	商品，人事および安全部門 潜在的な可能性として，影響のある顧客を担当する営業担当者および営業管理職と上級経営陣（例：CEOおよびCOO）	プロセスに固有の不正に対する統制なし。全社的な倫理・コンプライアンス・不正に対する統制に依拠する。	内部監査による検証－発見事項なし	中－共謀または管理職による内部統制の無視により，例えば，重要な契約条項の違反を避けるために，テストの点数を改ざんする。	テストの完了時に点数を報告し，自動的に結果を記録するようテスト手続を改定する。
NF4. コンプライアンス－契約においてまった コンプライアンスに関する情報の記載	中	中	契約管理部門と，影響のある顧客を担当する営業担当者および営業管理職 潜在的な可能性として，上級経営陣（例：CEOおよびCOO）	プロセスに固有の不正に対する統制なし。全社的な倫理・コンプライアンス・不正に対する統制に依拠する。	該当なし	中－共謀，贈収賄，キックバックまたは管理職による内部統制の無効化	毎年の従業員に対する調査において，フォローアップの質問をする。すべての注文書と契約書に，組織の倫理と不正行為の報告方法についての文言を追加する。
NF5. 従業員の資格要件の誇張または虚偽	中	中	すべての部門，特に，影響のある顧客を担当する営業担当者および営業管理職 潜在的な可能性として，人事と上級経営陣（例：CEOおよびCOO）	その応募要件および資格が，法規制や契約上の遵守または組織の主要な業績目標として信頼するに値する新規採用者に，抜き取りで身元調査をすることで信頼性を確保する。	人事による発見事項の報告－約10%の不備	中－必要な資格や要件に欠ける従業員は，顧客との契約書の条件に違反し，組織の商品やサービスに不具合をもたらし，その結果，組織への経済的な損害請求や虚偽の請求に対する罰金，政府の請負業者としての資格をはく奪されたり，風評被害を受けたりする。	身元調査を100%に拡大する。資格について虚偽のあった人物に対して，即座に断固とした行動をとる。懲罰が行われたことを内部に（名前は明かさずに）公開する。
NF6. 変更された生産性レポート	低	低	製造および事業部門の管理職	労働時間と在庫消費量との分析的比較	内部監査によるモニタリング－小さな変動が認められる。	低－臨時ボーナスを得るために誤った報告をする。	残存リスクが低いため，対応不要
セクションC.資産の不正流用							
AM1. サイバー不正による現金の横領－プロの詐欺師がフィッシングを利用し，組織のオンラインバンキングのログイン認証情報を取得し，銀行口座の預金を枯渇させる。	中	高	財務会計部門（資金部門を含む）	オンラインバンキング専用のコンピュータの指定－当該専用コンピュータの他の目的使用および他のコンピュータの当該目的での使用を厳格に禁止する。IT専門家は内部・外部からの未承認アクセスおよび使用に対して高度なセキュリティを持つ専用コンピュータを設置する。セキュリティ対策は，IT専門家が継続的にアップデートする。オンラインバンキングの認証情報へのアクセス権を持つすべての人員は，詐欺師のフィッシングの技術を回避すること，オンラインバンキングには許可されたコンピュータのみを使用すること，同僚がこの方針に従うよう支援するという責務があることについての必須の教育研修を，いかなる違反も報告が必要ということを含め，受講する。	専用コンピュータは，ITセキュリティ専門家による，未承認のアクセスや不適切使用を発見するためのテストを受ける。内部監査は，オンラインバンキングによる取引とログを比較し，専用コンピュータ以外からされた取引を発見する。	中－組織の銀行口座残高がなくなると，深刻な業務の中断を生む，流動性の危機が生じる可能性がある。	年次で，別のITセキュリティ専門家のチームがフィッシングやソーシャルエンジニアリングや，マルウェアの仕込まれたUSBメモリによる「塩撒き」や，清掃業者や修理業者のふりをすることで銀行認証情報を入手するなど，ハッキングしようとすることでシステムのセキュリティをテストする。ログオンの失敗や，通常と異なる日や時間のネットワークへのアクセス，ウィルスソフトウェアの最終更新日，サイズの大きなファイルが添付された電子メールの傾向を追跡する分析をする。

各項目の説明は149ページ参照

不正リスク評価 例

1. 識別された不正リスクとスキーム	2. 発生可能性	3. 影響度	4. 関与する社員／部門	5. 既存の不正統制活動	6. 既存の統制活動の有効性	7. 残存不正リスク	8. 不正リスクへの対応
セクションC.資産の不正流用							
AM2.不正な出金－請求スキーム－偽の外部業者の利用	中	高	契約・購買・事業部門長または重大な購買に携わる上級経営陣（例：営業・マーケティング，IT，法務，遠隔地の統括マネージャー，CEOまたはCOO）潜在的な可能性として，財務会計部門	承認された外部業者からのみ購買を行う，外部業者は契約部門の承認を得る。	内部監査による検証－発見事項なし	中－従業員は，共謀あるいは契約部門を欺くことで，偽の業者を登録し，承認を得ることは可能だが，これによって，組織に重大な影響を与えることは難しい	外部業者と従業員のデータベースにあるすべてのデータフィールドのマッチングを行うデータ分析テストを確立する。
AM3. 棚卸資産の盗難または流用	低	中	倉庫，購買，セキュリティ，事業部門長または遠隔地における監督者	物理的アクセスコントロール，購買請求書と受領報告の比較	内部監査がレビューし，小さな差異を発見した。	中－共謀，現場から離れた住所に配送することで，購入品を隠匿する。	配送先が定められた倉庫だけであるという文章が明記され，事前に採番された購買依頼書の使用を開始する。購買による出金と，在庫レベルの比較によるデータ分析テスト
AM4.不正な出金－小切手の改ざんと経費精算スキーム	高	財務報告に携わる者，または上級経営陣が実行する場合には高 他の従業員によって実行される場合，低	小切手の改ざん：財務会計部門（資金繰り部門）を含む，契約部門，または，重大な購買に携わる上級経営陣（例：営業・マーケティング，IT，法務，遠隔地の統括マネージャー，CEOまたはCOO）経費の返還スキーム：すべての担当者だが，特に遠隔地の統括マネージャー，営業担当者および営業管理職	物理的アクセスコントロール，小切手の連記式署名，経費の裏付け，監督者によるレビューと費用に関する報告の虚偽記載は，すべて解雇の理由となり得ることを条件とする 不適切な会計行為を駆り立てる可能性のあるすべての職位のプレッシャーとインセンティブを認識することと同様に，これらの部門の担当者の生活スタイルや，家族および個人的な経済的問題に焦点を当てたその他の情報と，観察や質問	内部監査は，受領証を必要とする経費の限度額や連記式署名小切手による締日やその付近の出金の定期的な精査をする。	中－上級経営陣による場合 低－他の従業員による場合	財務会計部門のジョブローテーション，休暇取得を義務づける。ライフスタイルや離婚，病気，破産といった個人的問題および組織に報復することを考えている不満をもった従業員に対する意識
AM5.現金のスキミング	低	低	現金出納担当者と金庫室のスタッフ 潜在的な可能性として，財務会計部門	現金による取引を最小限にする，現金照合	有効とみなされる。	低	残存リスクが低いため対応不要

各項目の説明は149ページ参照

不正リスク評価 例

1. 識別された不正リスクとスキーム	2. 発生可能性	3. 影響度	4. 関与する社員／部門	5. 既存の不正統制活動	6. 既存の統制活動の有効性	7. 残存不正リスク	8. 不正リスクへの対応
セクションD. 違法行為／汚職							
IAC1. 政府職員への贈賄	中（契約, 認可の種類, 政府関係者による影響の可能性による）	高（これも収入源の地域による。また, 汚職のリスクの高い諸外国での営業は危険信号となり得る）	営業部門と事業部門長 潜在的な可能性として, 上級経営陣（例：CEOまたはCOO）法務部門と財務会計部門	官僚や係官, 政府職員による公的な活動に影響を与えるような価値のある物の提供の申し出, 贈与, 受領, 勧誘を禁じる厳しい強制的な方針 外国官僚の贈賄と同様に, 通関や輸出入認可その他の活動に携わる個人に便宜を図ってもらうための未承認の支払をすることも禁じる厳しい強制的な方針 米国政府や外国官僚が関係する契約の精査, および販売代理店による政府職員側への不適切な影響の有無を確認するため, 収入源と販売代理店との過去の関係を特定する 営業職員別の経費精算報告と（外）国を担当するマネージャー別の営業推進活動を精査する。	米国拠点の業務では, 不一致は認められなかったが, 中国, インド, 南アフリカでの営業には懸念がある。	高－（故意に, またはそうと知らずに）営業担当者が汚職スキームの一部となる。贈賄スキームに対して, 適時に対応しない場合, 制裁措置だけでなく巨額の罰金が現実的な可能性を帯びる。	潜在的に疑わしい取引である可能性を識別し, 内部監査がさらなる検証をするためにリスクの高い地域での売上と経費の取引に対するデータ解析 四半期ごとに, すべての顧客, 外部業者, 代理店, 独立した請負業者に対し, コンプライアンスと倫理のプログラムへのあらゆる違反を報告する責任に関する, 当該プログラムについての文書を送付する。全従業員が年次の倫理のトレーニングを受け, コンプライアンスと倫理の方針について理解していることを確認し, 規定について理解し, 遵守することを誓約する署名を求められる。
IAC2. 利益相反－組織の評判に悪い影響を与えるような関係のある人物に利益を供与する一方で, 財務的な損害を与える可能性のある関係や関連する団体を開示しないこと 組織の評判に悪影響を与え, かつ関係のある人物に利益を与える一方で財務上の損害を与える可能性のある未公表の関係または関係者取引	高	高	経営者, 役員, 上級経営陣, 事業部門の管理職, 遠隔地の責任者 潜在的な可能性として営業, 購買, 法務, その他のあらゆる部門	取締役会その他の統治機関の承認を得るため, 上級経営者を含む全社員にあらゆる個人的関係, 事業取引, 関係当事者を適時に開示することを求める方針 すべての重要な社員に対して, 開示されていないビジネス上の利害関係, 不動産その他の関係についてチェックを行うため, 身元調査を行う。内部監査では, 定期的にデータ分析ツールを利用して, 得意先および仕入先マスターファイルと従業員給与ファイルを比較して, 住所, 氏名, 納税者番号, 社会保障番号および電話番号の照合を行う。	内部監査による検証－発見事項なし	中－関係や関係者取引を隠蔽するための経営者による内部統制の無効化のリスク	身元調査の専門家を利用して, 組織の身元調査の手続きを再評価し, 抽出された人員の調査結果の試験的点検を行う。
IAC3. 商業賄賂／違法な謝礼	低	中	営業・購買・事業部の管理職 潜在的な可能性として上級経営者（例：CEOまたはCOO）, 法務, 財務会計部門	破産, 離婚, 経済的な問題, 犯罪歴を捜す身元調査を購買担当者全員に実施 すべての納入業者が監督者により検査され, 吟味され, 承認され, 競争的な入札を経て選定されることを確実にする 内部監査は購買部門に日常的な監査を実施する。	無－差異は発見されない	中－キックバックのスキームは通常購入した物品の価格がより高くなるという結果を生む（「キックバック」される額が反映される）	外部業者に向けての組織のコンプライアンスと倫理のプログラムに, 購買注文と契約に関するすべての疑わしい活動や勧誘, 不法行為の報告を求める文言を追加する。

各項目の説明は149ページ参照

不正リスク評価　例

コラムの説明

1. **識別された不正リスクとスキーム**：
   この項目には，組織体が直面する可能性のある潜在的な不正リスクとスキームをすべてリストアップする。このリストの内容は組織により異なり，次の4つの情報を考慮する必要がある。(a) 業界の調査，(b) メディアのレポート (c) 従業員やステークホルダーへのインタビュー，(c) ブレインストーミングの実施，(d) 内部通報制度や倫理プログラムを通じて報告された活動。

2. **発生可能性**：
   効率的な不正リスク管理プログラムを策定するには，組織が不正リスク管理への資源配分の優先順位をつけるに当たって影響度とともに発生可能性を考慮できるよう，識別した不正リスクの発生可能性を評価することが重要である。最初の評価の目的を達成するためには，リスクの発生可能性を低・中・高で評価すれば通常は十分である。最初の評価の後で，10段階のスコアを使用して評価をすれば，より洗練されたリスク評価を促進するが，組織体によっては複雑すぎ，また不要となる可能性もある。

3. **影響度**：
   組織にとっての不正リスクの潜在的な影響度を評価するときには，定量的な要素と定性的な要素が考慮されなければならない。例えば，ある不正リスクは組織の財務面には直接大きな影響はないとしても，評判に深刻な影響を及ぼし得るのであれば，組織にとってより重大なリスクとなる。最初の評価の目的を達成するためには，リスクの影響度を低・中・高で評価すれば通常は十分である。最初の評価の後で，10段階のスコアを使用して評価をすれば，より洗練されたリスク評価を促進するが，組織体によっては複雑すぎ，また不要となる可能性もある。

4. **関与する社員／部門**：
   組織の内部・外部のどの人間（役職・職位別で示し，名指しにしない）が特有の不正スキームに関与するかを識別することは，誰が関与するかによって発生可能性や影響度が異なることを考慮すべき類似の不正スキームの違いを知る手助けとなる。例えば，個々の営業担当者の架空売上報告とCEOあるいはCFOが同じことをする場合など。

5. **既存の不正統制活動**：
   識別された不正リスクに関係する既存の統制手続を抽出（マップ）する。この抽出は不正リスクを識別しその発生可能性および影響度を評価した後に行うことに注意する。この順序で進めることにより，本フレームワークは，組織が，識別した不正リスクの評価を，内部統制手続を考慮しない固有リスクベースで評価するよう設計されている。

6. **既存の統制活動の有効性**：
   組織は識別した統制手続が，検討した特有の不正リスクを低減させるために有効に設計また運用されているか評価し，また誰が実行者となり得るか，また実行者が一定の統制を無効化あるいは回避する能力があるかも考慮しなければならない。

7. **残存不正リスク**：
   内部統制手続が個々の不正リスクを低減（軽減）する度合いを考慮しそれと，取締役会の不正に対する「許容度」を比較する。不正リスクによっては，いくつかの要因により，適切に低減されない可能性があると判断されるかもしれない。その要因とは例えば，(a) ある不正リスクに対処するための適切な統制手続が整備されていない (b) 特定した統制手続が有効に運用されていないなどである。

8. **不正リスクへの対応**：
   不正リスクへの対応は，ガバナンスによって設定された組織のリスク強度を超える残余不正リスクに適切に対処するものでなければならない。不正リスク対応は，次のいずれか，またはその組合せとなり得る。(a) 追加的な統制手続の導入 (b) 積極的な不正監査技法の開発 (c) 組織のプロセスを変更することによるリスクの軽減，あるいは (d) リスクを生む業務から撤退することによるリスクの回避。(例：X国およびY国とのビジネスを停止することで，許容不可能な汚職のリスクを避ける)

付録 I-1

不正リスクガバナンスのスコアカード

組織の不正ガバナンスの強度を評価するために，以下の各領域，要素，検討項目を次の3色で注意深く評価する。
- 赤：不正リスクを許容可能なレベルに低減するために，大幅な強化・改善が必要である。
- 黄：不正リスクを許容可能なレベルに低減するために，一定の強化・改善が必要である。
- 緑：十分に強化されており，不正リスクは少なくとも許容可能な最低限のレベルまで低減されている。

赤または黄色と判定された領域，要素，検討項目については，次回のスコアカード作成時に緑色のレベルに引き上げるための行動計画をメモ欄に記入しなければならない。

不正リスクのガバナンスに関する領域，要素，検討項目	スコア	メモ
不正リスク管理プログラムに組織的に取り組む		
組織には組織文化と不正リスク管理との間に強い相関関係がある。		
経営者は，倫理行動を促進したり，不正の抑止，防止，発見に焦点を当てたりすることで，「トップの気風」を明確に示している。		
経営者は，組織が倫理行動の促進に真剣であり，不正の抑止，防止，発見に取り組んでいることについて，すべての従業員，納入業者，業務委託先が確実に理解できる手本となっている。		
経営者は，不正事例への対応において，組織内外に強力なメッセージを発信し，不正行為に対する強い抑止力としての役割を果たしている。		
組織には，最高水準の誠実性と倫理に従って事業を遂行するという組織や取締役会，執行役員，取締役，管理職およびその他の従業員のコミットメントを反映した業務遂行基準に関する方針がある。		
組織は，従業員のための前向きな職場環境を整え，適切な従業員を雇用し昇進させ，効果的な研修プログラムを実施している。		
組織は，組織の行動規範を理解していることを従業員に定期的に確認させている。		
組織は，従業員にその地位にかかわらず，適切かつ一貫して規律を守らせている。		
不正リスクのガバナンスを支援する		
取締役会は，独立した客観性を有するメンバーで構成されている。		
取締役会は，倫理行動を奨励し，従業員，顧客，納入業者が常にその方針に従って努力できるように，効果的な不正リスク管理方針を経営者に設計させる責任を負っている。		
取締役会は，何が不正や汚職の原因となるかについて十分に理解している。		
取締役会は，自らの独立的な職務やCEOの職務内容，評価，後継者選定プロセスを通じて，適切な「トップの気風」を保持している。		
取締役会は，不正リスク評価の監視を維持している。		
取締役会は，経営者によって構築された財務報告に係る内部統制の監視を含む，経営者による不正リスクの識別状況の評価をしている。		
取締役会は，経営者による不正のリスク（経営者による内部統制の無効化のリスクを含む）を評価するとともに，経営者の不正を防止・発見するための統制が設計され，機能していることを確認している。		
取締役会は，承認された年次の内部監査計画を支援するとともに，データ機密性に関する規則を考慮しつつ，内部監査部門がすべての情報，データ，従業員にアクセスできることを確保している。		
取締役会は，内部監査部門が取締役会，あるいは下部の委員会，すなわち監査委員会に無制限にアクセスできることを確保している。		
取締役会は，すべての従業員が取締役会，監査委員会，内部監査部門にアクセスできることを確保している。		
取締役会は，下部の委員会に不正の抑止，防止，発見に重点的に取り組む権限を与えている。		
取締役会は，組織内の不正，すなわち幹部従業員が関与する不正や内部統制上の重大な不備の発生について十分に知らされている。		

不正リスクガバナンスのスコアカード		
不正リスクのガバナンスに関する領域，要素，検討項目	スコア	メモ
不正リスクのガバナンスを支援する		
取締役会は，取締役の責任について文書化し，組織全体に周知している。		
取締役会は，組織が不正リスク管理プログラムを実施し維持するための，また必要に応じて外部のアドバイザーや弁護士を雇うための十分な資源を有することを確保している。		
総合的な不正リスク管理方針を策定する		
組織は，個人の行動の指針となる方針や原則を含んだ総合的な不正リスク管理方針を策定している。		
すべての従業員は，組織の不正リスク管理方針について知っており，理解している。		
組織の不正リスク管理方針は，倫理や正直さが特に組織の上層部において非常に重視されることを強調している。		
組織の不正リスク管理方針は，組織特有のリスク特性に合わせてあり，組織の不正リスクの関連シナリオに沿って構築されている。		
組織の不正リスク管理方針は，違反行為や潜在的違反行為を報告するためのプロセスや連絡窓口を明確に定義している。		
組織全体で不正リスクのガバナンスの役割と責任を確立する		
不正リスク管理に全体的な責任を負う経営幹部1名が任命され，定期的に取締役会に報告している。		
不正リスク管理責任者は，組織の不正リスクと業務プロセスレベルの統制に精通し，違反行為の報告・調査プロセスの設計および実施に責任を負っている。		
組織の不正リスク管理プログラムの一部として，すべての従業員の役割と責任を正式に文書化している。		
不正リスク管理方針は，不正関連事項に関する取締役会や上級経営者の期待の指標としての役割を果たしている。		
経営者は，組織の不正リスク管理プログラムの実行を確実にする一義的な責任を負っている。		
不正リスク管理プログラムを文書化する		
組織の不正リスク管理方針は文書化され，組織の現在のリスク特性と経験をもとに更新されている。		
組織の不正リスク管理プログラム全般に関する文書化は不正リスク管理方針に含められており，行動規範とは別になっている。		
取締役会や上級経営者は，不正リスク管理プログラムへの自身のコミットメントを要約し，その文書を従業員，納入業者，顧客に公表している。この文書は，経営幹部あるいは取締役によって作成もしくは承認され，定期的に再発行されるほか，従業員，納入業者，顧客が受領し理解していることを確認するために組織が追跡調査している。		
組織は，すべての従業員が受講必須の全社的不正研修コースを実施して，不正リスク管理方針を補強している。		
不正リスク管理方針と不正研修では，不正の定義，内部および外部の潜在的な不正実行者の識別，仮想組織での不正事例の提供，不正対策統制手続の監視者の役割と責任の定義を行っている。		
すべての従業員と納入業者は，不正リスク管理プログラムに関連するそれぞれへの期待を理解している。		
組織のあらゆるレベルに不正リスク管理を伝達する		
CEOと上級経営者は，組織のあらゆるレベルでの不正リスク管理の目的の達成を支援する内部統制システムの構築に責任を負っている。		
CEOと上級経営者は，不正リスク管理や不正の防止・発見を含むすべての内部統制に関する説明責任を確立するのに必要な組織構造，権限，責任について，設計，適用，運用および定期的な評価を行っている。		
取締役会は，組織の不正リスク管理プログラムの有効性を監視し，取締役会の議題として定期的にその結果について議論している。		
取締役会は，経営者，従業員，監査人，その他のステークホルダーから不正の可能性に関する情報を適時かつ正確に取得できる仕組みを確立している。		

不正リスクガバナンスのスコアカード

不正リスクのガバナンスに関する領域，要素，検討項目	スコア	メモ
組織のあらゆるレベルに不正リスク管理を伝達する		
取締役会は，組織の不正対策の実践と方針の適切性について，経営者，従業員，監査人，その他のステークホルダーを含む自身が意思疎通を図る関係者の信頼度を評価している。		
組織の不正リスク管理方針は，リスク許容度について考慮すべき事項と，不正の疑いが直ちに報告されることへの期待を明確に述べている。		
不正の実行者に対する民事，刑事の訴訟を起こす権利を有していることを周知し，不正行為に対する罰則を不正リスク管理方針に定めている。		
不正の疑いがある問題が適時に報告されることを奨励するために，報告した者に与えられる保護について周知している。		
有効な内部通報プロセスを備えており，不正リスク管理プログラムはこのプロセスについて十分な説明を行っている。		
組織の内部監査部門は，情報収集プロセスや報告の完全性，正確性，完遂について見直しを行っている。		
組織の不正リスク管理方針は，不正の申立てがなされた場合，もしくは統制の弱点を識別する調査で不適切な行為や取引が発見された場合に，改善分析を実施する必要性を示している。		
上級経営者は，組織内で発生した主要な不正の詳細（実行者に対する最終的な処罰を含む）について包み隠さず共有している。		

付録 I-2

不正リスク評価　スコアカード

組織の不正リスク評価プロセスの強度を評価するために，以下の各領域，要素，検討項目を次の3色で注意深く評価する。
- ●赤：不正リスクを許容可能なレベルに低減するために，大幅な強化・改善が必要である。
- ●黄：不正リスクを許容可能なレベルに低減するために，一定の強化・改善が必要である。
- ●緑：十分に強化されており，不正リスクは少なくとも許容可能な最低限のレベルまで低減されている。

赤または黄色と判定された領域，要素，検討項目については，次回のスコアカード作成時に緑色のレベルに引き上げるための行動計画をメモ欄に記入しなければならない。

不正リスク評価に関する領域・要素・検討項目	スコア	メモ
適切なレベルの経営者の関与		
不正リスク評価チームは，組織全体の不正を評価するために経営者および社内外からのすべての適切なレベルのメンバーにより構成されている。		
不正リスク評価チームには以下のメンバーも含まれている。 ● 経理財務 ● 事業部 ● IT ● リスク管理 ● 法務 ● 内部監査 ● 内部に適切な人材がいない場合，外部コンサルタント		
組織の不正リスク管理の取組みの有効性について最終的な責任を負う，経営者，上級経営者，事業部門長，重要プロセスのオーナーが，リスク評価に参加している。		
組織の不正リスク評価チームは，組織の戦略，プロセスマップ，コントロールマトリックスをレビューして，不正の可能性のある活動に携わる人数を把握している。		
組織の不正リスク評価チームは，ブレインストーミングを行い，不正を働く動機，プレッシャー，機会，経営者による統制無効化のリスク，組織に最も関係する不正リスクを把握している。		
組織の不正リスク評価チームは，不正リスク把握情報を取締役会と共有し，取締役会からのフィードバックを要求している。		
取締役会は，不正リスクに対する自らのプロセスの関与を評価し，取締役会の方針が不正の動機，プレッシャー，機会にどのような影響を与えるかを検討している。		
全社，関係会社，事業本部，事業部，機能部門の各レベルでの評価		
組織は，全社，関係会社，事業本部，事業部，機能部門の各レベルについて，組織の目的達成に係るリスクを把握し評価している。		
必要に応じて複数の不正リスクチームを結成し，組織の規模と複雑性に合わせて調整するとともに，発生可能性のある不正スキームと不正リスクの顕在化のすべての検討を強化している。		
各不正リスク評価チームには，評価組織の現場を熟知し，他の組織との関係を理解しているメンバーが含まれている。		
内部要因，外部要因の分析		
リスク把握において，内部要因として，日々取引を遂行し説明する現在のプロセスと統制活動，不正の動機，プレッシャー，機会を検討している。		
リスク把握において，外部要因として，取引先（顧客，納入業者），組織が操業する事業環境，個人または集団が事業の破壊または妨害に誘引される程度を検討している。		
多様な不正の検討		
不正リスク評価チームは，組織に対してまたは組織により行われるさまざまな種類の不正を検討している。不正の種類には，不正な財務報告，不正な非財務報告，資産の不正流用，贈収賄等の不法行為などがある。		
不正リスク評価チームは，業界情報等の外部情報を入手し，不正リスクとその中で組織特有の不正リスクを把握している。		

不正リスク評価　スコアカード		
不正リスク評価に関する領域・要素・検討項目	スコア	メモ
多様な不正の検討		
不正リスク評価チームは，潜在的不正についての内部情報を，個人面談，ブレインストーミング，内部通報窓口が受けた苦情，分析的手法などから収集している。		
不正財務報告リスク評価について，以下の項目を検討している。 ●売上高，費用，貸借対照表の不適切報告，不適切な過大表示または開示の省略。 ●資産の横領，不正取得，不正除却，不正利用の隠匿 ●賄賂や円滑化のための支払等の不正支出，不正受領の隠匿		
不正リスク評価マトリックスを利用して，組織の最大のリスクがある分野を特定し文書化している。かつ，それに則した評価プロセスの調整を検討している。		
不正リスク評価チームは，市場における重要な開示については以下を検討している。 ●開示資料の収集と作成プロセスに対するモニタリング統制手続は何か？ ●開示による直接の利害関係を持たない者による監督が行われているか？ ●他の組織との関連において，開示内容をモニターし，この開示が適切か，改善の余地はないかについて厳しい検討を行う職制はあるか？		
非財務報告不正のリスクについては，以下の可能性のある不正スキームを検討している。 ●安全衛生記録と報告の操作 ●品質保証報告の偽造 ●卒業証明，資格証明の偽造 ●生産性指標の虚偽報告 ●顧客指標その他業務指標の偽造		
事業に係る非財務報告作成について，自社独自の実施要領と統制手続を既に定めている。		
非財務報告不正のリスク評価については，以下の事項を検討している。 ●効果的な事業運営にとって重要な報告は何か？ ●法規制や契約要求事項により組織が義務づけられている重要な報告または重要な認証は何か？ ●それらの報告に使われたデータは管理されたデータソースからのものか，それとも人手による介入やデータの偏りの可能性があるものか？ ●規制当局等組織のステークホルダーにとって重要な非財務指標はあるか？ ●個人の報酬と賞与に，直接的または間接的に影響を及ぼす非財務報告または指標はあるか？ ●組織が検討すべき業界特有の事項はあるか？		
不正リスク評価チームは，横領され得る資産，その資産の場所，有形資産・無形資産を管理またはそれらに接触できる人物を把握している。		
不正リスク評価チームは，以下の不法行為リスクも検討している。 ●企業，個人，公務員に対する贈賄 ●虚偽請求取締法ほか関係連邦法，州法，現地法，規則の違反 ●賄賂，キックバックの受領 ●他者の犯罪の補助・扇動		
不正リスク管理プログラムの設定に当たり，海外事業に関係する可能性のあるすべての反腐敗法を検討している。		
取締役会は，レピュテーションリスクについての結果を定期的に検討し，レピュテーションリスクの検討を含む組織のリスク評価プロセスを強化している。		
全体リスク評価では，ITリスクとサイバー不正の継続的脅威も検討している。		

不正リスク評価　スコアカード		
不正リスク評価に関する領域・要素・検討項目	スコア	メモ
経営者による統制無効化のリスクの特段の検討		
リスク認識プロセスにおいて，不正リスク評価チームは，経営者が，不正予防統制手続や不正発見統制手続などの統制を無効化するリスクを，特に注意して検討している。		
統制手続の有効性の評価において，経営者による統制無効化のリスクを常に考慮している。		
識別されたリスクの発生可能性と影響度の見積り		
リスク評価チームは，過去の実績，既知の不正スキーム，事業プロセスオーナーとの面談に基づいて，識別されたリスクの発生可能性と影響度とを評価している。		
経営者は，個別の不正について組織内での過去の発生事例，同業種内での発生事例，その他の要因を検討して，それぞれの不正リスクの発生可能性を評価している。		
特定の不正リスクの発生可能性を，極めて低い，合理的に可能性のある，高い，の3段階に区分している。		
経営者は，財務的・金銭的影響の他，事業運営，ブランド価値，レピュテーション，刑事責任・民事責任・その他規制上の責任を考慮して，不正リスクの影響度を評価している。		
リスクの影響度を，無視できる，無視できない，重大，の3段階に区分している。		
不正のトライアングルの全3要素に係る個人と組織の評価		
適切なリスク対応を設定するため，個人と組織の動機とプレッシャーを評価し，その評価結果に基づいて，不正をはたらく可能性の最も高い人物と可能性の最も高い不正手段を検討している。		
不正リスク評価チームは，不正のトライアングルの3要素に重点を置いている。 ● 動機とプレッシャーとは，不正行為の誘引要素となる。 ● 機会または機会の認識は，発見されずに不正行為が可能となるある保証を特定の個人に与えることである。 ● 態度または正当化とは，自分自身に対する不正行為の正当化を可能にすることである。		
取締役会は，上級経営執行者の報酬体系を評価し，経営者は組織の他の者の報酬体系を評価している。		
組織の不正リスク評価チームは，業績目標，その他の目的の達成など不正につながるプレッシャーのほか，報酬や現状維持などの不正の動機も検討している。		
組織の不正リスク評価チームは，態度および正当化に対して，雇用プロセス，評価プロセス，トップと経営者が示す姿勢が与える影響を検討している。		
不正リスク評価チームは，不正購買，資産流用と横領，組織が報告した記録改ざんの機会を検討している。		
不正の機会が最も多いところ，例えば，弱い内部統制手続，職務分掌の欠如を検査している。		
既存の不正統制活動の識別とその有効性の評価		
不正リスク評価チームは，個別の不正スキームやリスクを検査し，それらのリスクを低減するための統制活動の整備運用状況を把握し，それら既存の統制手続の有効性を判断している。		
経営者は，潜在的残存リスクを評価し，それらのリスク対応に必要な統制手続と手順を決定している。		
不正リスクを，高い発生可能性と高い影響度を持つものとして最優先課題としている。		
リスク評価チームは，統制の適正化を評価し，不要なまたは過剰な統制活動を記録している。		
リスク対応方法の決定		
取締役会は，すべての株主，市民，出資者，その他のステークホルダーに対する責任を検討した上で，組織のリスク許容度を決定している。		
取締役会は，定められたリスク許容度に基づき，経営者が選択的かつ有効に適切な水準の統制手続を実行していることを確認している。		
経営者の不正統制活動に係る文書記録には，定められた統制，統制実施者，統制の有効性評価実施者，その他関係する職務分掌が示されている。		

不正リスク評価 スコアカード

不正リスク評価に関する領域・要素・検討項目	スコア	メモ
不正リスク評価と不正リスク対応へのデータ解析の利用		
不正リスク評価プロセスの一環として，収入に係る非集計解析を行っている。		
データ解析により，従業員調査，ファシリテイター主導によるセッション（発言促進会議），その他のデータ収集技法によるデータの収集，表示，分析を行っている。		
不正リスクの証拠収集に以下のデータ解析技法を用いている。 ● データ階層化 ● リスクスコア ● 統計モデル，予測モデル ● 傾向分析 ● 揺らぎ解析 ● 外部データの利用 ● データ可視化		
定期的見直しと不正リスクの変化の評価		
初回のリスク評価ののち，定期的に見直しを行っている。		
リスク評価チームは，変化の影響を受ける領域に関する新しいリスク評価やリスク評価の見直しの必要性は，外部の変化と内部の変化の双方からもたらされることを理解している。		
われわれは，外部変化を検討している。例えば，規制の変化は規制当局が最も関心を示す事項に影響し，経済環境の変化は組織が直面する経済的動機や圧力に影響する。		
われわれは，組織変化を検討している。例えば，新商品や新サービスの導入は，従業員に新たな動機やプレッシャーを与え，新たな不正リスク評価が必要となる。		
われわれは，外注化が従業員の士気に与える影響や，外注業者がその提供サービスに固有の不正リスクに対して適切な統制手続を行っているかを検討している。		
われわれは，組織トップの交代がトップの姿勢をどのように変化させ，ひいては組織のコンプライアンス文化にどう影響するかを検討している。		
組織トップの交代が取引責任者，不正リスク管理プログラム責任者をどのように変化させ，新トップが既存のプロセス，統制手続，モニタリング活動を十分理解しているかを検討している。		
リスク評価の文書化		
不正リスク評価をマトリックス化している。 そのマトリックスは左から以下の項目を示している。 1．認識された不正リスクとスキーム 2．発生可能性 3．影響度 4．担当職位・組織 5．既存の不正統制活動 6．既存の統制活動の有効性 7．残存不正リスク 8．不正リスク対応		

付録 I-3

不正統制活動スコアカード

組織の不正統制活動の強度を評価するために，以下の各領域，要素，検討項目を次の3色で注意深く評価する。
- ●赤：不正リスクを許容可能なレベルに低減するために，大幅な強化・改善が必要である。
- ●黄：不正リスクを許容可能なレベルに低減するために，一定の強化・改善が必要である。
- ●緑：十分に強化されており，不正リスクは少なくとも許容可能な最低限のレベルまで低減されている。

赤または黄色と判定された領域，要素，検討項目については，次回のスコアカード作成時に緑色のレベルに引き上げるための行動計画をメモ欄に記入しなければならない。

不正統制活動に関する領域，要素，検討項目	スコア	メモ
予防的および発見的統制活動を通じた不正抑止の推進		
われわれの組織は以下によって不正の抑止を試みている。 ● 可視化され，強固な不正ガバナンスプロセスを確立する ● 透明性が高く，健全な反不正文化の醸成 ● 妥協のない徹底した不正リスク評価を定期的に実施する ● 予防的かつ発見的な不正統制プロセスおよび手続を設計，実施，維持する ● 不正の申立てや不正に関わった人物に対して迅速に対処する		
われわれの組織文化は，不正を行う者が高い確率で捕えられ，責任を問われ，罰せられることを言葉と行動で明確に伝達している。		
予防的統制を実施するにはコストが高すぎる場合，または，事業運営を過度に阻害するような場合，発見的統制を実施している。		
基本的な購買手続や監督者・管理職による承認の要求など，従業員や関係者に広く知られている，公然の統制活動を実施している。		
異常な取引を特定するために設計されたデータ解析手順など，従業員や関係者に知られていない，内密の統制活動を実施している。		
不正リスク評価との統合		
不正リスク評価により，識別された不正リスクを抑制するための統制活動が配備されていないことが判明した場合，経営者はこのリスクを許容可能なレベルにまで下げるために必要な統制を選択，策定，および実施することで，こうした問題に効果的に対応している。		
不正リスク評価により，既存の統制活動では不正リスクを許容可能なレベルにまで下げられないことが判明した場合，経営者は既存の統制を補定するまたは置き換えるための追加の統制を選択，策定，および実施することで，こうした問題に効果的に対応している。		
不正リスク評価マトリックスでは，統制活動を以下のように分類している。 ● A型：識別済みの不正リスクやスキーム（列5）にリンクされている，既存の不正統制活動 ● B型：残存不正リスク（列8）への対応として開発された，追加の不正統制活動		
統制活動を文書化する際，最初のコラムはリスク評価マトリックスの最初のコラムから直接取得している。2番目のコラムは，各リスク（A型およびB型）に関連するすべての統制をリストしている。3番目のコラムには，統制活動が実行され，有効であり続けることを確実にする責任を負う人物が記入される。		
組織固有の要素や関連する業務プロセスを考慮する		
組織固有の要素や関連する業務プロセスに対応した不正統制活動を選択している。		
組織のさまざまなレベルに対する統制活動の適用を検討する		
効果をより高めるため，下位の組織レベルや業務プロセスの初期段階で予防的統制を導入している。		
さまざまな組織レベルや業務レベルで，発見的統制を実施している。		
上級経営者の活動の周囲や上級幹部によって開始された取引には特に注意を払って予防統制活動を行っている。		

不正統制活動スコアカード		
不正統制活動に関する領域，要素，検討項目	スコア	メモ
不正統制活動を組み合わせて利用する		
不正統制活動の設計と導入は，上級経営者のほか，組織全体ですべての重要な業務プロセスを担う職員による協調的な努力をもって行われている。		
統制活動は，組織固有のリスク許容度に基づいて，不正リスクを十分に低減している。		
サイバー・セキュリティ上のリスクのように，発生可能性と影響力が高く，急速に進化するリスクを管理するために，複数の（過剰性や重複が見られるときもあるが）統制活動を実施している。		
統制の直接費用や，統制の影響によって生じ得るコスト，業務の妨げを含め，統制の実施に伴うすべてのコストを検討し，予防統制と発見統制の最適な比率にたどり着いている。		
メール，ウェブキャスト，ポスター，チラシ，電子メッセージ，記事などといった多様なメディアを通じて，不正防止プログラムを実施していることを内外に強調している。		
業務の体系化と管理，権限と責任の移譲，プロセスの集中化と分散化，外注か組織内生産かに関する決定，下請け契約をするかに関する決定を行う，業務プロセス統制活動を実施している。		
施設，資産および情報システムに対する物理的なアクセス統制の仕組みが導入されている。		
組織のテクノロジーおよび情報システム環境へのアクセスを制限する論理的なアクセス統制の仕組みが導入されている。		
組織の業務プロセスにおける取引処理リスクを低減するため，完全性，正確性および正当性に関するテストを行う取引統制の仕組みが導入されている。		
既知の信用状況，制裁，犯罪，または警戒リストデータベースに照らした第三者デュー・デリジェンス検査，ソフトウェアベースの不正リスク意識向上トレーニング，特定の事業活動の発生を制限する自動化された事業ルールまたはリスクスコアづけメカニズムといった技術的統制が導入されている。		
不正防止を支える最重要要素として，経営者による統制の無効化を防止するよう設計された人事手順，権限の制限，取引レベルでの統制手順，および監視などに重点を置いている。		
発見統制を評価および継続的に監視して，発見手段が確実に存在し，機能していることを確認することで，発生中または発生した不正を適時に発見できるようにしている。		
発見的統制の正確な性質や具体的な設計に関する知識に対して，誰がアクセス権限を有しているかを注意深く統制している。		
組織の検知統制は，通常の業務過程で機能し，外部情報を利用して内部で生成された情報を裏づけ，特定された不備や例外を常時かつ自動的に適切な上層部に伝え，結果を使用して他の統制の強化や修正を行うようなものになっている。		
すべての不正取引を防止するよう設計された予防統制が実施するにはコストが高すぎる，または業務が阻害される場合，代わりとして異常な傾向を検知したらフォローアップ調査を開始するようなデータ分析手順が配備されている。		
職員の資質や能力を評価できるほど十分に従業員のことを良く知り，それぞれのスキルと仕事上の要件を一致させ，職務への適正に悪影響を与えるような人格上の誠実さに問題が生じたら察知できるよう注意している。		
人事部門は，求職者が提出した応募書類，履歴書，推薦者との連絡を通じて，組織にリスクをもたらすような虚偽または粉飾された情報や，好ましくない経歴や評判を発見できるよう努めている。		
雇用プロセスの最初の段階で，応募者の身元調査を実施している。		
採用候補者や既存の職員に身元情報の提出を求める際には，適用法や規制を考慮に入れ，取得可能な情報と不可能な情報，従うべき適切な手続について法律顧問に助言を仰いでいる。		
主要な人物に関しては定期的に追加の素行調査を実施し，不正リスクを高めるような状況の変化を発見できるよう努めている。この素行調査の手順は，既存の従業員の行動面に危険信号が見られた場合にも適用する。		
見込みの，および既存の供給業者，顧客，事業パートナーの素行調査を実施し，財務上の健全性，所有者，評判，および品位において組織のリスクとなるような問題が生じたら発見できるよう努めている。		

不正統制活動スコアカード		
不正統制活動に関する領域，要素，検討項目	スコア	メモ
不正統制活動を組み合わせて利用する		
組織のあらゆるレベルの従業員はすべて，不正リスク管理プログラムについて，採用時オリエンテーションや継続的な教育を受けている。		
不正リスク研修は，組織固有の不正リスク，業務，および状況を反映している。		
すべての従業員は，不正関連の研修セッション（定期的アップデートやリフレッシュセッションを含む）への参加を義務づけられている。		
組織の行動規範を意識すること，継続的に行動規範を遵守すること，不正リスク管理プログラムを意識することについて，すべての従業員と毎年署名入りの誓約書を取り交わしている。		
従業員の業績について，定期的かつ厳密な評価を実施し，適時に建設的なフィードバックを提供している。		
人事部門は，従業員が適切な報酬を受けているかどうかを判断するため，報酬調査や地元市場の分析を実施している。人事部門は，好ましい行動が適切に奨励されるよう，組織の報酬体系の構造を審査している。		
組織では毎年従業員に対してアンケートを行い，組織の戦略，顧客経験，製品とサービス，リーダーシップ，職場環境，仕事と私生活のバランス，機会と能力開発，情報の透明性と伝達など，さまざまな分野に関するフィードバックを得ている。		
毎年の従業員向けアンケートには，不正リスク管理プログラムに関する職員の知識を評価するために，組織内の誠実さに関するセクションを設けている。		
毎年の従業員向けアンケートでは，次の属性について評価する。 • 従業員は報復を恐れることなく非倫理的な行動について報告できるか • 検証済みまたは実証済みの非倫理的行動への組織の対応が効果を発揮しているか • 過去1年間で確認された不正行為について，それが報告されたかどうか • 倫理的な懸念事項や発見した不正行為についての報告方法を従業員が知っているかどうか		
組織では退職時面接を実施して，経営者の誠実性について，および不正につながるような状況が組織内に存在するかどうかについての情報を収集している。		
人事部門の管理職は，退職願を詳細に吟味して，組織内に不正行為が存在することを示唆する情報がないか確認している。		
組織の退職時面接には，退職者が組織内で何らかの不誠実で，非倫理的で，不正な行動を目撃していないかについての質問が含まれている。		
統制活動を選択する際，できる限り職務を分離し，個人が業務プロセスのすべての手順に対して責任または権限を有することのないようにしている。		
従業員間の定期的な異動，休暇取得の義務づけによって，職務分掌による統制活動を補完し，従業員間の共謀を防止している。		
データ解析手順を用いて，共謀を示す異常な取引や，めったに休暇を取得しない従業員を識別している。		
従業員の権限レベルと，本人の責務のレベルとの釣合いを確保している。		
定期的に権限や責務を再評価し，雇用状況，昇進，配置転換，および退職などによってずれが生じていないか確認している。		
組織では，データ入力編集テスト，取引処理の職務を分離すること，権限の承認，第三者や関係者による取引や仕訳記入のように問題が生じがちな取引に対して上位職による審査や承認を求めることなど，取引レベルでの統制手順を実施している。		
組織では，第三者との関係を利用した不正を防止する，徹底した権限および承認統制を実施している。		
重要な締め日の直前および直後に生じた調整を確認し，それらが有効で適切なものかどうかを判断している。		
上級管理職や幹部による仕訳入力は特に精査して，経営陣による統制の無効化が生じていないかどうかを確認している。		

不正統制活動スコアカード		
不正統制活動に関する領域，要素，検討項目	スコア	メモ
不正統制活動を組み合わせて利用する		
取締役や上級幹部によって影響を受ける可能性がある取引や，組織が取引している外部組織と利害関係を有する，権限を持った従業員によって管理されている取引すべてに対して，適切な予防統制を実施している。		
不正の疑いを報告することを可能にする内部通報制度を配備している。		
従業員，経営陣，その他が組織の内部通報システムの存在を十分認識するよう，周知と奨励を行っている。		
組織の内部通報制度は多言語対応で，訓練を受けた聞き取り担当者が24時間体制で受け付けている。		
組織の内部通報制度は，不正の疑いを報告してきたすべての個人の匿名性を確保し，報告したことで報復を受けることがないよう保証している。		
内部通報制度を通じた不正の報告は適時な対応につながることを行動で示している。		
内部通報プロセスの完全性を守るため，不正の疑いについて組織の適切なレベルに必ず報告している。		
すべての内部通報を記録，追跡するための単一の案件管理システムを使用し，内部監査人によるテストと，役員会または監査委員会による監督のもと，経営陣による解決プロセスを円滑化している。		
組織の取締役会は不正関連の報告書を，それぞれの責任分野の適切な関係者に配布し，単一の個人や部署が極秘の情報を統制しないよう努めるとともに，説明責任を高めている。		
組織では，内部通報制度で集めたデータを分析することで，組織の不正リスク管理プログラムの再構築が必要とされるような何らかの行為の傾向や増減がないか確認し，リスクの進化に対応している。		
組織では，内部通報制度の有効性と，またプライバシーおよび情報セキュリティプロトコルの遵守状況を，自主的かつ定期的に評価している。		
経営者による統制の無効化を考慮する		
組織を統治している取締役会は，上級経営者に説明責任を課し，経営者による統制の無効化を防止するために設計された監視統制を実施することの重要性を認識している。		
仕訳入力は経営者にとって財務報告書に対する統制を回避する上で最も容易な方法であるため，会計情報に対する上層部による修正を通じた不適切な取引を防止するための適切な統制活動を実施している。		
基礎となる会計見積りの前提に不適切なバイアスをかけること，目標を達成するために期末近くに異常かつ不正な取引をすること，不適切な取引または行為の主導または協力を部下に強要するなど，経営陣による統制の無効化の証拠がないかチェックしている。		
プロアクティブなデータ解析手続を利用する		
組織では，データ解析手続を用いて仕訳入力を検査することで，通常の業務時間外に行った，ある会計期間の取引を次の会計期間で取り消した，純利益を上げるために不当に費用勘定に貸記した，などといった疑わしい取引の発見に努めている。		
データ解析手順を使用して，人，組織，および事象との間の異常な関連性の発見に努めている。		
ある種の不正スキームが，識別可能な取引の種類や傾向にどう表れるかについて積極的に検討し，それに適したデータ解析手順を設計し，導入できるようにしている。		
方針と手続を通じて統制活動を展開する		
組織では，不正の予防と発見のために実施している統制活動といった不正リスク管理方針と手続を正式に文書化している。		
不正関連の文書には，不正統制活動の成果を監視するために用いるプロセスが記載されており，不正統制がリスクを許容可能なレベルまで十分に低減しなくなったときにはそれを把握できるようになっている。		
組織では，統制が存在しているか，また設計どおりに機能しているかを見極めるために実施したテストの手順と，その結果を文書化している。		
取締役会は，情報へのアクセスが許可されている個人を示した具体的なリストを承認し，組織として秘密にしておきたい不正発見技法に関して，独自に情報アクセスのレベルを定義している。		

不正統制活動スコアカード		
不正統制活動に関する領域，要素，検討項目	スコア	メモ
方針と手続を通じて統制活動を展開する		
組織では，以下に関して責任を負う個人や部門を指定し，文書化している。 • 全体的な不正予防および発見プロセスを設計し，計画する。 • 特定の不正予防および発見統制を設計し，実施する。 • プロセスやプログラムの目標の実現に向け，特定の不正予防および発見統制，ならびにこれらの統制の全体的なシステムを監視する。 • 不正な活動の疑いに関するすべての苦情を受け付け，適時に対応する。 • 不正な活動に関するすべての報告について，適時に調査する。 • 不正の疑い，または立証済みの不正に関する情報を，適時に適切な関係者に伝える。 • 計画を定期的に査定して，技術，プロセス，および組織に変化があれば更新する。		
組織では，能力があり，十分な権限を有する職員のみが不正統制活動を遂行する。		
不正統制活動の再評価を予定に基づき，また大規模な組織変更や運営変更があったらその都度実施している。		
組織での定期的な不正統制活動の再評価には，以下が含まれる。 • 既存の不正統制活動が設計どおりに機能しているかどうかの確認 • 不正リスク評価の刷新と更新および統制活動の設計 • 効率性を追求し，ギャップを埋める。		

付録 I-4

不正調査と是正措置　スコアカード

組織の不正調査と是正措置のプロセスの強度を評価するために，以下の各領域，要素，検討項目を次の3色で注意深く評価する。
- 赤：不正リスクを許容可能なレベルに低減するために，大幅な強化・改善が必要である。
- 黄：不正リスクを許容可能なレベルに低減するために，一定の強化・改善が必要である。
- 緑：十分に強化されており，不正リスクは少なくとも許容可能な最低限のレベルまで低減されている。

赤色または黄色と判定された領域，要素，検討項目については，次回のスコアカード作成時に緑色のレベルに引き上げるための行動計画をメモ欄に記入しなければならない。

不正発見・是正措置に関する領域，要素，検討項目	スコア	メモ
不正調査および不正対応実施要領の策定		
組織文化は開かれたコミュニケーションを奨励し，サポートしている。		
組織は，あらゆる違反，逸脱またはその他の行動規範の違反，不正，または汚職が，適時かつ効果的な方法で処理されることを保証する。		
取締役会や上級経営者が，社内のコミュニケーションプロセスによる不正の識別を積極的に推奨している。		
組織は，不正疑惑の申立てが継続的に取り上げられ，評価され，適時に対応される文書化されたプロセスの重要性を強調する。		
不正調査および対応システムは以下の手続を含む。 ● 申立てや苦情の全社レポジトリを更新すること ● 調査のために必要な情報を除き，関係者の匿名性や秘密を保持すること ● 調査が必要であるかどうかまた適切な緊急度を判断するために不正疑惑の申立てを最初に評価すること ● 書類の保存とシステムの安全性につき従業員に知らせること ● 必要に応じて外部の弁護士やフォレンジックアカウンティングサポートと契約すること ● 証拠の管理および保全をしつつ調査を行うこと ● 口頭要約または証拠物件を伴う包括的な文書による適切な様式で結果を報告すること ● 報告書，書類，調書やその他の情報の取扱方針に従うこと ● プロセスおよび統制を軽減する根本原因を評価すること		
われわれは，不正実行者と疑われる者の名を明かすことなく，不正の申立てや苦情に組織の注目を向けるための複数のコミュニケーション手段を持つ。		
組織は不正を報告した従業員に感謝の意を伝え，不正の申立てや苦情に対する取組みの進捗状況について定期的に最新の情報を連絡し，事案が解決したときにはそれを通知し，感謝の意を伝える。		
取締役会は，組織が，潜在的な不正および違法行為を含む不正疑惑の申立てに対し，適時，適切かつ秘密裡に評価，調査および解決するシステムを構築することを保証する。		
取締役会が承認した不正疑惑の申立てを追跡調査するプロセスは，追跡または事例管理システムを含む。		
われわれの海外事業のための国際的不正通報制度を導入する際には，すべての海外のプライバシーに関する法および規制を考慮している。		
受理した申立てを初期評価し，解決するために講ずべき適切な行動を決定する際に，われわれは，必要な権限とスキルを持つ人物を任命または雇用する。		
われわれは不正疑惑の申立てが，潜在的に法律・規則・会社方針の違反を伴うか，加えて，当申立てが1人または複数の従業員に関係するものであるかを考慮する。		
われわれは，組織の財務諸表に影響を及ぼす可能性のあるすべての不正の申立てにつき，外部監査人に適時に通知する。		
われわれは，取締役会で承認され文書化された手続に従って不正調査を行う。この手続は組織の不正対応計画とみなされる。		
不正対応計画は，組織の不正管理プログラムの担当者によって正式に文書化されており，不正行為の受理・調査・文書化・報告の方法の概要を示す。		

不正調査と是正措置　スコアカード		
不正発見・是正措置に関する領域，要素，検討項目	スコア	メモ
不正調査および不正対応実施要領の策定		
不正対応計画は，上級経営者が取締役会に諮る申立ての種類と，組織とは独立した調査を行う取締役会の権限について示している。		
不正対応計画は内部調査の実施に責任を負う者の権限を規定し，その者が組織の従業員と記録のすべてに無制限にアクセスできることを保証する。		
独立した調査チームは各申立てを評価し，それに応じた適切な調査計画を立案する。		
調査は，調査の全権責任者に任命された，十分な権限を持つ者によって行われる。		
不正調査の監督責任は，潜在的にその問題に関与している者より少なくとも1レベルは上位の権限を有する者，または，組織内で本質的に独立した部門が担うことを保証する。		
上級経営者が関与する不正事案の調査は，取締役会，取締役会によって設置された委員会，取締役会が指名し，取締役会に報告する独立した上級経営者によって監督される。		
不正調査の総括責任者は，調査活動を調整し，必要に応じて経営者に連絡をとり，各チームメンバーに役割と責任を伝達する。		
調査を行う者は，不正申立ての調査に適格であり，調査能力，知識，業界専門知識，語学力，情報システム知識，データ分析技術等の十分な専門的能力を有する。		
調査を行う者は適用される専門的基準に従い，利益相反関係にない者である。		
組織は，調査を実施するのに内部のリソースでは不足する場合には，外部の専門家を雇用することも検討する。		
調査チームは調査計画を立案する際に下記の要素を検討する。 ● 調査任務の範囲の定義－調査範囲は，当申立て周辺の事実をすべて把握するのに十分であり，加えて，他の同様の不正がないとの合理的な確証を提供する。 ● 時間的制約－法的要件の充足のために，調査を適時に実施する必要が生じる場合がある。 ● 報告－申立ての内容によっては，規制当局，法執行機関，外部監査人，保険会社，立法監視委員会に適時に報告する必要がある。 ● 機密保持－収集した情報は機密が保持され，情報は，真に必要とする者に対してのみ配信する。 ● 法律上の特権－弁護士が関与することは，資料や弁護士と依頼人の間のやりとりの秘匿特権を活用することに役立つ。 ● コンプライアンス－調査チームは，情報収集および証人との面接において関連法規に従う。 ● 証拠保全－調査チームは，証拠保全の一貫性を損なうことなく保全する。 ● 目標－特定の問題や懸念事項がある場合は，それらを調査の焦点，範囲，調査時期などに適切に反映する。		
国際的不正調査においては，調査チームは対象国の法律および規則，商慣習，母語と潜在的なコミュニケーションの障壁，交通手段およびその他の物流手段等を考慮する。		
必要に応じて社内外から他の専門家を従事させるように，独立した外部の弁護士と契約する。		
調査の実施		
網羅性と客観性を具備し，適用される専門的基準に従って調査を実施する。		
調査チームは，調査任務を調査計画の中に設定し，各任務を適切にチームメンバーに割り振る。		
調査計画においては各任務の遂行に優先順位をつけ，必要に応じて中間報告を実施し，次のステップの計画または変更を検討する。		
調査チームは，従業員や第三者への対応，関連情報の収集，文書化等に係る法的問題や制約について考慮する。これには，裁判所の助言を求め，調査結果の信頼性をモニタリングすることを含む。		
調査チームは，必要に応じて調査計画を修正し，発見された事実に応じて調査範囲や任務を増減する。		

不正調査と是正措置　スコアカード

不正発見・是正措置に関する領域，要素，検討項目	スコア	メモ
調査の実施		
調査は一般的に以下の方法を含む。 • 証拠を収集し，分析する。 　− 収集した情報を査閲し，分類する。 　− コンピュータを利用したデータ分析を実施する。 　− 仮説を構築し，検証する • 公的記録や，顧客・納入業者・マスコミ報道等を含む外部記録を収集する。 • ハードコピーやサーバーに存在する電子情報からなる内部情報から収集された証拠につきコンピュータ・フォレンジックテストを実施する。 • 周辺の証人に面接を行い，調査の主要な対象者に進む。		
調査チームは以下の事項を含めて調査の各段階を文書化する。 • 秘匿特権または機密情報扱いの項目 • 書類，電子データ，その他の情報の依頼 • 実施した面接のメモ • 書類，データ，面接内容の分析と結論		
調査チームは，調査を実施する間に，不正申立てが立証された場合の不正の根本原因を評価する。		
調査結果の報告		
調査の実施のため第三者を雇用した場合，第三者が作成した報告書は，当該第三者と契約した組織内の従業員に配布される。		
調査報告書が内部向けに作成されている場合，調査の監督を担当した者に配布される。		
調査報告書は，正確，明瞭，公平であり，関連する事実のみを提示し，適時に配布される。		
調査報告書は，一般的に下記の要素を含む • エグゼクティブ・サマリー • 調査事項の背景の調査 • 実施した調査手続 • 発見事項および（改善事項が含まれる場合もある）提言		
調査に関して公式声明等を発表する際には，事前に弁護士の助言を得る。		
調査結果について，事例ごとに情報提供者と協議するかどうかを検討し，当該情報の機密保持を継続して強化する。		
調査チームは，情報提供者に対し問題が合理的に客観的に適切に処理されたかについて，フィードバックを求める。		
是正措置を講じる		
調査チームは，組織に重要な影響を与えるまたは与える可能性がある結果については，取締役会，監査委員会，内部および外部監査人等に報告する。		
調査結果を，自治体，法務当局，規制機関，立法監視委員会，保険会社に報告する必要性の有無につき検討する。		
調査完了後にわれわれが講じる措置は状況に適しており，どの階層の従業員にも一貫して適用され，意思決定の責任者に事前に相談をした上で講じられる。		
取締役会には，是正措置の性質，時期，状況が報告される。		
調査チームは取締役会に対しトレーニング，業務プロセスおよび内部統制の欠陥に関連する改善事項の達成について報告する。		
経営者は懲戒処分や民事，刑事訴訟の際には事前に法務担当役員と相談する。		

不正調査と是正措置　スコアカード		
不正発見・是正措置に関する領域，要素，検討項目	スコア	メモ
是正措置を講じる		
講じ得る是正措置には以下のものが含まれる。 ● 内部統制の改善－将来同様の不正を発見できないリスクを低減するために，組織は特定の内部統制システムを強化する場合がある。 ● 業務プロセスの改善－将来同様の不正行為再発の機会を低減または除去するために，組織は費用対効果を勘案しつつ業務プロセスの改善を実施することができる場合がある。 ● 懲戒処分－不正を行った者に対し，解雇，停職，降格，警告を選択する場合がある。 ● トレーニング－職業倫理を高めるため，われわれの組織の方針およびプロセスの研修を必要とする場合がある。 ● 保険請求－損失の全額もしくは一部について保険金を請求することができる場合がある。 ● 調査の延長－根本的な原因分析のための調査や，期間や範囲を拡大した調査の続行により，組織の他部門における同様の不正行為を発見する可能性がある。 ● 民事訴訟－損失資産と調査費用の回収のために，組織が不正の実行者に対して独自に民事訴訟を提起することを望む場合がある。 ● 刑事事件－発生した事案を自主的に法執行機関へ通報したり，または通報を要求される場合がある。		
われわれは，調査結果に対してわれわれがとる対応が明確で一貫性があり，組織の価値と良い企業行動を体現していることを保証する。		
調査内容の評価		
調査手続の効率性と有効性を評価するための測定基準は，調査の範囲，規模，複雑さに応じて異なる。		
調査手続の効率性と有効性を評価するための測定基準として以下の基準を検討する。 ● 問題解決に要した時間－問題解決に要した平均日数 ● 調査費用－時間と外部支払額 ● 事案の再発状況－以前に発生した事案に類似した事案の当期発生件数 ● 事案の発生場所－特定の事業部門，業務範囲および地域における事案の発生件数 ● 損失の回復額および将来的な損失の防止額 ● 是正措置－採用した改善活動の種類および実施日		

付録 I - 5

不正リスク管理モニタリング　スコアカード

組織の不正リスク管理モニタリングの強度を評価するために，以下の各領域，要素，検討項目を次の3色で注意深く評価する。
- 赤：不正リスクを許容可能なレベルに低減するために，大幅な強化・改善が必要である。
- 黄：不正リスクを許容可能なレベルに低減するために，一定の強化・改善が必要である。
- 緑：十分に強化されており，不正リスクは少なくとも許容可能な最低限のレベルまで低減されている。

赤または黄色と判定された領域，要素，検討項目については，次回のスコアカード作成時に緑色のレベルに引き上げるための行動計画をメモ欄に記入しなければならない。

不正リスク管理モニタリングに関する領域，要素，検討項目	スコア	メモ
日常的評価と独立評価の組合せの検討		
われわれの組織は，日常業務に組み込まれて行われるモニタリング統制活動を継続的に評価する。		
われわれの組織の不正リスク管理モニタリング計画は，最も不正リスクの高い領域に焦点を当てている。		
われわれのモニタリング活動は「なぜ」「誰が」「何を」「どこで」「次に起こり得ること」の分析に焦点を当てている。		
日常的モニタリング活動は，収集された情報についての結論を構築するデータ分析方法を含む。		
われわれの組織では，われわれの不正リスク管理プログラムが意図したように機能しているかを経営者が判断する上で資するように，独立した評価を行う。		
統制への個別の評価は定期的に行われ，組織の日常業務の一部ではない。		
個別の評価は内部監査人や，組織内部のその他の者，または第三者（外注先）によって行われる。		
不正リスク管理プログラムをモニタリングするに当たり，計画，方法，範囲を文書化している。		
不正リスク管理プログラムのモニタリング計画は，その不正リスク管理プログラムにおいて不正リスク管理の5原則が存在し，機能しているか評価するのに有用な継続的および個別の評価のバランスを含む。		
われわれは不正リスクを増加させる組織や業務環境の重要な変化に対し，必要に応じて不正リスク管理プログラムを更新する。		
評価の範囲および頻度の決定要素の検討		
経営者は，各評価の実施前または定期的に，継続的評価および個別的評価の範囲に影響を及ぼす要因を検討し，その評価に基づき必要に応じて評価の範囲を変更する。		
われわれの不正リスクの重大な変化や業務環境の変化，不正リスクを悪化させるか新たな不正リスクを生じる業務担当者の変更，前回の不正リスク評価の結果（測定基準の評価を含む）のような，評価の範囲に影響を及ぼす要因を考慮する。		
適切な測定規準の設定		
以下のような不正予防および発見活動をモニタリングし改善する測定規準を設定する。 ・不正行為，組織に対する不正スキームの発生件数，調査を必要とする不正疑惑の申立て，解決された不正の数 ・内部通報制度またはその他の方法によって受諾した不正申立ての数 ・会社の倫理的行動方針に署名していない，または，組織が主催する倫理研修を受講済みでない従業員の数 ・倫理および組織文化における従業員とステークホルダー間の相互作用の数 ・組織の倫理的行動方針に署名していない納入業者や顧客の数 ・実施した身元調査の数と身元調査で識別された問題の数		
不正予防および発見活動をモニタリングし改善する測定基準を，組織の上層部に継続して提供する。		
不正予防および発見活動をモニタリングし改善する適切な測定基準を決めるのに役立つ指標として，不正リスク管理のための世界的な不正に関する調査とわれわれの組織が提供した経営資源のベンチマークの使用を検討する。		

不正リスク管理モニタリング　スコアカード		
不正リスク管理モニタリングに関する領域，要素，検討項目	スコア	メモ
以下の分析を実施するに当たり，われわれの設定した測定基準を使用することを検討する。 ● 識別した不正の数と内部通報制度により受理された苦情・不満の数の比較 ● 識別された不正と以前に発見された不正の種類の比較 ● 発見された不正の数と実施された不正検査の数の比較 ● 実施した身元調査の数に対する身元調査により明らかになった問題の比率		
既知の不正スキームと新しい不正の事例の検討		
既知の不正と，他業種や同業他社において発見および報告された新しい不正の事例を検討する。		
新たに表面化した不正事例を綿密にモニタリングし，組織がそのような不正から保護されているかどうかを判断し，不正リスクの進化に応じて不正リスク管理プログラムが最新のものになるようにする。		
経営者が同業他社に対して不正行為が起きる可能性を評価するのに十分な情報を提供する業界情報やベンチマークを検討する。		
不備の評価，報告および是正措置		
上級経営者および取締役会は，継続的および個別評価活動を評価する。		
不正リスク管理モニタリング活動において認識された不備についての報告は，担当責任者，上級経営者，取締役会で共有される。		
経営者は不正リスク管理モニタリング活動において認識された不備が適時に改善されているかどうかを追跡し，必要に応じて追加措置を実施する。		
不正リスク管理モニタリング活動の責任全般は上級経営者に属する。		
不正リスク管理原則および関連する不正の統制活動を経営陣の他の上級メンバーに割り当てる。		
われわれは，各自が不正リスク管理原則および関連する不正の統制活動の責任者と確信する。 ● 不正リスク管理原則および関連する不正の統制活動が存在し，機能していることを定期的に評価する ● 不正リスク管理原則および関連する不正の統制活動を必要に応じて修正し，必要な修正を記録する ● 必要な修正や残余リスクを組織の許容レベルにまで低減するには有効でない不正リスク管理原則または関連する不正の統制活動の詳細を，適切な経路を通して，迅速に報告する		
それぞれの評価は，経営陣が不正リスク管理プログラムの監督責任を積極的に果たしていること，発見された不備または脆弱性に留意した適時かつ十分な是正措置を講じていること，不正リスク管理プログラムのモニタリング計画が持続的な成功のために継続的に有効であることを含む。		

付録 J

追加ツールへのハイパーリンク

　以下に示すツールは，COSOおよびACFEのウェブサイトに掲載されている。これらは定期的に更新・改訂されている。

着眼点の文書化テンプレート

　これらのテンプレートは，以下に関連する着眼点の文書化を容易にする。
- 不正リスクのガバナンス
- 不正リスク評価
- 不正統制活動
- 不正調査およびフォローアップ
- 不正リスク管理モニタリング活動

リスク評価およびフォローアップ活動のテンプレート

　このエクセルのスプレッドシートは，不正リスク評価の実施および文書化を容易にする。評価実施者は，まず，この不正リスク管理ガイド中の評価マトリックスを用いて不正リスク評価結果を文書化する。リスク評価マトリックスが完成すると，このスプレッドシートにより以下のことが可能になる。
- 認識される不正行為へのエクスポージャーの影響度と発生可能性を図式化した「ヒートマップ」を自動的に作成する。
- 不正行為へのエクスポージャーの危険性を大きいものから順位づけしたページを自動的に作成する。なお，各エクスポージャーにつき，組織の対策を記録する欄が設けられている。
- 各不正行為へのエクスポージャーに関する対策活動の認識および評価を容易にする，不正統制活動マトリックスを自動的に作成する。なお，当不正統制活動マトリックスには，各エクスポージャーにつき，追加統制活動を選定する欄が設けられている。
- 不正疑惑の申し出およびその調査結果を文書化し，記録するページを設けている。
- 不正リスク管理モニタリング活動の計画，実施内容，不足，是正活動を文書化することを容易にする。

双方向スコアカード

　これらのスコアカードは，本ガイドの付録I.のスコアカードの複製である。これは，不正リスク管理プログラムの5要素の色別または定量による評価を容易にする。不正リスク管理プログラムの実施および更新に関する組織の定期自己診断を支援する。

不正対策データ解析テストの資料集

　これらは，組織が，データ解析を不正リスク評価または調査計画へ組み込むことを支援するために，多くの一般的な不正リスクに関連するテスト事例を表示したものである。これらのテストは資産の横領，収賄，粉飾等のカテゴリーに分類され，フォレンジック・データ解析における一般的指針および検討例を提供する目的で設計されている。

付録K

政府組織内での不正，浪費，濫用のリスクの管理

　世界的に見て各国政府は，それぞれの使命を遂行しながら，不正リスクを管理するという共通の課題に直面している。それらの使命は多種多様で，ある点では意図せずに不正リスクを高めるような制度設計により，不正の機会を与えてしまうこともある。国民の目には，政府プログラムにおける課題，浪費，濫用，管理不行き届きはみな一様に不正として映るだろう。政府にとっての利害関係者，すなわち市民は，公共の資金や資産をすべて保護することを政府に期待している。

　政府組織と非政府組織との間にはいくつかの大きな違いがあるが，不正リスク管理の核となる要素は政府でも民間でも同じであり，COSOフレームワークと，この不正リスク管理ガイドで取り上げる概念に沿ったものとなっている。この付録では，政府を取り巻く環境について解説するとともに，その政府環境下で不正リスクの管理を成功させるための実用的なアプローチを示す。

政府の不正リスク環境

　まずは，政府の不正リスク環境を理解することが重要である。環境は先進国と新興国との間で，また先進国同士であっても大きく異なる場合がある。社会に汚職が蔓延していて，透明性など事実上存在しないような国であれば，文化的にも法律的にも，不正リスク管理プログラムをはるかに超えた大きな変革を施さなければ，不正リスク低減のためにできることも限定的となる。

　政府組織のネットワークや構造の大きさから考えて，この付録での議論の焦点は米国になるが，ここで語られる概念は世界の政府組織に当てはまる。米国において，政府組織とは巨大な連邦政府とその何十もの省や何百もの局（海外の国家政府よりも大規模なものもある）から，大小の州，大規模な都市，小さな町，公立学校，水域にまで多岐にわたる。確かに米国内でも最大公約数的なものは存在しないが，ある種の問題は世界の他の政府，特に先進国の政府環境に広く当てはまる。

不正実行犯が向かうのは金と機会があるところであり，政府プログラムにはその両方がある。

　犯罪者は金のにおいに誘われ，大規模なプログラムを真っ先に標的とする。大規模な政府プログラムはすべて，犯罪分子にとって機会と誘惑が非常に大きいため，不正の対象となる可能性が高い。

　過去30年にわたり，米国政府の支出と国内総生産との比率は，あらゆるレベルで平均約35％となっている。これには，メディケアやメディケイドといった大規模な医療制度に対する支出も含まれる。不正に関する明確な数字はないものの，2012年12月に行われた調査では，米国医療制度をターゲットとした不正と濫用が占める割合は，6.7％を中間として上限が約10％と推定されている[91]。また連邦捜査局（FBI）は，医療制度への不正による損失額が年間何百億ドルにも達していると述べている[92]。政府機関と法執行組織が協働して政府プログラムに対する不正の防止と発見に努めているが，不正を行う者にとって金額の規模と機会は抗いがたいほどに大きい。

政府プログラムとその運営は，事実上ほぼすべての市民と企業に影響を及ぼす。最重要点は損益ではなく，使命，プログラム，およびサービスの提供である。

　米国では，政府の各部門とレベル間で方針と監督が共有されている。その方針と監督を担うのは選挙で選ばれた公職者とその被任命者であり，それぞれの選挙母体に対して説明責任を負っている。安定的に職務を担う職員がいる一方で，政府首脳は政権や公職者が変わることで頻繁に入れ替わる。例えば，連邦レベルでは，年間に何十億ドルも支出するプログラムを管理する政治任用者の平均在職期間は18か月から24か月である。すると当然，彼らの主な焦点は不正リスク管理ではなく，プログラムの展開，方針の策定，および実施に当てられることになる。これは，政府高官が不正や不正リスクを考慮していないことを意味するのではなく，現在および今後の環境面での課題の現実を認

---

[91] healthaffairs.org/healthpolicybriefs/brief.php?brief_id=82 およびeconomist.com/news/united-states/21603078-why-thieves-love-americas-health-care-system-272-billion-swindle

[92] fbi.gov/about-us/investigate/white_collar/health-care-fraud

政府組織内での不正，浪費，濫用のリスクの管理

識していることを意味する。

政府プログラムはますます広範になり多様化しており，設計が複雑になるとともに，考え得るあらゆる事柄を網羅するようになるだろう。政府組織の規模，使命，複雑さも多種多様である。

　政府プログラムは，以下のような幅広いサービスやシステムをカバーしている。
- 給付および貸付プログラム
- 医療および社会サービス
- 年金および社会保障
- 国家防衛および復員軍人援護
- 国土安全および諜報
- 教育および住宅
- 警察および消防
- 裁判システムおよび刑務所
- 農業および研究開発
- 世界最大規模の物流業務
- 金融機関
- 航空，環境，安全規制
- 税徴収
- 災害および海外支援

　リストはまだまだ続き，何千もの政府プログラムやオペレーションが，政府機関のあらゆるレベルで管理されている。プログラムは，互いに似ていたり，重複していたり，冗長であったり，他の代わりに1つのレベルの政府機関が大部分を管理していたりする場合もあるが，それらのすべてにおいて，不正のリスクがさらに大きくなっていく可能性がある。政府機関には非常に大規模なところもあれば，小規模なところもある。たとえ最小規模の政府機関でも，統制が信頼に大きく依存したものになると，不正が発生する可能性がある[93]。

法律は政府の給付金プログラムに対する資格を定めており，規制の実施が支払の基本原則である。

　法律は，恵まれない人々を助けること，または経済発展を支援することを目的とする場合がある。例えば，貸付プログラムは，他では与信枠が得られない個人や企業に向けたものになる。メディケア，メディケイド，および社会保障といったプログラムはセーフティネットを提供する。不正に（受給）資格を主張することで給付金プログラムを食いものにしようとしている者を排除することは，政府機関のどのレベルでも，特に可視性と統制範囲が十分でない場合，難しいことがわかっている。例えば，給付金支払は申請または請求の申立てに基づいて行われることを法律で規定しているプログラムがある。これにより，プログラムに偽のまたは根拠がない申請が押し寄せることになり，後に不当に受給された金額を調べて追跡する必要が生じる。

不正リスクは，公共政策という考慮事項の前に，後回しにされる場合がある。

　当然のことながら，プログラムの目標を達成できないリスクや，公共の福祉，健康，安全，および国家の安全保障に悪影響を与える可能性が，政府にとっての優先事項となる。加えて，一部のプログラムの場合，プライバシーへの配慮や迅速に行動する必要性によって，不正関連の統制が後回しになることもある。

　例えば，自然災害があった場合，政府はただちに支援を開始し，何十億ドルもの支援金を迅速に支出する。重要な公的必要性に対処することは，政府にとって最も重要だ。給付金への扉を広く開けておけば，緊急の支援要請に素早く応じることができる。しかし，こうした状況は，たとえ政府が過去の経験に基づいて最初から警戒していたとしても，偽の申請をしようとする市民からプログラムからだまし取ろうとする請負業者まで，不正を行う者にとって恰好の機会である。災害支援の申請プロセスの初期段階でもっとできることがあるのは事実だが，たいていの場合，不正の防止よりも緊急の支援を必要とする人々を助けることが優先される。不正を行う者はそれを知っていて，喜んで機会の扉を入っていく。同時に，真にひど

---

[93] 2012年，イリノイ州ディクソンの会計監査役であるRita Crundwellは，市から5,300万ドル超を着服した罪で有罪となった。市の年間予算は1,800万ドル未満であった。[参照：Rita Crundwell and the Dixon Embezzlement]

政府組織内での不正，浪費，濫用のリスクの管理

い状況を抑止するための最低限の対策を施さないことは危険であることも政府は承知している。

政府の収入の大部分は税金に由来するが，それはある程度，確定申告に依存している。

米国のタックスギャップ（訳注：支払われるべき税額と実際に支払われた税額の差額）報告額は甚大なものである。例えば，最近の見積りでは，連邦税で年間正味3,850億ドルのタックスギャップが生じている[94]。これには意図的な税法違反や不正行為が含まれる。

税金詐欺に容易な答えはない。また，制度執行の程度や手段は，議会や大統領によって制定された法律や公共政策が指針となっている。

不正，浪費，濫用の境目は，曖昧な場合が多い。

多くの場合，最初は「単なる」無駄づかいや権利の濫用に見えていたことも，最終的には不正行為へと進展していく[95]。政府環境では，適切な方針やプロセスの確立または遵守を怠るといった管理不行き届きの問題と，不正リスク管理の問題は，さらに曖昧になりがちである。不正，浪費，濫用，管理不行き届きといった要素は，リスクの原因に関係なく，総合的に考慮し，対応する必要がある。時には，間違いなく詐欺ではないかと疑われた事柄に対して，企業や個人が自らの不正を認めることなく政府と和解する場合など，問題への法的な対処方法が唯一の違いになるときもある。

浪費，濫用，管理不行き届きの報告の方が，詐欺行為よりも多い。国民はそれらの間の違いを見分けられないし，たいていの場合，金銭がどのように，どのような理由で不正使用されたかについて気に留めない。これらすべての状況は，国民からの信頼を損なう。なぜなら政府機関はすべての税金や資産を守ることが期待されているからである。

加えて政府機関では，官僚や職員によるごく些細な不正や濫用であっても，国民の目から見れば深刻な問題となる場合がある。特に高級官僚が関与している場合，数週間または数か月にわたってニュースとなり，議会聴聞の対象になる。逆に言うと，政府に対する大規模な不正はあっという間に古いニュースとなり，たいていの場合，世間は税金を守ることに失敗した政府の責任と見なすのである。

事実上すべてが公のものである。

国ごとに大きな差があるものの，米国の場合，不正，浪費，濫用，および管理不行き届きの報告は市民に透明性を確保して公開されており，上層幹部，取締役会，または監査委員会のみに限定されることはない。市民からの視線と認識は，不正リスクへの対応を促進する可能性がある。

米国ではまた，政府の支出に関する情報と情報分析のためのツールを提供する「開かれた政府 "open government"」レポートの取組みが強力に進められている。例えば，2008年の金融危機に対応して制定された米国政府再生プログラムに関連するすべての支出が，公的にアクセス可能なウェブサイト上で報告された。国民には情報へのアクセスと，データをいくつかの層にわたって掘り下げるためのツールが提供された。ウェブサイトへのアクセス数は何百万にも上り，市民は情報を監査する新たな目と見なされた。いくつかの例外はあるものの，この取組みは連邦政府のすべての支出にまで拡大されている[96]。

---

[94] irs.gov/uac/IRS-Releases-New-Tax-Gap-Estimates%3B-Compliance-Rates-Remain-Statistically-Unchanged-From-Previous-Study および gao.gov/key_issues/tax_gap/issue_summary

[95] 2010年，連邦調達局（GSA）が連邦政府の資金82万3,000ドルをかけて行ったラスベガスでの贅沢な会議が，浪費と職権乱用的な支出の例として全米の注目を集めた。結果として，GSA高官が不正行為で有罪となり，3か月の服役と，賠償金および罰金として1万ドルの支払を命じられた。
　［参照：「Government exec who famously partied in a hot tub on taxpayers' dime is sentenced to prison（納税者の金で豪遊した政府高官に懲役判決が下る）」］

[96] USAspending.gov

政府組織内での不正，浪費，濫用のリスクの管理

政府は，プログラムの展開やミッションの効果だけでなく，不正，浪費，濫用，および管理不行き届きに焦点を当てた，非常に強力で独立した監査機能と調査機能を有している。これは従来の内部監査を越えて，報告の対象を外部の一般大衆にまで広げている。

米国連邦議会の付属調査機関である会計検査院（GAO）は，法廷監査・捜査チームを含め，3,000名以上の職員を擁している。GAOを統括するのは米国会計検査院長官である。これは大統領によって指名され，上院によって承認される任期15年の役職であり，比類ない独立性が与えられている[97]。各連邦機関には70名を超える監察総監（Inspector General, IG）が配置されており，そのうち32名は大統領によって指名され，上院によって承認されている。その下で，約1万3,000人に上る監査人や犯罪捜査官が不正，浪費，濫用，および管理不行き届きを明らかにしている。総予算権限額は20億ドルを超える[98]。99％の連邦資金を監視するIGは，召喚権限や逮捕権限といった，一定の法執行権を有している。50名の州監査官のうち，約半数は公選で，何千もの監査人や捜査官に支えられている。何千名もの市監査官や郡監査官も同様に，国民に代わって不正，浪費，濫用，および管理不行き届きの摘発に取り組んでいる。

米国政府監査組織はしばしば，内部統制の審査や，潜在的な不正に関する調査など，業務監査や調査を主に実施する。米国では，政府機関の財務諸表監査は主に公認会計士事務所が連邦IGあるいは州，市，または郡監査官との契約により，それらの監督のもとで実施する。政府監査および調査報告書は通常，容易にアクセス可能なウェブサイトを通じて一般公開されており，民間セクターの企業と比較するとはるかに透明性が高い。最後に，不正を通報するホットラインも整備されており，通報者は手厚く保護される。

COSOと政府機関内部統制フレームワークとの間のつながり

政府機関の不正リスク環境は民間セクターとは大きく異なるが，2013年版COSOフレームワークと，COSOに準拠したこの「不正リスク管理ガイド」内の概念は，等しく政府機関に適用される。ただし，政府報告書の公開や，完全な調査権限や一定の法執行権限を有する独立した立場のIGの配置など，政府機関がCOSOを越えている分野もいくつかあるかもしれない。

米国内の各政府機関は，程度の差はあれ，2013年版COSOフレームワークまたは類似の概念を採用してきた。この「程度の差」という語は重要である。なぜなら政府機関の規模や使命は，それこそ400万人の文民と軍人を擁する連邦政府から，片手で数えられる人数の職員しかいない地方行政区まで，多種多様だからである。また，フレームワークが採用されていても，いくつかの概念の実施は若干異なるものになっている場合がある。

米国政府機関には1つのモデルといったものが存在しないため，2013年版COSOフレームワークと政府機関で採用された内部統制フレームワークとの間のつながりを語る場合は，連邦政府機関がケーススタディとして用いられる。連邦政府機関は，1982年に類似の概念を採用し，その後に内部統制基準として2013年版COSOフレームワークを取り入れた。

米国連邦政府の法的および規制上の枠組み

不正リスク管理に対する米国連邦政府機関の取組みは法律，および主導的手法を義務化する実施標準，規制，ガイダンスによって支えられている。不正リスク管理に対する意識を組織内で最高レベルに保つには，確固とした法的立場をとることが重要な手段である。

不正，浪費，濫用，管理不行き届きの深刻さを認識した米国議会は，1978年監察総監法[99]を成立させ，主要な連邦行政機関に独立性のある監察官

---

[97] gao.gov
[98] gao.gov/assets/670/662441.pdf
[99] ignet.gov/sites/default/files/files/igactasof1010(1).pdf

政府組織内での不正，浪費，濫用のリスクの管理

と犯罪捜査官を配置する制度を確立した。IGは兼務であり，民間セクターの内部監査人をはるかに超えた強大な権限（召喚権限や他の法執行権限）を持ち，完全に独立した監察官および捜査官として，内部的には機関の長に，外部的には議会や一般の人々に対して報告する。IGは，機関の長から独立しているため，政府監査標準に基づいて，独立外部監査官と見なされている[100]。

不正，浪費，濫用，および管理不行き届きへの対応に向けた期待は，1982年の連邦管理者財務保全法[101]の制定で，さらに一歩前進した。この法律の中核にあるのは管理統制である。これは財務報告統制のはるか上を行き，プログラムやオペレーションの管理に用いられる統制であるが，その点で2013年版COSOフレームワークの概念と一致する。財務保全法は，内部統制に対する幹部の責任を強化するもので，連邦機関に対し，毎年自らの内部統制や会計業務を自己評価し，大統領や議会に向けた局長保証声明の中で結果を公式に報告することを求めている。例えば，国防総省の場合，保証声明は国防長官によって署名され，その構成要素である各保証声明は陸軍長官といった陸海空三省の各長によって署名される。

財務官誠実法は，米国会計検査院長官に対し，内部統制基準を公表すること，また米国行政管理予算局（Office of Management and Budget, OMB）に対し，内部統制に関する評価と報告に使用される実施ガイドラインを公表することを求めた。これらの基準と実施ガイドラインは，不正リスク管理の重要な構成要素である。2013年版COSOフレームワークは，会計検査院長による「Standards for Internal Control in the Federal Government（連邦政府の内部統制基準）」（通称「グリーンブック」）に盛り込まれている[102]。グリーンブック基準（後で詳しく説明）は，プログラムやミッションの実施，および管理・財務オペレーションに等しく適用され，プログラム管理者と財務管理者の両方を支援することが意図されている。

これらの基準は，OMB Circular（行政管理予算局通達）A-123号，「Management's Responsibility for Enterprise Risk Management and Internal Control（企業リスク管理と内部統制に係る幹部の責任）」を補強するものとなっている。OMB通達A-123号は2016年7月に改訂された[103]。幹部の責任を定義するに当たって，通達A-123号は，「リスク管理と内部統制を，機関の管理に不可欠なものとして，既存のビジネス活動に統合することの必要性」を強調している。更新された通達では，不正リスクを評価すること，およびリスクベースのアプローチを用いて財務活動や管理活動を計画，実施して，既知の重大な不正リスクを低減することを求めるなど，とりわけ全社的リスクマネジメント（ERM）とプログラム不正リスクの管理について具体的な取組みが記載されている。前述のとおり長年の懸案事項だった災害時の不正リスクの管理についても具体的に述べられている。通達A-123号はまた，不正リスク特性の具体例のほか，助成金管理といった他の分野の具体的なリスク特性も記載されている。

連邦機関がOMB通達A-123号の要件を満たすことを支援するために設計されたサポートツールは，2016年7月29日に首席財務官協議会（CFOC）とパフォーマンス改善協議会（PIC）によって発行された「プレイブック：米国連邦政府のための全社的リスクマネジメント（ERMプレイブック）」に含まれている。

政府内部統制と不正リスク管理プログラムにおいて，会計検査院長の「内部統制基準」を使用する

政府にとっての主導的手法は，独自に内部統制基準を策定するか，または適用可能と見なされる他の組織の内部統制基準を採用することである。GAOグリーンブック基準は，米国内の連邦，州，地方といったあらゆるレベルの政府機関の内部統制や不正リスク管理プログラムで幅広く利用でき

---

[100] gao.gov/assets/590/587281.pdf
[101] whitehouse.gov/omb/financial_fmfia1982
[102] gao.gov/assets/670/665712.pdf
[103] whitehouse.gov/sites/default/files/omb/memoranda/2016/m-16-17.pdf.

政府組織内での不正，浪費，濫用のリスクの管理

るよう設計されている。当該基準は，2013年版COSOフレームワークを採用しつつ，政府組織に合わせて調整されている。

　GAOグリーンブックは，政府機関のために特別に策定されたものである。グリーンブックが最初に発行されたのは1983年であるが，一部をCOSOの1992年版統合的フレームワークに適応させるため，1999年に更新されている。グリーンブックが最近更新されたのは2014年9月のことで[104]，政府環境に向けたCOSO 2013年版統合的フレームワークを取り入れている。会計検査院長は，基準が他の政府機関でも役立つことを認めている。2014年グリーンブックの前書きで，会計検査院長は次のように記していた。

> グリーンブックは，内部統制システムのための枠組みとして，州，地方，および準政府機関，ならびに非営利組織によっても採用可能である。組織の幹部は，適用される法律や規制に基づき，グリーンブックに示されている基準を組織の枠組みとしてどのように取り入れればよいかを判断してほしい。

　グリーンブックは，不正について，有価値の何かを得るための意図的な不実表示と定義している。政府機関において，不正は組織の目的を達成する能力を損なう障害となる。不正リスクの低減は，大部分において，不正リスクの影響度および組織が内部統制システムの一部として配備した諸規制を基盤とする。グリーンブックの原則8では，幹部に対し，効果的な内部統制システムの一環として不正の可能性を検討するよう求めている。具体的に言うと，リスクの識別，分析，および対応を行う際に，不正の可能性を併せて考慮するよう求めている。

　政府機関は，不正を管理するに当たって，評判へのリスクといった非財務的な性質のリスクを含め，不正リスクの識別と対応において，戦略的な，リスクベースのアプローチをとることができる。グリーンブックは，潜在的な不正への対応としてリスクベースのアプローチを導入することで，政府機関がそれぞれ固有の課題に直面することを認識している。前述のとおり，重要かつしばしば一刻を争う状況下で幅広いサービスや金融支援を国民に提供するという使命を考えると，政府機関の幹部は，組織の使命を達成するための優先事項と，納税者のお金を不正から守るための措置との間で葛藤することになるかもしれない。

　さらに，不正リスク管理の取組みの結果として発生しなかった不正のコストを測定することが難しいのと同様，不正防止の便益を計算することは難しい。政府機関は，不正リスク管理の取組みが組織の主要な使命を阻害するようであれば，そのような取組みを推進することを躊躇するだろう。例えば，防止的な不正統制によって不適切な支払が減少するかもしれないが，同時に正当な受益者に対する支払やサービスが遅れる原因になるかもしれない。しかしながら，積極的な不正リスク管理の目的は，納税者のお金や政府のサービスが確実に意図された役割を果たすようにすることにより，政府機関の使命や戦略目標の実現を促進することであり，それらを阻害することではない。

　鍵となるのは，プログラムを提供することと不正リスクを妥当なレベルにまで低減することとの間の適切なバランスを，効果的かつ効率的に見出すことができるような不正リスク管理プログラムを策定することである。OMB通達A-123号には次のように記されている。

> 連邦政府機関の幹部は，それぞれの使命を支えるオペレーション内におけるリスク，統制，コスト，および便益間の適切なバランスを慎重に考慮する必要がある。統制が過ぎると非効率性を招く恐れがあり，統制が足りないとリスクが許容しがたい水準にまで増加する恐れがある。

　政府全体で，不正はさまざまな形を取り得るが，前述のように，組織やプログラムによっては，その性質上，他に比べて不正の被害に遭いやすい。同様に，不正と闘うに当たっての技術は組織によって異なる。効果的な不正リスクの管理には，不正の可能性および組織の使命の達成への負の影響を継続的に抑制することが含まれる。

　グリーンブックで論じられているとおり，効果

---

[104] gao.gov/assets/670/665712.pdf.

政府組織内での不正，浪費，濫用のリスクの管理

的な不正リスク管理プログラムの目的は，予防することに重きを置きながら，リスクベースのアプローチを使用して，不正の予防，発見，対応を行うことである。民間セクターの組織と同様，政府におけるリスクベースのアプローチも，すべての不正の発生を防止することはできないため，一般的には，不正防止のコストは，不正によって組織に生じるコストを超えないようにすべきである。グリーンブックに含まれている不正防止策は以下のとおりである。

- 政府のプログラム設計の中へ不正リスク管理を組み込むこと
- 不正リスク管理につながる組織文化
- 不正リスクを識別し，優先順位づけするための不正リスク評価の実行
- 不正への意識を喚起するための研修
- 特定の不正防止統制

グリーンブックから，COSOおよび民間セクター組織に沿った不正予防統制の例を挙げると次のとおりとなる。(1)資金が支出される前に，政府プログラムへの不正または無資格な申請や，不正または根拠のない契約の支払を検知するための，最先端の分析ツール。(2)強力な監査および調査能力。(3)事前に決められた会計制限。(4)承認されたベンダーリストの使用。

不正を発見するために設計された統制には，データ・マイニングとデータ分析，文書のレビューとデータベースのチェック，不正通報制度（ホットライン），通報者保護方針，および調査が含まれる。発見は重要であるが，防御の最前線となることは稀である。政府環境では，不正を行う者は脆弱性を悪用したら，すぐに消えてしまう。彼らを捕えた時には，たいていの場合，資産はなくなってしまっている。これは根本的なジレンマを表している。もしプログラムの責任者が不正のリスクを初期の段階で考慮に入れないで，単に公共のニーズを満たすために資金を差し出してしまったら，そのあとで資金がどこへ行ったかを算定することになる。主要な政府組織は，常に不正を考慮に入れ，現在の，変化しつつある，そして新しい不正リスクに対応するため，継続的に再評価と再調整を行っている。

繰り返すが，COSOおよび民間セクターと同様，政府やグリーンブックにおいても，不正対応は幹部の責任である。このことは，主要な政府組織では当然のことである。しかしながら，政府組織によっては，効果の監視をするのはIGまたは会計検査院長官，内部監査人（立法機関によって法的な役職または指名される役職が確立されていない場合），または外部監査人の役割と考えている場合もある。効果的な不正リスク管理プログラムにとって不可欠な要素は，幹部が日々監視と評価を行い，統制活動が意図されたとおりに稼働し，何らかの破たんや脆弱性が識別されたら，適宜措置を講じるようにすることである。幹部は常に，不正リスクの実情を把握していなければならない。

各監査組織や調査組織は，オペレーション内における不正リスク統制を評価し，不正を発見・調査し，識別された不正リスクに対処するための是正措置について幹部に提言をする上で重要な役割を果たすことができるが，グリーンブックは組織の幹部と職員が防衛の最前線として積極的に関与する必要があると明言している。彼らは変わりゆく不正リスク環境はどうなるかについて評価を継続的に行い，不正リスクに対応する必要がある。これには，積極的な監視や監督および是正措置に対して監査人の所見や提言がある場合は効果的かつ適時に対応することも含まれる。

3つの目的，すなわち予防，発見，対応は，互いに依存関係にある。例えば，予防的活動は一般的に，発見的活動の必要性を減らすので，費用対効果がより高い。対応では，不正リスクの根本原因に対処することと，より強力な予防的および発見的統制を支援することが必要である。これは民間セクターでも変わりはない。政府は，支払後に追跡する状態を回避したいと思っている。なぜなら初期段階での防止よりもコストが高く，効果が低いからである。いったん不正リスクが識別されると，識別された不正リスクが活動にどの程度影響を及ぼすか，またそれらのリスクを許容レベルまで低減するにはどのような活動や統制を導入する必要があるかを判断するのは，幹部の仕事である。

不正リスク管理は，有効な内部統制システムのすべての構成要素で生じる。その統制環境の一部として，政府組織は不正リスクが組織構造にどう

政府組織内での不正，浪費，濫用のリスクの管理

影響を及ぼすかを考慮し，不正リスクの発生を低減するために構造を適切に設計している。組織の目標に対する不正リスクの影響度が大きい場合，不正対策チームまたはこのリスクを管理する組織が結成される場合もある。

先に述べたとおり，政府機関では，不正のリスクは金銭的な損失をはるかに超える。使命やプログラムの提供，国家の安全保障，または公衆衛生や安全性に影響を及ぼす定性的因子は，政府環境において最も重要な検討事項である。例えば，戦闘で兵士が使用する軍装備品で欠陥のある，または基準を満たしていないものが売りつけられるような不正と，軍の基準をすべて満たした装備品に対して不当に過剰請求を受けるといった不正とがあった場合，政府としては両方避けたいところだろうが，どちらかといえば前者の方が事態ははるかに深刻である。

グリーンブックで示されているとおり，政府組織は不正リスク評価プロセス中に幹部が選択した活動に基づいて，統制活動を設計している。幹部はまた，組織の目標に対するリスクがそれほど高くない場合，初期段階での統制が対応としてより適切なのかどうかを検討する。

情報とコミュニケーションを計画するに当たり，政府組織は，内部と外部両方のソースをもとに，不正のリスクを適切に評価するためにどの情報が必要かを検討する場合もある。最後に，内部統制システムの効果的な監視の一環として，活動の効果，組織が目的をどれくらい達成しているか，不正があるとしたら目標達成への影響はどれくらいかを査定するため，組織は継続的な監視活動のほか，別途の評価を計画することを検討する。

グリーンブックを補完するため，GAOは「A Framework for Managing Fraud Risks in Federal Programs（連邦プログラムにおける不正リスクを管理するためのフレームワーク）」を策定した（以下「フレームワーク」）[106]。OMB通達A-123号は，フレームワークの主導的手法を遵守するよう責任者たちに求めている。GAOのフレームワークは，防止に重点を置きながら，政府への不正の防止，検知，対応を行うための統制活動に関わる主導的手法，ならびに連邦プログラムにおける不正リスクを低減するという目的の達成を促す，または阻害する構造や環境的要素を体系化している。またフレームワークは監視をすることやフィードバックを取り入れることの重要性についても強調して

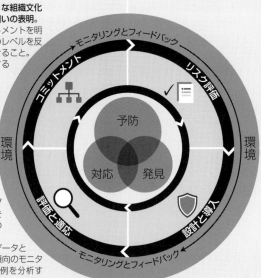

不正リスク管理につながるような組織文化と構造の形成による不正との闘いの表明。
- 不正と闘う上層部のコミットメントを明示し，プログラムのすべてのレベルを反不正の姿勢の確立に関与させること。
- 不正リスク管理活動を主導するプログラムの中に担当者を任命する。
- 担当者が責任とその役割を果たすために必要な権限を定義するのを保証する。

リスクベースアプローチを用いた結果の評価と不正リスク管理を向上するための活動の採用。
- リスクベースのモニタリングを実施し，測定結果に焦点を当てた不正リスク管理活動の評価。
- 報告の仕組みから収集したデータとリアルタイムで行う不正の傾向のモニタリングによる不正の発見事例を分析する。
- 不正の防止・発見・対応を改善するためにモニタリング・評価・調査の結果を利用する。

定期的な不正リスク評価を計画し，不正リスク特性を識別するためにリスクを評価する。
- 不正リスクアセスメントをプログラムに応じて調整し，適切なステークホルダーを関与させる。
- 不正リスクの可能性と影響度を評価し，リスク許容度を決定する。
- 既存の統制の適合性を精査し，残存リスクの優先順位を決定し，不正リスク特性を文書化する。

評価された不正リスクを低減し，効果的な実施を担保するために具体的な統制活動とともに戦略を設計し，実施する。
- 予防統制活動に焦点を当て，不正対策の戦略を開発し，文書化し，伝達する。
- 潜在的な不正を防止・発見する統制の便益と費用を考慮し不正対応計画を立案する。
- ステークホルダーとの協力関係を構築し，不正対策戦略の効果的な実施を確実にするために役立つインセンティブを作り出す。

政府組織内での不正，浪費，濫用のリスクの管理

いる。これは前ページの図で説明する4つすべての構成要素に当てはまる継続的な活動である。

この図が示すとおり，GAOのフレームワーク内の各要素は，幹部の強力な関与だけでなく，不正リスク管理の要素を厳密に実行することを必要とする。4つの構成要素は，民間セクターの組織や非営利組織が実施するものと何ら変わりはない。

GAOフレームワーク文書と，このガイドの2013年版COSOフレームワークの内容の違いは，GAOが調査に関して具体的に触れていない点である。連邦IGと米国司法省は政府機関の管理よりも不正の調査に対して責任を負っているから，というのがGAOの論拠である。したがって，米国政府機関の他のレベルや他の国でGAOフレームワークを用いる場合，不正リスク管理の不可分な一部として調査を検討することも必要になるだろう。

GAOフレームワークの一連の付録は，貴重な洞察を含んでおり，以下の事柄を網羅する。

- 不正の評価に関する課題
- 統制活動の例や，データ解析および不正に対する意識向上の取組みの主導的手法に関する追加情報
- 不適切な支払のリスクを評価するためのリスク要素
- 不正リスク特性の例

不正リスク管理の重要性への認識をさらに深めている米国議会では，2016年6月30日，Fraud Reduction and Data Analytics Act of 2015（2015年不正削減およびデータ分析法）（Public Law 114-186）[FN]が可決され，大統領による署名がなされた。この連邦法は，連邦機関が不正リスクを識別，評価し，統制活動を実施して，不適切な支払を含む不正の防止，検知，対応ができるよう，財務統制や管理統制を確立するためのガイドラインを策定することをOMBに求めている。ガイドラインはGAOの不正リスク管理フレームワークで示された主導的手法を組み込むこととさ

れている。これを受け，OMBは2016年7月15日付の通達A-123改訂版でガイドラインを定めた[105]。

全社的リスクマネジメントのフレームワークを，政府不正リスク管理へと変換する

全社的リスクマネジメント（ERM）は，不正リスク管理を成功させるための重要な概念である。今日，政府において，内部統制リスクを全社的な観点で考慮することが重要であるとの認識が新たに出現している。政府機関は，ERMプログラムを，不正リスク管理の不可欠な構成要素として活用できる。

統制とは，組織の目的を達成するため，また組織にとって好ましくない事柄が発生することを避けるために確立された方針や手順である。一方リスクとは，不正リスクのように，組織の目的達成能力を阻害する恐れがある事柄である。組織全体の視点でリスクを眺めることで，政府機関はどのリスクが戦略的目標に直接合致し，どのリスクが使命に最も影響を及ぼす可能性があるかを迅速に見積ることが可能になる。傾向として，特に大規模な政府組織では，内部統制と不正リスクを互いに別々に考慮しがちである。成功の鍵は，組織全体，利害関係者，およびビジネスパートナー全体を見渡し，点と点をしっかり結びつけることである。これにより，リスク統制に対する幹部の理解が向上すると同時に，不正リスク管理も促進される。なぜなら不正を行う者は，点と点が離れたところに付け入るからである。政府組織は，ERMを使用することで，不正，浪費，濫用，管理不行き届きを助長させるような統制の破たんの原因を突き止めることができる。

COSOは，2004年に「全社的リスクマネジメント―統合的フレームワーク（ERMフレームワーク）」を発行した[107]。COSOの前提は，「成長とリターン目標および関連するリスクとの間でバランスをとるための戦略と目標を幹部が設定し，組織の目標に向かってリソースを効率的かつ効果的に展開す

---

105 gao.gov/assets/680/671664.pdf.
106 congress.gov/bill/114th-congress/senate-bill/2133.
訳注5 原書では本文において注106が注105の前に付されている。
107 COSO.org/documents/COSO_erm_executivesummary.pdf.

政府組織内での不正，浪費，濫用のリスクの管理

ることで価値は最大化される」というもので，これは政府環境にも完全に適用可能である。COSOの最重要点は，ERMが「あらゆる組織が希望するところへ到達できるよう，また途中の落とし穴や予期せぬ出来事を回避できるよう手助けをすること」である。

不正リスク管理は，重要ではあるが，政府に全社的な視点をもたらすに当たっての1つの構成要素に過ぎない。統制に対する視野の狭い考え方を排除する必要があるのは，政府組織内だけではなく，政府のあらゆるレベルや他の利害関係者も同様である。例えば，あるレベルの政府組織が他のレベルの政府組織にプログラムを遂行する資金を提供する場合，資金を受け取る政府組織や他の重要な利害関係者（請負業者や最前線で政府の資金を受領および管理する非営利組織など）も，内部統制や不正リスクを理解する必要がある。COSOのERMフレームワークには，下記のとおり，政府環境にも適用可能な4つの基本原則がある。

1. **すべての組織は，利害関係者に価値を提供するために存在する。**政府の場合，利害関係者の価値は，必要な公共サービスをどの程度提供したか，使命をどの程度効果的かつ効率的に遂行できたかを表す。
2. **すべての組織は不確実性に直面している。**幹部にとっての課題は，利害関係者の価値を高めるべく努力するに当たって，どのくらいの不確実性を許容するかを決断することである。政府の場合，これは公共の利益において許容可能なリスクレベルを確立することと，納税者のお金を賢く利用することとの間でトレードオフすることと解釈される。
3. **不確実性は，リスクと機会の両方，すなわち価値を失う可能性と高める可能性を提示する。全社的リスク管理により，幹部はより効果的に不確実性，および付随するリスクと機会に対処できるようになり，価値を構築する能力が向上する。**全社的にリスクの全範囲を総合的に検討することで，政府は以下のことが可能になる。
   - 使命の効果と効率性を損なう恐れがあるリスクを優先順位づけする。
   - 不正，浪費，濫用リスク，その影響，および原因を識別する。
   - 選択肢を検討する。
   - 機関内の各組織にまたがるリスクの原因に対処する。
   - 要求事項を管理して，不測の事態を減らす
   - サービスの提供を改善するための機会を最大限に利用する。
   - 冗長または効果のない統制を識別および排除する。
   - より戦略的にリスクのターゲットを絞ることでコストを減らし，全社的な使命全体との関係において可能な一連の活動の価値をより良く判別できる。
4. **成長とリターン目標，および関連するリスクとの間でバランスをとるための戦略と目標を幹部が設定し，組織の目標に向かってリソースを効率的かつ効果的に展開することで，価値は最大化される。**政府にERMの概念を適用し，到達すべき目標と，リスクの量と，定義された結果の代わりに許容できる政府コストを関連づけることで，最も重要な活動や対応する統制に焦点を当てることができる。COSOは，「リスク選好度と戦略を整合させる」ことについて語っている。コストメリットは，全社的な視点で把握されるが，リスク選好度は局内の組織間で異なる場合がある。リスク選好度（詳細については後で説明）は，機関のERMプログラムの基盤となる。

不正リスクの検討事項は，ERMの検討事項の部分集合であり，ERMの検討事項の1つになる。不正リスク管理プログラムは，リスク選好度を確立するところから始まり，目標と目的，役割と責任，不正リスク固有の実施戦略と戦術によって支配される。適切に構築することで，不正リスク管理とERMは両方とも，すべての組織プロセスと日々の意思決定に欠かせないものとなる。また，両方とも不確実性に明確に対処し，体系的で，構造化され，適時で，動的で，反復性と先見の明があり，変化に対応できるものとなる。前述のとおり，政府機関における基本的なERMと不正リスクフレームワーク，および構成要素は，民間セクターのそれと違いがない。

現在，ERMは米国連邦政府内で影響力を増しており，管理上の優先事項としてのERMの価値が正式に認められ[108]，OMB通達A-123号の改訂版

政府組織内での不正，浪費，濫用のリスクの管理

には各機関にERMの採用を求める文言が明記された。

オレンジブック「Management of Risk – Principles and Concepts（リスクの管理 - 原則と概念）」に基づき[109]，OMB通達A-123号は，米国連邦政府機関における各レベルの活動が互いに支え合うよう，戦略，プログラム，および業務レベルでのリスク管理を統合することを求めている。

一部の連邦政府機関では，リスク管理を統括し，リスクに関して戦略的に整合した所見を機関の上級幹部たちに助言する最高リスク管理責任者（Chief Risk Officer, CRO）を任命している。しかしリスク管理はCROのみの責務ではなく，機関全体で共有し，最高レベルの幹部から，日々プログラムを遂行してサービスを提供する職員まで，すべての人が責任感を持つ必要がある。OMBを引用すると[110]，優れた政府CROの条件は以下のとおりとなる。

- 包括的なシステムを策定，管理，調整，監督して，組織全体のリスクを事前に識別し，優先順位づけし，監視し，伝達する。これらのリスクには，関連する戦略上，運営上，財務上，プログラム上の障壁のほか，組織が定義した戦略目的または業績目標を阻害する恐れがあるレピュテーションリスクなどがある。
- 組織運営や優先づけされたリスクを表現する確固としたリスク管理指標の確立し，利用するよう監督する。
- 全社的リスクマネジメントの原則を一貫して使用できる方針を確立し，監督するとともに，リスクを組織全体で総合的に把握できるようサポートする。
- 活動の重複を減らし，機関のパフォーマンスを向上させることができるよう，標準的な全社的リスクマネジメントのプロトコルやベストプラクティスを取り込み，普及させる。
- 機関が許容する，または削減するリスクの量を決定するための手順を確立する。手順には，意思決定プロセスにおいてリスク要素を文書化する方法も含まれる。
- 情報や知識の交換，職員の教育訓練を通じて，リスク管理に対する組織能力と説明責任能力を育て，維持する。

これらすべての責務は，不正リスク管理において適用され，CROの仕事の不可分の一部とされるべきである。

政府環境における革新的変化の効果的な管理

ERM概念とともに不正リスク管理プログラムを実施することで，多くの政府機関で多大な運営上の変化が生じるだけでなく，おそらくより重要なこととして，文化的な変化ももたらす。

主要な政府組織における不正リスク管理プログラム

- 組織全体での不正リスク対応を阻害する障壁を識別し，打破する。この際，まとまりのない構造を排除すること，およびプログラムと運営との間で全社的なパートナーシップを推進することを重視する。
- 組織のリスク選好度を定義し，それが意味するところを組織全体に伝達することで，「なぜ」「何を」「誰が」「いつ」について共通の理解が得られるようにする。
- 不正リスクに対するガバナンス，教育，説明責任，および透明性の役割と業務手順を定義する。
- 次の領域に対応した不正リスク成熟度モデルを確立する。
  - リーダーシップ
  - 法律および規制
  - 倫理
  - リスク戦略とリスク選好度

---

108 OMB通達A-11号，*Preparation, Submission, and Execution of the Budget*（予算の作成，提出，実行），セクション270.24から270.29，2014年7月更新（whitehouse.gov/omb/circulars_all_current_year_all_toc/）。

109 参照：オレンジブック「Management of Risk – Principles and Concepts（リスクの管理 - 原則と概念）」

110 OMB通達A-11号，*Preparation, Submission, and Execution of the Budget*（予算の作成，提出，実行），セクション270.24から270.29，2014年7月更新（whitehouse.gov/sites/default/files/omb/assets/a11_current_year/s270.pdf）。

政府組織内での不正，浪費，濫用のリスクの管理

- リスクガバナンス
- リスク文化
- リスク評価およびリスク測定
- 新しい，変化しつつある，ロングテールな不正リスクの防止，検知，調査，救済プログラムおよび識別を含む，リスク管理と監視
- リスク報告と洞察
- データと先端技術
- 政府で共通の不正リスクに対応するための取組みやツールを策定する。
  - 調達に関する不正
  - 助成金に関する不正
  - 医療に関する不正
  - 社会保障に関する不正
  - 学資援助や農業補助金に関する不正といった，給付金プログラムに関する不正（ツールが役立つ何百種類の中から2つを例示した）
  - 信用取引に関する不正（融資および融資保証）
  - 物流に関する不正
  - 購買カードやトラベルカードに関する不正
  - 不正な支払
  - 災害救援に関する不正
  - 財務報告に関する不正
  - 収入／税に関する不正
  - 歳出予算勘定に関する不正
  - IDに関する不正
  - 公務員による汚職
  - サイバー詐欺
  - 必要に応じて，組織の使命に沿った他の分野
- 次のような不正監視モデルを開発する。
  - 成果指標および報告
  - 継続的な監視と分析
  - 監査および調査

政府を中心とした不正リスク管理に関する追加ガイダンス

われわれは調査に基づき，政府に合わせて調整された追加の不正リスク管理ガイダンスを策定した。これは，世界の政府にとって，不正リスク管理プログラムを策定する際，または既存のプログラムを強化する際に役立つだろう。代表的なものは，オーストラリアのプログラムと，2011年3月付の「*Fraud Control in Australian Government Entities – Better Practice Guide*（オーストラリア政府組織における不正統制—より良い実務のための指針」である[111]。

オーストラリアのガイドは，政府環境における不正リスク管理について以下の点を含め包括的に取り上げている。

- なぜ，何が，誰が
- リーダーシップと文化
- 法律，ガバナンス，方針
- 主要な不正テーマや政府プログラム管理を含む不正統制戦略
- 防止策や不正防止を政府プログラムの設計に組み込むことを含む不正防止策
- 消極的・積極的な発見方法と発見方法を政府プログラムに組み込むことを含む不正発見
- プログラム提供における調査や対応を含む不正対応
- 監視，評価，報告と政府プログラムの中でのそれらの実施
- オーストラリアの国籍証明の保護戦略，法執行機関の取組み，身元詐称不正リスク管理のための選択肢を含む

このガイドは以下の付録を含む。

- オーストラリアにおける不正リスク管理のための法律および方針フレームワーク
- 政府不正リスク管理プログラムについて監査委員会が尋ねるであろう質問
- 不正リスク記録の例
- オーストラリア国家監査局による不正統制関連の監査
- オーストラリアのガイドの策定に使用されたソース

---

[111] anao.gov.au/html/Files/BPG％20HTML/Government％20Fraud％20Control％20BPG/resources/ANAO_Guide_Fraud_Control_Govt_Agencies.PDF

政府組織内での不正，浪費，濫用のリスクの管理

　政府機関における不正リスクプログラムを検討する際に有用な追加的なガイダンスには、以下のものがある。
- オーストラリア連邦政府の不正対策ガイドライン
- 国防総省内の不正リスク評価プログラムの構築および不正監査リスク評価の実施のための方法
- 欧州委員会の不正リスク評価および有効かつ適切な不正対策手段
- 英国財務省の不正および政府内部監査人
- ノースダコタ州の不正リスク評価
- 英国地方政府協会の調達不正リスク管理
- スコットランドの財政マニュアル：不正
- 英国勅許公共財務会計協会（CIPFA）のより良いガバナンス・フォーラムの不正リスク管理
- ニューヨーク州会計監査局の内部統制に対する幹部の責任

COSOについて

1985年に設立されたCOSOは、5つの民間団体の共同組織であり、全社的リスクマネジメント（ERM）、内部統制および不正抑止に関するフレームワークとガイダンスの開発を通じて先導的な考え方を提供することに取り組んでいる。COSOを支援する組織は、内部監査人協会（IIA）、米国会計学会（AAA）、米国公認会計士協会（AICPA）、国際財務担当経営者協会（FEI）および管理会計士協会（IMA）である。

ACFEについて

公認不正検査士協会（ACFE）は世界最大規模の不正対策組織であり、最高レベルの不正対策トレーニングや教育を提供しています。8万人を超える会員を有し、世界中のビジネスにおける不正を削減し、不正対策という職業の誠実性と客観性に対する一般社会からの信頼獲得に努めています。ACFEは、不正の防止・発見・抑止の各分野における高度な専門知識を証明する資格として国際的に認知された公認不正検査士（CFE）資格の認定を行っています。全世界のCFEは、不正の発見と不正防止対策の実施により、世界経済の保護を支援しています。詳細情報については、acfe.comをご覧ください。

....

　本書は、COSOに関する一般情報のみを収録しており、COSOを構成する組織や本書の執筆者のいずれも、本書を通じて、会計、事業、財務、投資、法務、税務その他の専門的助言や業務を提供している。本書に収録されている情報は、そのような専門的助言や業務に代替するものではなく、あなたの事業に影響を及ぼすいかなる決定や行動の基礎として使用してはならない。本書に収録されている見方、見解、解釈は、関連する規制当局、自主規制組織その他の当局のものとは異なるかもしれないし、いずれは変更の可能性のある法律、規則、実務を反映したものである。

　本書に収録されている情報の評価は、利用者自身の責任で行ってください。本書に記述されている問題に関してあなたの事業に影響を及ぼす何らかの決定や行動を行う場合には、前もってしかるべき資格を有する専門的アドバイザーに相談してください。COSO、COSOを構成する組織および本書の執筆者は、本書の誤謬、脱漏、不正確さおよび本書に依存した方が被ったいかなる損失に対しても一切責任を負いません。

索 引

ABC

A型 ·· 53
ACFE ·· 29, 77, 137
B型 ·· 53
CFE ·· 77
COSO ······················ vi, xi, 3, 10, 23, 50, 70, 84
CPI ·· 34
ERMフレームワーク ································ vii, 177
FCPA ·· 34
GAO ··· 172
OECD ·· 1
SOX法 ·· 73
USSC ·· 9

あ

アプリケーション統制 ································ 105
異常な関係 ·· 66
意図 ·· xvi
影響度 ·· 38, 149
押込み販売 ·· 30
汚職 ··· 21, 33

か

海外腐敗行為防止法 ································ 1, 34
会計検査院 ··· 172
監査委員会 ··· xvii, 98
間接管理部門 ··· 101
機会 ·· 41, 115
企業不正リスク管理のための実務ガイド ·· vii
教育関係者 ·· xviii

共謀 ··· 2, 21
業務プロセス ·· xv
クッキージャー準備金 ································ 117
経営者による無効化 ·································· 106
原則 ····················· vi, xi, 7, 10, 23, 49, 70, 84
構成要素 ·· vi
公然の統制活動 ·· 52
公認不正検査士協会 ······················· 29, 77, 137
コーポレートガバナンス ···························· xiii
誤謬 ··· xvi

さ

サーベインズ・オックスリー法 ············· 1, 73
サイバー・セキュリティ ···························· 22
残存不正リスク ································· 56, 149
資産の不正流用 ································· xiii, 32
姿勢 ·· 40
社員 ··· xvii
上級経営者 ··· xvii, 99
証拠保全の一貫性 ······································· 76
情報技術 ·· 107
職業的懐疑心 ·· 16
職務分掌 ······································ 21, 62, 105
ステークホルダー ·· 9
正当化 ··· 40, 115
是正措置 ····································· xiv, 2, 69
全社的リスクマネジメント ················ vii, 177
戦略的推論 ·· 22
組織文化 ·· 12
その他の管理職 ······································· xvii
その他の専門団体 ··································· xviii

183

た

着眼点 ················ vi, xi, 8, 11, 24, 25, 50, 51, 71, 85
中小規模の事業体 ························· 104
調査業務計画 ······························· 75
データ解析 ······························ 85, 116
データの可視化 ····························· 45
データの層別化 ····························· 44
動機 ····································· 39, 115
統制活動 ·································· xiv, 49
統制環境 ···································· xiii
独立監査人 ··································· xviii
独立的評価 ···································· xv
ドッド・フランク・ウォール街改革および消費者保護法 ···················· 1
トップの気風 ································ 13
取締役会 ··························· x, xvii, 98
取引レベルの統制手続 ······················· 57
トレッドウェイ委員会支援組織委員会 ······ vi
トレンド分析 ································ 44

な

内部監査 ································ xvii, 100
内部通報 ··························· 19, 63, 106
内部統制 ···· vi, xi, 3, 10, 23, 50, 70, 84, 98, 104
内密の統制活動 ····························· 52
2013年版COSOフレームワーク ········ vi, 3, 6, 10, 23, 50, 70, 84, 98, 104
日常的評価 ···································· xv

は

発見統制 ····································· 21
発生可能性 ································ 37, 149
反競争的慣行 ································ 34
ヒートマップ ································ 44
日付を遡った契約 ··························· 29
不正 ···································· x, xvi, 1

不正対応計画 ······························ 69, 74
不正調査 ·································· xiv, 69
不正統制活動 ································ 49
不正な財務報告 ····························· 29
不正な非財務報告 ··························· 30
不正の3要素 ································· 39
不正のトライアングル ······················· 38
不正発見統制 ································ 52
不正リスク ····································· x
不正リスク管理 ···························· x, 6
不正リスク管理モニタリング活動 ········· 83
不正リスク許容度 ··························· 56
不正リスクのガバナンス ·················· 9, 10
不正リスク評価 ····························· 21
不正予防統制 ································ 52
腐敗認知指数 ································ 34
ブレインストーミング ··················· 26, 27
プレッシャー ························ 31, 39, 115
米国会計検査院 ···························· 172
米国量刑委員会 ······························· 9
変動分析 ····································· 45
法務とコンプライアンスの担当者 ········· 102

ま

モニタリング活動 ······················ 83, 107

や

予防統制 ····································· 21

ら

利害関係者 ···································· 9
リスク許容度 ································ 42
リスクスコアリング ························ 44
リスクと統制の担当者 ······················· 101
リスク評価 ··································· 24
倫理 ··· 12
レピュテーションリスク ···················· 34
連邦管理者財務保全法 ······················· 1

監訳者あとがきと謝辞

　本書は，トレッドウェイ委員会支援組織委員会（Committee of Sponsoring Organizations of the Treadway Commission：COSO）が公認不正検査士協会（Association of Certified Fraud Examiners：ACFE）と共同で2016年9月28日に公表した*Fraud Risk Management Guide*（以下，「本ガイド」という。）の邦訳である。本書の先行出版物として，米国公認会計士協会（American Institute of Certified Public Accountants：AICPA），内部監査人協会（The Institute of Internal Auditors：IIA）およびACFEの3団体が2008年に共同公表した*Managing the Business Risk of Fraud: A Practical Guide*（邦訳は，八田進二編著『企業不正防止対策ガイド新訂版』 日本公認会計士協会出版局　2012年）がある。本ガイドは，かかる先行出版物をもとに，最近の動向に合わせて全面的に改訂したものである。すなわち，内部統制の5つの構成要素別にその基礎となる原則と着眼点を提示した『2013年版COSOフレームワーク』に依拠しつつ，その内容についても完全に整合させることを意図している。つまり，本ガイドで使用する用語についても新しいCOSOの用語に合わせて見直しを行うとともに，データ解析をはじめとする最新技術の発達に関連する重要な情報を加えている。

　また，本ガイドの付録には，本ガイドのベストプラクティスを実施する際に利用者に役立つような有用なテンプレート，資料，事例およびツールをはじめ，総合的な不正リスク管理プログラムの実施と文書化をより効果的に行うために利用できる有用な自動化ツールや，テンプレートへのハイパーリンク先情報も収録されている。

　不正による負のインパクトを最小限に抑えたい組織は，社内とその業務のすべての領域において不正リスクを考慮する必要がある。それゆえ，本ガイドは，『2013年版COSOフレームワーク』および『全社的リスクマネジメント（ERM）の統合的フレームワーク』と相互補完的な関係にあることも重要な特徴といえよう。

　本ガイドで提示される不正リスク管理の5つの原則と36の着眼点は，『2013年版COSOフレームワーク』の内部統制の17の原則と87の着眼点と平仄をあわせたものである。特に，この2組の原則の最も明確な関連性は，『2013年版COSOフレームワーク』の原則8（組織は，内部統制の目的の達成に対するリスクの評価において，不正の可能性について検討する。）と不正リスク管理の原則2（組織は，具体的な不正スキームとリスクを識別し，不正の発生可能性と影響度を測定し，既存の不正統制活動を評価し，不正の残存リスクを低減する対策を講じるために，総合的な不正リスク評価を実施する。）との間に見られる。

　なお，本ガイドには，公開企業だけでなく，非公開企業や小規模組織，政府機関，非営利組織などを含む世界中のさまざまな規模や業種，形態の組織が，独自の不正リスク管理プログラムを確立する際に役立つ豊富な情報が収録されている。さらに，データ解析と不正リスク管理に関する最新の論点についても詳細に触れられている。

本ガイドの使用方法には，不正リスク評価だけを実施する単純な方法と不正リスク評価に加えて，不正リスクのガバナンス，不正統制活動，不正調査と是正措置および不正リスク管理の評価とモニタリングの整備と運用にまで及ぶ総合的な方法の2つがあるが，『2013年版COSOフレームワーク』を採用している組織には，総合的な方法が推奨される。

　ところで，本ガイドのエグゼクティブ・サマリーについては，一般社団法人日本公認不正検査士協会（ACFE JAPAN）が2016年10月7日に開催した「第7回ACFE JAPAN カンファレンス」において「COSO―不正リスク管理指針　エグゼクティブ・サマリー」（日本語翻訳版）として公表されているが，今般の邦訳は，ACFE JAPANの協力の下，エグゼクティブ・サマリーだけでなく，本編・付録を含む全体を対象としている。なお，『2013年版COSOフレームワーク』の邦訳との訳語の統一を図るために，全面的な訳語の検討も行っている。

　また，翻訳作業の速度を上げるためにACFE JAPAN所属の公認不正検査士（CFE）資格を有する翻訳協力者（巻末に明記）の全面的な協力を得て第一次翻訳を行い，それを受けてのレビューが進められた。幸いにも，第一次翻訳の完成度が極めて高く，その後のレビュー作業も順調かつ円滑に進めることができたことで，ここに原書の公表後ほぼ1年で邦訳を上梓することが可能となったのである。

　このように，今般の翻訳作業は，相応の時間の投入と監訳者の間での討議を踏まえたものではあるが，まだまだ思わぬ誤りや誤解に基づく訳出もあるかもしれない。そうしたすべての責めは，当然に監訳者に帰するものと考えている。加えて，原書は，最近の一連のCOSOの出版物同様，カラー印刷で図も多用しており，視覚に訴えるものとなっている。そのため，理解しやすい反面，付録の箇所は，虫眼鏡で見なければ判読できないほど小さな文字が使用されており，また，色やスペースの制約がある中で，邦訳において，どこまで原書の意図を表現し得たかについては，正直いって心もとないというのが偽らざる実感である。

　なお，翻訳権の取得に際しては，一般社団法人日本内部監査協会およびACFE JAPANの多大なるご理解と全面的なご支援をいただくことができた。また，本書の出版に当たっては，日本公認会計士協会出版局の皆様にたいへんお世話になった。ここに記して心より感謝申し上げる次第である。

2017年9月1日
　　不正は起きるものであるとの謙虚な姿勢を持ち続けることを願って

八田　進二
神林比洋雄
橋本　　尚

〈決定版〉COSO『不正リスク管理ガイド』翻訳プロジェクトのメンバー一覧

【監訳者】

八田　進二　　青山学院大学大学院会計プロフェッション研究科教授
神林比洋雄　　プロティビティLLC 会長兼シニアマネージングディレクタ　公認会計士
橋本　　尚　　青山学院大学大学院会計プロフェッション研究科教授

【翻訳協力者】

穐吉　孝明　　公認不正検査士
阿部　　稔　　公認不正検査士
甘粕　　潔　　公認不正検査士
荒木　理映　　公認不正検査士
小黒　恒成　　公認不正検査士
小森園浩人　　公認不正検査士
波多野日出夫　公認不正検査士, CIA
張間善次郎　　公認不正検査士
松枝　千鶴　　公認不正検査士
真柳　　元　　公認不正検査士
柳　　俊一郎　公認不正検査士
本多　智代　　一般社団法人日本公認不正検査士協会

【その他の翻訳協力機関】

一般社団法人日本内部監査協会
一般社団法人日本公認不正検査士協会
プロティビティLLC

監訳者紹介

八田　進二（はった　しんじ）

青山学院大学大学院会計プロフェッション研究科教授，博士（プロフェッショナル会計学）。

日本監査研究学会会長，日本内部統制研究学会会長，会計大学院協会理事長，会計教育研修機構理事，日本取締役協会監事，金融庁企業会計審議会委員・内部統制部会長，金融庁「会計監査の在り方に関する懇談会」メンバー，金融庁「監査法人のガバナンス・コードに関する有識者検討会」メンバー等を歴任。

最近の主な著訳書：『開示不正―その実態と防止策―』，『COSO内部統制の統合的フレームワーク：内部監査に活かす原則主義的実践ガイド』，『内部統制の統合的フレームワーク―フレームワーク篇・ツール篇および外部財務報告篇』他多数。

神林　比洋雄（かんばやし　ひよお）

プロティビティLLC会長兼シニアマネージングディレクタ，公認会計士。

現在，内部統制研究学会会長。アンダーセンリスクコンサルティングアジア地域統括，アンダーセンワールドワイドオーガニゼーション取締役，朝日監査法人（現　有限責任　あずさ監査法人）代表社員本部理事，経済産業省「企業行動開示委員会」事務局，日本監査役協会「コーポレートガバナンスに関する有識者懇談会」委員等を歴任。

最近の主な著書：『内部統制とERM』，『ガバナンスを支えるリスクマネジメントと内部統制』，『内部統制に関する法的責任に関する研究』（共著），『開示不正』（共著）等。

橋本　尚（はしもと　たかし）

青山学院大学大学院会計プロフェッション研究科教授。

国際会計研究学会会長，日本内部統制研究学会理事，日本監査研究学会理事，金融庁企業会計審議会臨時委員，財務省財政制度等審議会臨時委員，会計大学院協会副理事長等を歴任。

最近の主な著訳書：『新潮流監査人の独立性』，『監査事務所の強制的交代』，『外部監査とコーポレート・ガバナンス』，『簡易版COSO内部統制ガイダンス』，『IFRS会計学基本テキスト（第5版）』他多数。

著作権法により無断複写複製は禁止されています。

〈決定版〉 COSO 不正リスク管理ガイド

平成29年10月30日　初版発行

© 監訳　八田　進二
　　　　神林　比洋雄
　　　　橋本　尚

　　訳　日本内部統制研究学会
　　　　不正リスク研究会

発行者　関根　愛子

発行所　日本公認会計士協会出版局
〒102-8264　東京都千代田区九段南4-4-1　公認会計士会館
電話　03(3515)1124　　FAX　03(3515)1154
URL：http://www.jicpa.or.jp/

Printed in Japan 2017　　　　　　　　　　　印刷・製本：大日本印刷(株)

落丁、乱丁本はお取り替えします。
本書に関するお問い合わせは、読者窓口：book@sec.jicpa.or.jpまでお願い致します。

ISBN　978-4-904901-74-8　C2034